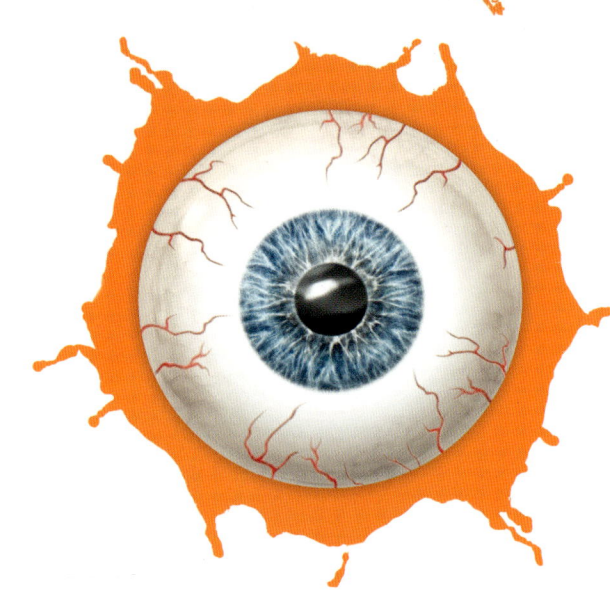

INHALT

152

ROBERT RIPLEYS ERBE LEBT WEITER

Robert Ripley – Künstler, Autor, Abenteurer, Radiomoderator, Film- und Fernsehstar und der Mann, der das Ripley's-Universum begründete – starb vor über 65 Jahren. Doch in der Medienwelt von heute ist er nach wie vor von Bedeutung. Denn er legte den Grundstein für das Genre Reality-TV und die sozialen Medien, wie wir sie heute kennen.

Vom Erscheinen seines ersten *Believe It or Not!*-Cartoons 1918 im *New York Globe* bis zu seinem Tod 1949 arbeitete Ripley unermüdlich an seinem Imperium des Bizarren. Indem er das Scheinwerferlicht auf die außergewöhnlichen und wunderbaren Menschen, Orte und Dinge richtete, die er auf der ganzen Welt entdeckte, zeigte uns Ripley, dass wir alle eins gemeinsam haben: Wir sind einzigartig – und darauf können wir stolz sein!

Eine im Jahr 2015 von PBS produzierte Fernsehbiografie für die preisgekrönte Serie *American Experience* zeigt, dass Ripley weit über die Grenzen der Technologie seiner Zeit hinausdachte, um mit seinen Cartoons so viele Menschen wie möglich zu erreichen. Sein Einfallsreichtum führte dazu, dass er sich schließlich einer Methode bediente, die wir heute als „Crowdsourcing" bezeichnen würden: Er forderte seine Leser auf, ihre eigenen unglaublichen Geschichten einzusenden. So war es Ripley möglich, seine Zeit effizienter zu nutzen und über 35 Jahre hinweg mehr als 200 Länder nach bizarren Phänomenen abzusuchen. Manchmal erhielt er an die zwei Millionen Leserbriefe pro Jahr. Somit trugen seine Fans viel zur Entstehung von Ripleys berühmten Cartoons und dem Ripley's-Universum bei!

Dieses Farbfoto von Robert Ripley wurde erst kürzlich entdeckt. Es entstand während seiner Panama-Expedition 1939.

Bei der Arbeit an der PBS-Biografie stieß unser Rechercheteam auf zahlreiche seltene Fotos des 1940 eröffneten Odditoriums in New York und der ungewöhnlichen Schausteller, die dort auftraten, sowie auf neue Fotos von Ripley mit seiner Frau Beatrice und Originalaufnahmen mit Li Ling Ai, die in den 1940er-Jahren Ripleys engste Vertraute war.

Li Ling Ai gewann nicht nur den ersten Oscar überhaupt für einen Dokumentarfilm (*Kukan*), sondern trat nach Ripleys Tod 1949 auch seine Nachfolge als Moderatorin seiner wöchentlich ausgestrahlten Fernsehsendung an – für eine Frau ein Novum in der damaligen Medienlandschaft!

Mit dem Ripley's-Archiv wächst auch die Legende – und die vielen tollen Fotos und Geschichten, die Leser wie du zu diesem Buch beigesteuert haben, sind der beste Beweis, dass unsere Fans auch heute noch Teil unseres Universums des Bizarren sein wollen!

Robert Ripley und seine enge Freundin und Kollegin Li Ling Ai.

Hier wird Ripley 1939 in Panama von einer Gruppe von Ureinwohnern begrüßt. Farbfotos waren damals eine brandneue Technologie.

AUF DER JAGD NACH DEM SCHRÄGEN, SKURRILEN UND UNGLAUBLICHEN

Leser wie du sind uns immer schon eine riesige Hilfe beim Aufbau unserer Ripley's-Sammlung gewesen. Wir sind ständig auf der Suche nach neuen Geschichten, Fotos, Neuigkeiten und Videos für unsere Bücher – und dafür brauchen wir DEINE Unterstützung! Schick uns deine Geschichte mit einem Foto oder anderem Beweismaterial, und vielleicht erscheint deine Idee in der nächsten Ausgabe! Auf unserer Webseite www.ripleys.com kannst du dich jederzeit über alle Neuigkeiten und Wettbewerbe aus dem Ripley's-Universum informieren.

RIPLEY'S BIZARRE BUYING BAZAAR

Diese Violine, die ein Fan auf dem Ripley's Bizarre Buying Bazaar vorbeibrachte, könnte eine echte Stradivarius sein!

Wir von Ripley's sind immer auf Achse: Im Rahmen unserer Roadshow „Ripley's Bizarre Buying Bazaar" bereisen wir verschiedene Orte, um dort spannende Gegenstände zu kaufen. Bislang haben wir schon fünf Orte in den USA besucht: Key West, Phoenix, Panama City Beach in Florida, Peoria und Seattle – und alle sind eingeladen, ihre Kuriositäten vor Ort offiziell von uns bewerten zu lassen. Dabei haben wir schon so manchen Schatz gekauft und in unsere Ripley's-Sammlung aufgenommen!

Von einer Flasche Whiskey aus der Prohibitionszeit über uralte Haarkränze bis hin zu einem elfenbeinernen Flohfänger aus Deutschland aus Zeiten der Beulenpest haben wir dort eine Menge unbezahlbarer Seltenheiten zu sehen bekommen. Einmal brachte uns ein Fan sogar eine Geige vorbei, bei der es sich tatsächlich um eine echte Stradivarius handeln könnte – auf der Welt existieren angeblich nur noch 650 Stück dieser kostbaren Instrumente!

SCHRÄGE POST

Wir vom Ripley's-Team lieben es, Sachen zu verschenken – besonders *Ripley's*-Bücher! Deswegen veranstalten wir immer wieder Wettbewerbe. Letztes Jahr haben wir unsere Fans aufgefordert, uns ungewöhnliche Gegenstände zu schicken. Wie es sich für Ripley's gehört, waren die Regeln ein bisschen verrückt. Die Gegenstände mussten nämlich heil bei uns ankommen, durften aber nur mit der normalen Post verschickt werden und jegliche Art von Verpackung war verboten! Adresse und Briefmarken mussten direkt auf dem Gegenstand platziert werden.

Wir haben richtig einfallsreiche Einsendungen aus fünf verschiedenen Ländern und 27 US-Bundesstaaten erhalten. Neben einfachen Postkarten, Spielkarten und kleinen Gegenständen wie Zahnbürsten und Kühlschrankmagneten waren auch total abgefahrene Einsendungen dabei – aber seht selbst, was uns die Gewinner geschickt haben ...

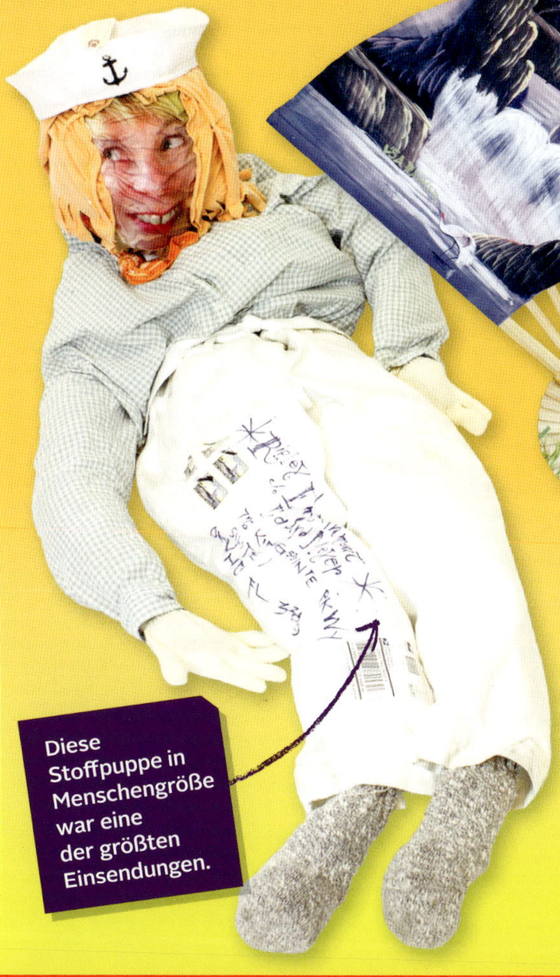

Diese Stoffpuppe in Menschengröße war eine der größten Einsendungen.

Dieser wunderschöne Fächer zählt zu den ungewöhnlichsten Einsendungen. Seht ihr die Briefmarken am unteren Rand?

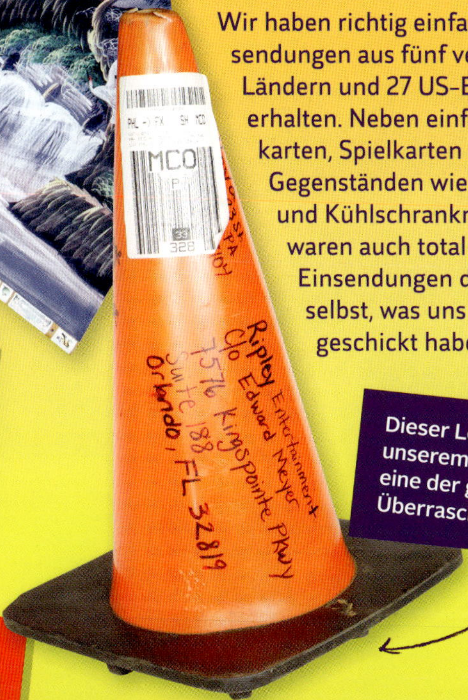

Dieser Leitkegel war bei unserem Wettbewerb eine der größten Überraschungen.

SCHRÄGES SHOPPING

Wo wir auch auftauchen, die erste Frage lautet stets: „Was ist das schrägste, seltsamste, coolste Teil, das ihr in letzter Zeit gekauft habt?" Die Antwort ist natürlich subjektiv, aber es gibt immer ein paar Gegenstände, auf die sich alle einigen können – beispielsweise dieser lebensgroße *Tyrannosaurus Rex* aus Altmetall von Künstler John Lopez!

AUGENPLOPPER– SPEZIAL

Diese erstaunlichen Talente, die alle mit der Gabe gesegnet sind, ihre Augäpfel aus den Höhlen treten zu lassen, haben sich definitiv eine Sonderseite verdient. Bei ihrem Anblick sind uns nämlich fast die Augen aus dem Kopf gefallen!

Im Jahr 1928 hörte Ripley erstmals davon, dass es Menschen gibt, die ihre Augäpfel absichtlich aus den Höhlen hervorquellen lassen können. Damals begegnete er nämlich dem kubanischen Augenplopper Avelino Perez Matos aus Santiago de Cuba. Ripley berichtete in seinem Zeitungsartikel vom 2.8.1929 über Matos und lud ihn außerdem als Artisten in sein erstes Odditorium überhaupt ein, das 1933 auf der Weltausstellung in Chicago eröffnet wurde. Dort stahl Matos allen anderen Darbietenden die Schau und erhielt den Spitznamen „The Human Eye Popper", also „Der menschliche Augenplopper".

Seitdem sind wir noch auf eine Handvoll weiterer Menschen mit demselben Talent gestoßen – und wir sind uns ziemlich sicher, dass auch ihr bei diesem Anblick große Augen macht!

Jalisa Thompson, ehemalige Kassenkraft in unserem Odditorium in Atlantic City, war ebenfalls Augenplopperin! Ihre einzigartigen Fähigkeiten führte sie in verschiedenen Ripley's-Locations vor.

RIPLEY's ERKLÄRT

Diese Fotos von 1939 zeigen Matos auf der New Yorker Weltausstellung.

Was wir bei Ripley's „Augenploppen" nennen, wird in der Medizin als „Exophthalmus" bezeichnet. Keine Sorge: Die Betroffenen empfinden keinerlei Schmerzen oder Unwohlsein, wenn sie ihre Augen aus den Höhlen drücken!

• Avelino und Jalisa hatten beide gesunde Augen und trugen keine Brillen.

• Avelino konnte seine Augen mehrere Minuten lang neun Millimeter weit aus den Höhlen drücken!

Die Brüder Hugh (links) und Antonio Francis (rechts) aus dem englischen Essex sind der lebende Beweis, dass Augenploppen manchmal in der Familie liegt!

Jorge Ivan Latorre Robles kann kaum glauben, dass er es in die diesjährige *Ripley's*-Ausgabe geschafft hat. Auf S. 116–117 zeigen wir, was er sonst noch auf Lager hat.

ALL NEW!

Ripley's
Believe It or Not!

Ripley's
Believe It or Not!

Ripley's Believe It or Not!®
EYE-POPPING ODDITIES

- Man pulls truck with nose
- Meet Burma's sacred hairy family
- Girl cries stone tears
- Cow farts blow up building

And many more crazy stories...

IT'S EARTH-SHATTERING!

AUGENPLOPPER DIESER ERDE, VEREINIGT EUCH!

Wenn du auch ein Augenplopper bist, dann erzähl uns davon!

Schick uns einfach ein Video oder Foto – und vielleicht bist auch du bald in

Ripley's Einfach unglaublich! zu sehen!

WIRKLICH WAHR!

FEUERWERK-ANZUG

Colin Furze, Klempner und Erfinder aus dem englischen Lincolnshire, hat diesen abgefahrenen Anzug entwickelt, weil er einmal im Leben ein Feuerwerk von innen sehen wollte!

Obwohl sich Furze inmitten einer gigantischen Explosion von Riesenraketen und Feuerwerkskörpern im Wert von insgesamt knapp € 900 befand, überstand er sein Experiment dank seines Schutzanzugs ohne den kleinsten Kratzer.

Furze ist auch ansonsten ein ziemlicher Draufgänger: Er hat schon eine fahrende Toilette mit einer Höchstgeschwindigkeit von 88 km/h und ein Moped konstruiert, aus dem 4,50 m lange Flammen schossen. Bei der Herstellung seines Anzugs bediente er sich des sogenannten Hydroformverfahrens, mit dem er die Stahlplatten mithilfe von Wasserdruck so formte, dass sie sich seinem Körper exakt anpassten.

„Den Augenblick, in dem ich mitten in dieser Feuerwerksexplosion stand, werde ich niemals vergessen", erklärte er nach seinem Experiment. „Zuzusehen, wie in knapp zwei Metern Entfernung eine Rakete explodiert, ist schon ziemlich irre."

Mehr über Furzes Erfindungen erfahrt ihr auf S. 28.

Furze modellierte Torso und Gliedmaßen des Anzugs separat und schweißte die Teile dann zusammen.

Nachdem er den Anzug angezogen hatte, wurde der Helm fixiert. Die Augenschlitze waren mit Acrylglas versiegelt, damit Furze etwas sehen konnte, ohne seine Augen zu gefährden.

BETTPFANNENSAMMLUNG

25 Jahre hat Eric Eakin gebraucht, um seine Sammlung aus mehr als 250 Bettpfannen zusammenzutragen – einige davon aus Porzellan, andere aus Metall, Glas und ungewöhnlichen Materialien wie Altpapier! Bewundern kann man sie im Keller von Eakins Haus in Ohio. Die ältesten Bettpfannen stammen aus dem 19. Jahrhundert, und die kleinste – für ein Puppenhaus gedacht – ist nur 1,2 cm groß. Zu seinen schönsten Stücken zählen ein Exemplar mit indianischem Muster und eines in Gitarrenform.

KRASSER KRANZ Der finnische Florist Pasi Jokinen-Carter hat einen Adventskranz gestaltet, der mit über 40 Diamanten und Rubinen verziert ist und für knapp viereinhalb Millionen Euro zum Verkauf stand. Die Blumen verwelkten zwar nach zwölf Tagen, aber Diamanten halten ja bekanntlich ewig!

HANDLAMPE Als die 16-jährige Ann Makosinski aus British Columbia hörte, dass der menschliche Körper genug Energie produziert, um eine 100-Watt-Glühbirne zu betreiben, erfand sie kurzerhand eine Taschenlampe, die nur durch Körperwärme mit Energie versorgt wird. Sie funktioniert ohne Batterien und geht an, sobald man sie in die Hand nimmt.

ROBO-KÄNGURU Das Technikunternehmen Festo hat einen Roboter entwickelt, der die Sprünge eines Kängurus nachahmt! Das „Bionic Kangaroo" wiegt nur sieben Kilo und ist gerade mal einen Meter hoch, kann aber 40 cm hoch und 80 cm weit springen.

FLUGSCHWEINE Auf dem Markt im chinesischen Weinan gibt es fliegende Schweine zu sehen – denn Bauer Sying P'an transportiert seine bis zu 100 kg schweren Tiere nach dem Verkauf an Seilzügen von seinem Lastwagen durch die Luft direkt auf das Fahrzeug ihres neuen Besitzers! Vorher war es mehrfach vorgekommen, dass ihm seine Schweine im entscheidenden Moment davonliefen.

MENSCHLICHES RETTUNGSKISSEN 1937 reinigte Joseph Figlock gerade eine Gasse in Detroit, als ein kleiner Junge aus einem Fenster im vierten Stock fiel und direkt auf dem Straßenfeger landete, was dem Baby das Leben rettete – und ein Jahr später fegte Figlock gerade eine andere Gasse, als der zweijährige David Thomas ebenfalls aus einem Fenster im vierten Stock direkt auf den leidgeplagten Lebensretter stürzte!

⬆ EURE UPLOADS

DAUMEN HOCH!

Billy Rices Kater Paws aus dem kalifornischen Atwater wurde mit einem Paar Extrazehen geboren, die so an seinen Pfötchen sitzen, dass sie wie Daumen aussehen! Die extragroßen Pfoten kommen Paws übrigens häufig zugute – besonders, wenn er sie benutzt, um seine Leibspeise Schlagsahne in sich hineinzuschaufeln!

Stell mich an!

Der arbeitslose Akademiker Adam Pacitti investierte seine letzten £ 500, um auf dieser riesigen Plakatwand Werbung für sich zu machen und um Arbeit zu bitten. Und tatsächlich brachte ihm seine witzige Idee mehr als 60 Stellenangebote ein! Nachdem er bei einer großen Medienfirma angestellt worden war, investierte er einen Teil seines ersten Gehalts, um sich mit einem neuen Plakat für die Chance zu bedanken.

TEURES KATZENKÖRBCHEN Ein älteres Paar aus dem englischen Essex verkaufte 2014 eine angeschlagene, gesprungene Keramikschüssel, die lange als Körbchen für ihre Katze gedient hatte, für über € 150.000 – bei dem „ollen Ding" handelte es sich nämlich um eine Ming-Vase aus dem 15. Jahrhundert!

SCHÖNER SCHEIN Billy Baeder aus Pennsylvania besitzt einen Zehn-Dollar-Schein, der an die € 450.000 wert ist! Das seltene Silberzertifikat aus dem Jahr 1933 trägt nämlich die Seriennummer A00000001A und ist damit die wohl wertvollste US-Dollarnote, die seit 1929 gedruckt wurde.

SPIELSTRAFE Wer in Taiwan beim Autofahren unter Alkoholeinfluss erwischt wird, kann wählen zwischen einer Geldstrafe und Sozialstunden – er muss Mah-Jongg mit den Bewohnern von Altersheimen spielen.

DETEKTIVDROHNE Als sich die Behörden aus Fitchburg, Wisconsin, drei Tage nach Verschwinden von Guillermo DeVenecia auf die Suche nach dem 82-Jährigen machten, setzten sie auf die Hilfe der Modelldrohne von David Lesh, da Spürhunde und Helikopter zuvor nichts hatten ausrichten können. Mithilfe der Drohne des jungen Mannes, der gerade zufällig in der Gegend war, um die Familie seiner Freundin zu besuchen, entdeckten sie DeVenecia bereits nach 20 Minuten am Rand eines Maisfelds.

LEBENDER BEWEIS Der 68-jährige Franzose Jean-Marie Sevrain musste sich von seinem Arzt ein Zeugnis darüber ausstellen lassen, dass er nach wie vor am Leben war, da sich die Krankenkasse weigerte, seine Arztrechnungen zu bezahlen. Der Grund: Laut Unterlagen war er bereits seit vier Jahren tot!

ZOMBIESCHLANGE Der Koch Peng Fan starb in einer Restaurantküche im chinesischen Guangdong durch den Biss eines abgetrennten Schlangenkopfs! Zwanzig Minuten, nachdem er die Siamesische Speikobra enthauptet hatte, wollte er den Kopf wegwerfen, als dieser plötzlich zuschnappte und Peng mit seinem tödlichen Gift infizierte.

LANGSAMER TOD Im kaiserlichen China praktizierte man bis 1905 die Hinrichtungsart *Lingchi*, bei der dem Verurteilten nach und nach Stücke von Armen, Beinen und Brust geschnitten wurden, bis alle Gliedmaßen amputiert waren. Am Schluss enthauptete man das Opfer oder stach ihm ins Herz.

LUFTIGE HOCHZEIT Jessy Schild und Ingo Müller aus Freiburg heirateten in 4.875 m Höhe in einem Flugzeug und stürzten sich dann gemeinsam mit dem Pfarrer und den Trauzeugen in die Tiefe – natürlich mit Fallschirmen! Ihren Hochzeitskuss gaben sie sich im freien Fall.

SPÄTE EHRE Der 93-jährige Tom Harrison aus Salt Lake City wurde 2011 mit sieben Militärmedaillen ausgezeichnet – über 60 Jahre, nachdem er im Zweiten Weltkrieg gedient hatte.

LEICHT BEWAFFNET Im April 2012 wurde in Fort Smith, Arkansas, ein Mann des versuchten Raubüberfalls eines Supermarkts angeklagt. Die Waffe? Eine Grillzange!

NEBEN DER SPUR Im April 2012 griff man einen 31-jährigen Mann aus Pewaukee auf, der auf den Bahnschienen herumlief, ohne bemerkt zu haben, dass er zuvor von einem 77 km/h schnellen, 76 Waggons langen Güterzug angefahren worden war!

SCHÖNE ÜBERRASCHUNG 41 Jahre nachdem Sue Ellis aus dem englischen Staffordshire den Kontakt zu ihrer französischen Brieffreundin Yvette Metay verloren hatte, fand sie heraus, dass diese nur eine Meile weit entfernt wohnte! Der Kontakt war durch eine Schulpartnerschaft zustande gekommen und hatte bis 1973 gehalten. Vier Jahrzehnte später stand Ellis plötzlich im Supermarkt vor ihrer alten Freundin und erfuhr, dass diese Frankreich in den 1980ern verlassen hatte und seit 2013 in Staffordshire lebte.

FEURIGE FAMILIE Als der 20-jährige Feuerwehrmann Matt Benoit aus Lunenburg, Massachusetts, seinen ersten Einsatz bei einem Hausbrand nahe Fitchburg fuhr, traf er dort als erstes auf seine Mutter Audra Brown! Die arbeitete für die Feuerwehr der benachbarten Ortschaft Leominster, die ebenfalls zu dem Brand gerufen worden war.

WOLLIGE LAWINE

Beim Skilaufen auf dem Hector Mountain in Neuseeland bemerkte Pete Oswald plötzlich, dass eine winzig kleine Lawine auf ihn zurollte, die sich bei näherem Hinsehen allerdings als verletztes Schaf entpuppte!

Ganz der tapfere Held transportierte er das 40 kg schwere Tier per Skier ins Tal, wo es versorgt werden konnte.

SOLIDER HAUSHALTSHELFER Mary und Ivor Waite aus den englischen West Midlands benutzen bis heute einen Staubsauger aus dem Jahr 1925, der auch Kaffee mahlen und Fleisch hacken kann. Das Piccolo-Gerät war ihnen 1976 zur Hochzeit geschenkt worden.

GROSSZÜGIGE GESTE Nachdem Carol und Willie Fowlers Tochter Tamara aus Atlanta im letzten Moment ihre Hochzeit abbließ, beschloss die Familie, das Essen nicht wegzuwerfen, sondern 200 Obdachlose zu einem Festmahl einzuladen.

KNAPPES HÖSCHEN Während Sarah Kaiser aus Düsseldorf ihre Einkäufe ins Auto lud, kletterte ihr fünfjähriger Sohn David auf den Fahrersitz und löste die Handbremse, sodass der Wagen aufs Rheinufer zurollte! Zum Glück verkantete sich das Auto beim Beinahe-Sturz über die Uferbefestigung mit den Hinterreifen!

SCHUPPIGER GANGSTER-SCHRECK Ein singender Fisch verhinderte einen Einbruch in ein Fachgeschäft für Anglerbedarf in Rochester, Minnesota. „Big Mouth Billy", ein an die Wand montierter Seebarsch, singt jedes Mal, wenn sich die Ladentür öffnet, „Take Me to the River" – und zwar so laut, dass der Einbrecher flüchtete, ehe er etwas mitnehmen konnte!

MODERNER TOTENKULT Extrem-Einbalsamieren ist der neue Trend unter den Reichen und Schönen. Die New Orleans-Bekanntheit Mickey Esterling beispielsweise, die im April 2014 mit 83 Jahren verstarb, ließ ihren Leichnam auf ihrer Trauerfeier in Cocktailkleid samt Federboa, Zigarette und Champagnerglas auf einer Bank sitzend ausstellen.

ZWILLINGSZUFALL Lindsay Salgueiro aus Toronto brachte Zwillingstöchter zur Welt, die aber in unterschiedlichen Jahren geboren wurden! Gabrielle kam am 31.12.2013 um 23:52 Uhr zur Welt, ihr Schwesterchen Sophia 38 Sekunden nach Mitternacht – also am 1.1.2014!

ZU SPÄT Ein neun Seiten langer Brief, den Miriam McMichael aus Houlton in Maine an ihre 240 km weit entfernt lebende Mutter Dollena geschrieben hatte, wurde 2014 endlich zugestellt – 83 Jahre, nachdem er abgeschickt worden war! Inzwischen sind beide Frauen tot. Ironischerweise entschuldigte sich Miriam in dem Brief, nicht eher geschrieben zu haben.

MAGISCHER ZUFALL 1944 bekam die damals elfjährige Betty Fowkes aus Melbourne zu Weihnachten von ihrem Vater ein Buch mit dem Titel *Magic Australia* und einer handgeschriebenen Widmung geschenkt. Vier Jahre später ging es bei einem Umzug verloren. Durch Zufall aber hörte Fowkes 2014 – also 66 Jahre später – in einer Radiosendung einen Beitrag über das Buch und bat ihre Tochter Liz Crooks, im Internet nach einer Ausgabe zu suchen. Crooks ließ sich ein gebrauchtes Exemplar aus einem New Yorker Buchladen zuschicken – und als ihre Mutter es aufschlug, erkannte sie an der Widmung, dass es sich doch tatsächlich um ihr eigenes Exemplar handelte!

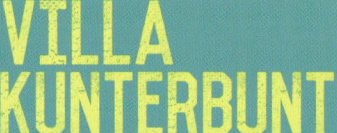

VILLA KUNTERBUNT

Die Künstlerin Mary Rose Young hat ihr Cottage im englischen Gloucestershire zu einem wahren Puppenhaus umdekoriert! Jeder Winkel des Hauses ist kunterbunt bemalt und mit den farbenfrohen Tonwaren geschmückt, die Mary in ihrer Werkstatt herstellt. Marys Kunstwerke haben übrigens berühmte Fans: Unter anderem kauften schon Ozzy Osbourne, Demi Moore und Lady Gaga ihr Keramikgeschirr.

SKATEBOARD-COP Er ist der wohl coolste Cop der Welt: Joel Zwicky vom Green Bay Police Department in Wisconsin fährt auf einem mit rotblauen LED-Leuchten ausgestatteten Skateboard Patrouille! So hat er nämlich zu vielen Ecken Zugang, die mit dem Streifenwagen nicht erreichbar sind, ist aber schneller unterwegs als zu Fuß.

FALSCH GEFEIERT Kurz vor ihrem 100. Geburtstag entdeckte Evelyn Frost aus dem englischen Staffordshire, dass sie ihr Leben lang am falschen Tag gefeiert hat! Als sie eine Geburtsurkunde anforderte, um sich für den Brief zu registrieren, den die Briten traditionell zu ihrem 100. Geburtstag von der Queen höchstpersönlich bekommen, stellte sie fest, dass sie nicht wie gedacht am 17.4.1914, sondern am 16.4. geboren worden war!

WÜRDIGER ABSCHIED Ronald Bloss Sr., Veteran der U.S. Navy und ein großer Schiffsnarr, wurde gemäß seinem letzten Wunsch bei seiner Beerdigung in Mount Wolf, Pennsylvania, nicht im Leichenwagen, sondern mit dem Motorboot zum Grab gefahren – allerdings nicht auf dem Wasser! Das Boot wurde auf einem Lastfahrzeug zum Friedhof transportiert.

GOTT OHNE SCHUFA-AUSKUNFT Der russischstämmige New Yorker God Gazarov behauptet, dass sich eine Bonitätsratingagentur weigert, seine finanzielle Vorgeschichte anzuerkennen, weil sein Vorname „Gott" lautet. Gazarov, der ein Juweliergeschäft in Brighton Beach führt, wurde nach seinem Großvater benannt.

Tote im Schaukelstuhl

Für ihre Totenwache in einem Bestattungsunternehmen in San Juan, Puerto Rico, kleidete man Georgina Chervony Lloren in ihr Brautkleid und setzte sie in ihren rotgepolsterten Lieblingsschaukelstuhl. Laut ihrer Tochter hatte Lloren vor ihrem Tod genaue Anweisungen für ihren „letzten großen Auftritt" gegeben.

KOO KOO
DAS VOGELMÄDCHEN

Koo Koo, das Vogelmädchen, war blind und zahnlos, hatte einen winzigen Kopf, ein dünnes Gesichtchen und eine schnabelförmige Nase. Sie zählte zu den großen Freakshow-Stars des frühen 20. Jahrhunderts.

Bei ihren Auftritten trug Koo Koo ein flauschiges Federkostüm und riesige Hühnerfüße und führte seltsame Tänzchen auf. Geboren wurde sie 1880 als Minnie Woolsey im US-Bundesstaat Georgia. Jahrelang war sie in der Freakshow des Ringling Brothers Circus zu sehen, und 1932 erhielt sie sogar eine Rolle in dem Hollywoodfilm *Freaks*. Bis in die 1940er-Jahre hinein stand sie als das „Kuckucksmädchen" in der World Circus Side Show auf Coney Island in New York auf der Bühne. Anders als viele ihrer Kollegen aus der Freakshow-Welt benahm sich Woolsey abseits des Scheinwerferlichts sehr zurückhaltend und ruhig und versuchte, keine Aufmerksamkeit auf sich zu ziehen. Vermutlich litt sie unter dem sogenannten Seckel-Syndrom, einer seltenen Form von Kleinwuchs.

DINNER MIT DEM TOD

Die Gäste des Restaurants New Lucky im indischen Ahmedabad trinken ihren Tee umgeben von den Toten – denn das Lokal wurde inmitten eines alten muslimischen Friedhofs errichtet! Eröffnet wurde das New Lucky in den 1950ern als Teebude vor den Toren des Friedhofs und wuchs immer weiter, bis es schließlich an die zwölf Gräber umfasste. Da der Besitzer die Totenruhe nicht stören will, schützt er die Gräber mit einem Metallgitter.

GELEHRIGE ZEITVERSCHWENDUNG Die Studenten der University of Pennsylvania können einen Kurs mit dem Titel „Zeitverschwendung im Internet" belegen, bei dem Sie unter anderem „drei Stunden lang auf den Bildschirm starren und ausschließlich via Chatrooms, Bots und sozialen Medien interagieren"müssen.

DUMM GELAUFEN Profihacker Jeremy Hammond sitzt eine zehnjährige Gefängnisstrafe ab, weil sein Passwort so leicht zu erraten war! 2013 wurde er verurteilt, weil er Dutzende von Webseiten der US-Regierung infiltriert hatte. Die Polizei hatte bei einer Hausdurchsuchung seinen Laptop beschlagnahmt und in Windeseile das Passwort geknackt, das aus dem Namen seines Katers Chewy und der Zahlenfolge 123 bestand.

FRIEDHOFSMARKETING Um mehr Menschen dazu zu bewegen, einen Platz auf dem Springdale Cemetery in Peoria, Illinois, zu reservieren, veranstaltete die Friedhofsverwaltung ein 5.000-m-Rennen und buchte Schauspieler, die sich als Berühmtheiten verkleideten, die seit Eröffnung des Friedhofs 1857 dort beerdigt wurden.

PARADIESISCHES BÜRO Das japanische Unternehmen Bizreach hat den Empfangsbereich seines Tokioter Büros mithilfe von Sandteppich, Lautsprechern und 3D-Projektor in einen tropischen Strand verwandelt, um die Arbeitsatmosphäre zu verbessern.

ZWILLINGSPOWER Im November 2014 traten die Zwillingsbrüder Rob und John Snaza in benachbarten Bezirken im Südosten Washingtons ihren Dienst als Sheriffs an! Rob wurde zum Sheriff von Lewis County gewählt, während John bereits zum zweiten Mal Sheriff von Thurston County wurde.

EURE UPLOADS

VIERÄUGIGE MAUS

Dieses Bild einer Maus mit vier Augen schickte uns Katheryn Hung, die den kleinen Nager im Floridaurlaub entdeckt hatte. Anfangs dachte sie, die Maus würde ein Junges mit sich herumtragen. Erst später begriff sie, dass es sich um eine Mutation handelte.

ALTE HOSE Bei Ausgrabungen auf einem Friedhof im chinesischen Xinjiang wurde an einem mumifizierten Leichnam ein 3.300 Jahre altes Kleidungsstück entdeckt, bei dem es sich um die vermutlich älteste Hose der Welt handelt! Zuvor hatte man zwar bereits ähnliche Funde getätigt, doch den übrigen „Modellen" fehlte der Schritt – sie bestanden nur aus zwei Hosenbeinen.

KRANKENHAUSHOCHZEIT Als Kimberly Elgin aus Ohio am Vorabend ihrer Hochzeit mit Travis Smith, die sie an einem Strand in South Carolina hatte feiern wollen, an einer Blinddarmentzündung erkrankte, verlegte man die Hochzeit kurzerhand ins Waccamaw Community Hospital bei Myrtle Beach. Statt eines Brautkleids trug Elgin bei der Zeremonie ein hellgrünes Krankenhausnachthemd.

SICHER IST SICHER Ehe anlässlich des Nationalfeiertags 2014 in Peking 10.000 Tauben über der Stadt freigelassen wurden, untersuchte man das Popöchen jedes einzelnen Tiers auf seinen Inhalt, da man befürchtete, Terroristen hätten die Vögel mit Mini-Bomben ausgestattet.

TRAURIGES NEBENEINANDER Der erste und der letzte gefallene britische Soldat des Ersten Weltkriegs wurden auf dem Friedhof St. Symphorien in Frankreich beigesetzt. John Parr und George Ellison liegen bis heute nur wenige Meter voneinander entfernt.

FLEISCHMÖBEL Die britische Möbeldesignerin Gigi Barker hat eine Kollektion fleischfarbener Ledersofas und -sessel entworfen, die aussehen wie Menschenhaut und sich auch so anfühlen. Das Leder wurde sogar mit Aftershave und Pheromonen behandelt, damit es noch echter wirkt!

SCHÜLER BOND Als der 15-jährige James Bond 1990 seine Abschlussprüfung an der Argoed High School in North Wales machte, teilte man ihm die Unterlagen mit der Referenznummer 007 zu!

KERAMIK-GUMMITIERE

Künstler Brett Kern aus Pennsylvania kreiert Keramikskulpturen, die genauso aussehen wie aufblasbare Gummitiere!

Seine Kunstwerke – darunter verschiedene Dinosaurier und Hasen – die bis auf die kleinste Falte aussehen wie ihre billigen Gummivorbilder, verkaufen sich für bis zu € 700. Inspiriert wurde er zu seinen Skulpturen durch einen aufblasbaren Dinosaurier, den er als Kind geschenkt bekam.

MENSCHLICHES PENDEL

Hier ist Star-Tiertrainer Frank „Cheerful" Gardner mit einem der Elefanten zu sehen, mit denen er 1931 im Circus Hagenbeck-Wallace auftrat.

Auch wenn es auf den ersten Blick nicht so aussehen mag: Gezeigt wird hier nicht etwa ein brutaler Angriff, sondern Cheerfuls berühmtester Trick, das „menschliche Pendel", bei dem sich der Dompteur von einem seiner Dickhäuter durch die Gegend tragen ließ. Angeblich versuchte sich einer seiner Konkurrenten ebenfalls mit diesem Kunststück, endete aber mit einem Schädelbruch im Krankenhaus. Cheerful galt als der „Dekan" der Elefantentrainer. Er arbeitete mehrere Jahrzehnte lang für verschiedene Zirkusse und betreute dabei ganze Herden von Elefanten. Einmal sagte er, Elefanten seien die klügsten und liebenswertesten Tiere auf der Welt und er sei bei seiner Arbeit niemals verletzt worden.

CHEERFUL GARDNER

HANDSCHELLENTAG Am 20.2. wird in den USA der Nationale Handschellentag gefeiert – zu Ehren von George A. Carneys revolutionärer anpassbarer Leichtmetallhandschelle, die er am 20.2.1912 patentieren ließ.

BRÜCKENDIEBSTAHL In Detroit wurde eine zwölf Meter lange, 2.270 kg schwere Fußgängerbrücke gestohlen, die man später unbeschädigt im 32 km entfernten Belleville bergen konnte.

REINGELEGT Oberst William Washington zwang während des US-amerikanischen Unabhängigkeitskriegs über 100 britische Loyalisten zur Kapitulation, ohne einen Schuss abzufeuern. Bei seiner „Kanone" handelte es sich um einen angemalten Baumstamm – eine sogenannte „Quäkerkanone".

SCHLECHTES TIMING Abraham Lincoln gründete den US-amerikanischen Secret Service, der den Schutz des Präsidenten zur Aufgabe hat, am Tag seiner Ermordung!

ÜBERLEBENSKÜNSTLERIN Die irische Stewardess Violet Jessop überlebte den Untergang der *Titanic* im Jahr 1912 – und überstand daneben noch zwei Katastrophen auf den Schwesterschiffen: 1916 den Untergang der *Britannic* und 1911 den Zusammenstoß zwischen der *Olympic* und der H.M.S. *Hawke*.

ZUFALLSKANDIDAT Als die Wahl zum Stadtrat in Waveland, Mississippi, 2014 unentschieden ausfiel, gewann Charles Piazza das Amt schließlich durch Strohhalmziehen! 2002 hatte er in derselben Situation beim Münzwurf verloren. Unentschiedene Wahlen müssen in der Stadt durch ein Zufallsspiel entschieden werden.

WANDERVOGEL Der britische Ornithologe Dave Clifton fing innerhalb weniger Wochen zweimal denselben Vogel – und zwar an 2.400 km weit voneinander entfernten Orten! Im Urlaub in Portugal ging ihm eine kleine Mönchsgrasmücke ins Netz, die einen Identifizierungsring am Beinchen trug, der ihm verriet, dass er das Tier erst kürzlich nahe seinem Haus im englischen Staffordshire gefangen hatte.

U-BAHN-HOCHZEIT Hector Irakliotis und Tatyana Sandler verbrachten einen so großen Teil ihrer Beziehung in der New Yorker U-Bahn, dass sie beschlossen, auch dort zu heiraten. Trauen ließen sie sich in der Linie N, die von Brooklyn nach Manhattan fährt, im Beisein der ganz normalen Fahrgäste.

WEIHNACHTSWUNDER Die damals 31-jährigen Zwillingsschwestern Lorraine und Levinia Christmas („Weihnachten") aus dem englischen Norfolk beschlossen am Weihnachtsabend 1994 spontan, sich gegenseitig Geschenke zu Hause vorbeizubringen. Doch die Landstraße zwischen ihren Häusern war so vereist, dass die beiden einen Unfall bauten – und zwar miteinander!

ENTSPANNTER JOB Andrew Iwanicki aus Los Angeles wurde von der NASA mit mehr als € 16.000 dafür entlohnt, dass er drei Monate lang ununterbrochen im Bett lag. Das High-Tech-Bett wurde vom NASA Flight Analog Research Unit in Houston entwickelt und soll den Wissenschaftlern helfen, mehr über die Auswirkungen des Weltraums auf Knochen und Muskulatur herauszufinden!

BEIM BARTE DES KOMPONISTEN! Vor über einem Jahrzehnt beschloss man, die britische 20-Pfund-Note mit dem Gesicht des englischen Komponisten Sir Edward Elgar zu zieren, weil sein buschiger Schnurrbart für Fälscher so schwer zu kopieren ist.

EURE UPLOADS

ZUSATZZEHEN

Kirstin Mercer aus dem kanadischen Orangeville schickte uns dieses Foto von ihrer Katze Lilli, die mit 32 Zehen zur Welt kam! Katzen haben normalerweise 18 Zehen – also nur etwas mehr als halb so viele wie „Superpfote" Lilli!

Wal-Explosion

Diese Bilder, die uns von Newsflare zur Verfügung gestellt wurden, zeigen die Explosion des Kadavers eines Pottwals, der verendete, nachdem er in einem schmalen Kanal nahe den Färöer Inseln steckengeblieben war. Als der Meeresbiologe Bjarni Mikkelsen den Leichnam des 14 m langen Tieres aufschnitt, rechnete er nicht damit, dass ihm im nächsten Moment die gesamten Organe des Wals um die Ohren fliegen würden! Das Tier war bereits seit zwei Tagen tot gewesen, in denen im Zuge des Zersetzungsvorgangs Methangas entstanden war, das den Kadaver gedehnt hatte wie einen Luftballon, sodass er explodierte, kaum dass die Haut angestochen wurde.

ALTPAPIER Bei einem Strandspaziergang nahe Houhora in Neuseeland stolperte Geoff Flood über eine Flaschenpost, in der sich ein 76 Jahre alter Brief, datiert auf den 17.3.1936, befand! Der Absender hatte die Flaschenpost im australischen Leederville ins Wasser geworfen.

PHOTONENFLIMMERN Das Flimmern eines Fernsehers, bei dem kein Sender eingestellt ist, wird zum Teil durch Photonenstrahlung verursacht, die ein Überbleibsel des Urknalls vor 14 Milliarden Jahren ist!

COMPUTERFEHLER Aufgrund eines Computerfehlers erhielten Nigel und Linda Brotherton aus dem englischen Lancashire eine Stromrechnung über umgerechnet 760 Millionen Euro. Ihr Stromanbieter teilte ihnen außerdem mit, dass ihr monatlicher Abschlag von € 132 auf 81 Millionen Euro steigen würde, wenn sie die Rechnung nicht rechtzeitig bezahlten.

ZIEGEN-DUNG

Diese originalgroße Ziegenskulptur hat der Künstler und Ziegenzüchter Patrick Page-Sutter aus dem Dung der Ziegenherde auf dem Bauernhof seiner Familie im texanischen Natalia gestaltet!

BALLERMANN

Alex Bygrave aus London bastelte 50 Stunden lang an seiner Deluxe-Wasserpistole, die aus sechs Rohren und einem Zehn-Liter-Wassertank besteht und eine Reichweite von zwölf Metern hat! Dabei verarbeitete Bygrave 55 Alltags-gegenstände, darunter Klempnerrohre, der Griff eines Gehstocks, der als Pumpe dient, und ein Scheibenwischer, mit dem sich die Wasserpistole drehen lässt.

CHAOS IM ARBEITSAMT Die Polizei musste vor einem Stockholmer Arbeitsamt eine riesige Menge aufgebrachter Arbeitssuchender auflösen. Eine E-Mail mit der Einladung zu einem Bewerbungsgespräch war statt an 1.000 Personen versehentlich an 61.000 verschickt worden – nämlich an alle registrierten Arbeits-suchenden in der Stadt!

GUTER SAMARITER Der arbeitslose Bostoner Glen James fand einen Rucksack, der über € 35.000 enthielt, gab ihn seinem Besitzer zurück – und wurde für seine Ehrlichkeit mehr als angemessen entlohnt. Denn ein Unbekannter, der über 800 km weit entfernt in Virginia lebte, richtete eine Webseite ein, auf der man für James spenden konnte, und sammelte dort unfassbare € 135.000!

KILLERKNAUF Ein Hausbrand in London wurde durch einen kristallenen Türknauf ausgelöst, in dem sich das Sonnenlicht so brach, dass es einen in der Nähe hängenden Morgenmantel in Flammen setzte!

MARKE EIGENBAU

Über drei Jahre hinweg verschickte Angus McDonagh aus dem englischen Somerset insgesamt mehr als 100 Briefe mit selbstgemachten Briefmarken, die sein eigenes Gesicht zierte! Und dabei gab er sich nicht einmal besondere Mühe, die britische Post zu täuschen – unter anderem war er auf den Marken nämlich mit Comic-Augenklappe und schrägem Hut zu sehen, und zu Weihnachten zierte seine Marken sogar ein Selbstporträt mit weißem Bart!

GLÜCKSKEKS Die 75-jährige Emma Duvoll aus New York gewann einen Lotto-Jackpot in Höhe von 1,8 Millionen Euro mit Zahlen, die sie in einem Glückskeks aus einem chinesischen Restaurant in Greenwich Village gefunden hatte.

DER NAME IST PROGRAMM Im Royal Cornwall Hospital im englischen Truro arbeitet ein Apotheker mit dem Namen Andrew Pothecary, kurz: Mr A. Pothecary (deutsch: „Herr A. Potheker")! Er scherzt gerne, dass er seine Berufswahl nur wegen seines passenden Namens traf, und glaubt, dass er den ein oder anderen Job nicht bekommen hat, weil seine potenziellen Arbeitgeber glaubten, er würde sie mit seiner Bewerbung nur veräppeln.

RINGFUND Elizabeth Clark aus Granite Falls, Washington, verlor 1954 ihren Universitätsring in einem See bei San Angelo – und erhielt ihn 60 Jahre später zurück, als der Lake Nasworthy nach einer längeren Trockenperiode im März 2014 ein Uferstück freigab, auf dem man den Ring bergen konnte. Zum Glück hatte Clark ihre Initialen eingravieren lassen, wodurch sie leicht als rechtmäßige Eigentümerin identifiziert werden konnte.

MEGAHOCHZEIT 2013 heiratete ein sri-lankisches Paar in Colombo in Begleitung von 126 Brautjungfern, 25 Trauzeugen, 20 Ringträgern und 23 Blumenmädchen.

TRAUMTECHNIK

Das Unternehmen iWinks aus San Diego hat ein Stirnband entwickelt, mit dem man seine Träume steuern kann! „Aurora" misst die Hirnaktivität und spielt während der REM-Phase, einer Schlafphase, in der wir besonders viel träumen, Lichter und Klänge ab, wodurch wir uns im Schlaf über unsere Träume bewusst werden und diese beeinflussen können.

WORTKARGER WISSENSCHAFTLER Der Wissenschaftler Isaac Newton (1642–1727) wurde 1689 als Repräsentant der Cambridge University zum Parlamentsmitglied gewählt – allerdings erhob er im Parlament nur ein einziges Mal das Wort, und zwar, um darum zu bitten, ein Fenster zu schließen, weil es zog.

GRÜNE BEUTE Aus verschiedenen Gewächshäusern im US-Bundestat North Carolina wurden 10.000 fleischfressende Venusfliegenfallen im Wert von insgesamt knapp € 9.000 gestohlen!

HELDENHANDY Ein Tankstellenmitarbeiter in Florida hat seinem Handy sein Leben zu verdanken! Denn als bei einem bewaffneten Raubüberfall auf ihn geschossen wurde, prallte die Kugel von seinem Telefon ab, das er in der Brusttasche trug.

GRUND ZUM FEIERN Joshua Strnads Verlobte Sarah Mailloux, ihre gemeinsame Tochter Olivia und Söhnchen Elijah haben alle am 9. März Geburtstag. Sie kamen 1992, 2011 und 2012 zur Welt. Strnad selbst, der aus Ontario stammt, hat genau eine Woche vor seiner Liebsten Geburtstag, nämlich am 2.3.1990.

SCHWER ZU SCHLUCKEN

Ärzte aus dem indischen Chhattisgarh entfernten **431 Münzen, 197 Fischernetzpellets, 19 Fahrradkettenstifte und drei Schlüssel** mit einem Gesamtgewicht von über sechs Kilo aus dem Magen eines Patienten.

Im Magen einer Thailänderin wurden **199 Nägel** bis zu 7,5 cm lange gefunden!

Einem jungen Mädchen aus Chicago, das am Rapunzelsyndrom litt, der krankhaften Sucht, das eigene Haar zu essen, wurde ein **4,5 kg schweres Haarknäuel** aus dem Magen entfernt!

Eine 52-Jährige aus Rotterdam ließ sich **78 metallene Besteckstücke** aus dem Magen entfernen.

Ärzte aus der chinesischen Provinz Hunan entdeckten in der Lunge einer Frau ein **fünf Zentimeter langes Thermometer,** das sie 44 Jahre zuvor verschluckt hatte.

Eine 38-jährige Rumänin aus Galati verschluckte bei einem leidenschaftlichen Kuss versehentlich das **Gebiss ihres Freundes!**

Ein 62-jähriger Franzose aus Cholet schluckte **350 Münzen,** verschiedene Halsketten sowie eine Reihe von Nadeln mit einem Gesamtgewicht von 5,5 kg!

Magnetmampfer

Dieses Röntgenbild zeigt den Mageninhalt eines 16 Monate alten Jungens aus dem russischen Tscheljabinsk, der zu Hause 42 winzige Kühlschrankmagneten verspeist hatte! Die Mutter hatte ihn ins Krankenhaus gebracht, nachdem sie ihn nur wenige Minuten lang in der Küche alleingelassen hatte und danach bemerkte, dass die Magneten verschwunden waren.

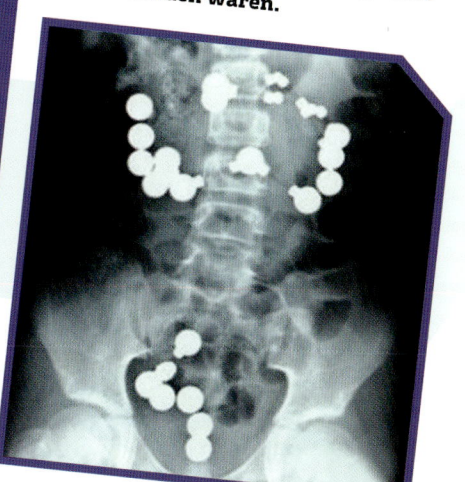

Die Künstlerin Lucy Sparrow aus dem englischen Bath hat einen Supermarkt in Originalgröße nachgebaut – und zwar aus nichts als Filz!

Sieben Monate und über 250.000 Nadelstiche dauerte es, bis sie die 4.000 Gegenstände, aus denen ihr Kunstwerk besteht – darunter Fischstäbchen, Zeitungen, Klopapier, die Kasse und, und, und – zusammengenäht hatte.

027

FLITTERWOCHENSTREICH

Als Jamie und Emily Pharro aus ihren Flitterwochen zurückkehrten, mussten sie feststellen, dass ihre Freunde in liebevoller Kleinarbeit ihr gesamtes Haus im englischen Lincolnshire mit Post-its® verziert hatten! Das frisch verheiratete Paar brauchte zweieinhalb Stunden, um die 14.000 Zettel von Wänden, Boden und Mobiliar zu entfernen ...

FURZMASCHINE Colin Furze aus dem englischen Lincolnshire hat eine fünf Meter große „Furzmaschine" erfunden – bei seinem Namen naheliegend, oder?! Furze installierte ein riesiges Verpuffungsstrahltriebwerk, zwischen zwei „Pobacken". Die Wirkung seiner Maschine testete er in Kent, wo er sie auf das 33 km entfernt auf der anderen Seite des Ärmelkanals gelegene Frankreich richtete. Angeblich wollen die Franzosen tatsächlich ein „leises Donnern" gehört haben!

SPINNENHUND Der polnische Scherzkeks Sylwester Wardega verkleidete seine Hündin Chica als Riesenspinne und filmte dann mit einer versteckten Kamera die Reaktionen seiner Mitmenschen auf das achtbeinige Mega-Monster! Das Video brachte es innerhalb von nur zwei Tagen auf 22 Millionen YouTube-Klicks – das sind fast 130 Zuschauer pro Sekunde!

AUSGESTOCHEN Ein Dieb aus dem englischen Leeds, der ein Aquarium im Wert von € 270 erbeutet hatte, wurde gefasst, weil er auf seiner Flucht eine Pinkelpause einlegte und dabei auf ein Wespennest urinierte! Die Polizei lieferte den vor Schmerzen heulenden und mit Stichen übersäten Mann erst einmal ins Krankenhaus ein, ehe es vor Gericht ging.

GUTMENSCH WIDER WILLEN Nach einem Schlaganfall durchlebte ein 49-jähriger Brasilianer eine umfassende Persönlichkeitsveränderung und entwickelte eine „pathologische Großzügigkeit", die dazu führte, dass er ununterbrochen Geld an Fremde verschenkte.

DUMMDIEB Als Andrew Graham aus dem Gefängnis entlassen wurde, brach er in einen Friseursalon im englischen Lancaster ein und klaute Ausrüstung im Wert von über € 8.000, ließ dabei aber versehentlich seine Gefängnispapiere samt Fahndungsfoto liegen!

Schicke Schnecken

Da der schwedische Künstler Stefan Siverud Mitleid mit all den Schnecken hatte, die er in seinem Garten schon versehentlich zertreten hat, malte er die Gehäuse einiger Tiere leuchtend bunt an – natürlich mit giftfreier Farbe! Seine schönsten Exemplare sind dieser knallblaue Hai und eine Schnecke mit gelbem McDonald's-Logo.

PUPPENFAMILIE Suzanne Heintz aus Englewood, Colorado, lebt seit über 14 Jahren mit einer Familie aus Schaufensterpuppen zusammen! Ihr „Ehemann" Chauncey und ihre jugendliche „Tochter" Mary-Margaret haben sie sogar schon auf Reisen durch die ganze Welt begleitet. Heintz ist aber nicht etwa leicht neben der Spur – das Ganze ist ein Kunstprojekt, das sie eifrig mit Fotos dokumentiert.

BIGFOOT-GESETZ In Texas ist es gesetzlich erlaubt, Bigfoot zu erschießen, da er theo-retisch nicht zu den gefährdeten Arten zählt!

MONSTRÖSE NAMENSÄNDERUNG Melanie Ann Convery und ihr Mann Neal James Coughlin aus Massachusetts haben erfolgreich vor Gericht durchsetzen können, ihre zweiten Vornamen beide in „Seamonster", also „Seeungeheuer" ändern zu dürfen!

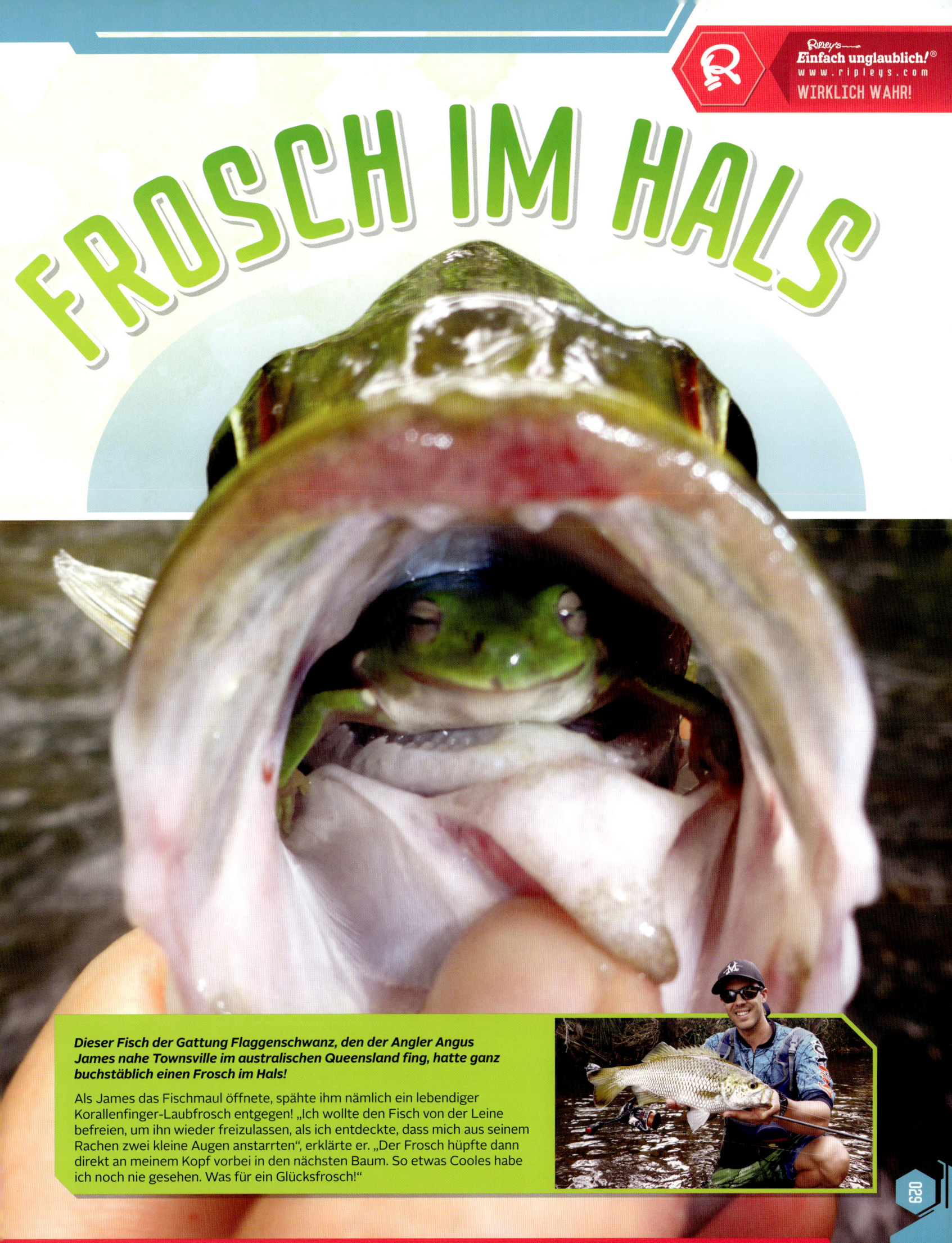

FROSCH IM HALS

Dieser Fisch der Gattung Flaggenschwanz, den der Angler Angus James nahe Townsville im australischen Queensland fing, hatte ganz buchstäblich einen Frosch im Hals!

Als James das Fischmaul öffnete, spähte ihm nämlich ein lebendiger Korallenfinger-Laubfrosch entgegen! „Ich wollte den Fisch von der Leine befreien, um ihn wieder freizulassen, als ich entdeckte, dass mich aus seinem Rachen zwei kleine Augen anstarrten", erklärte er. „Der Frosch hüpfte dann direkt an meinem Kopf vorbei in den nächsten Baum. So etwas Cooles habe ich noch nie gesehen. Was für ein Glücksfrosch!"

WAHNSINNSWELT

Schädelschalen

Diese sogenannten *Kapalas*, rituelle Schalen, die von indischen Hindus und tibetanischen Buddhisten verwendet werden, sind aus Menschenschädeln hergestellt und mit detailreichen Schnitzereien, Silber und wertvollen Edelsteinen verziert. Es gibt zwei Arten von *Kapalas* – solche, für die der ganze Schädel verwendet wird, und andere, die nur aus der Schädeldecke bestehen. Meist dienen sie als Gefäße für Nahrungsmittel oder Wein, einige Gläubige sollen angeblich aber auch Blut aus den Schädelschalen trinken.

BIS IN DEN TOD Auf dem Grab von Zirkusdirektor William F. Duggan in Georgia steht ein 1,70 m großer, 2,10 m langer und damit lebensgroßer Grabstein in Form eines Elefantenkalbs! Das Vorbild für die Skulptur hörte auf den Namen Nancy und war Duggans Liebling. An seinem Todestag im Jahr 1950 lief sie ihm sogar ins Krankenhaus hinterher!

DOPPELTREFFER Nur durch ein kleines Wunder überlebte Casey Wagner den 26.10.2013 – den Tag, an dem er im texanischen Saint Jo gleich zweimal vom Blitz getroffen wurde! Das Problem? Wagner hatte Schutz unter einem Baum gesucht! Sekunden nach dem ersten Blitz folgte schon der zweite – doch bis auf mehrtägige Taubheit in der rechten Körperhälfte zog sich Glückspilz Wagner keinerlei Verletzungen zu!

BLAUE LAVA Kawah Ijen, eine vulkanische Schwefelmine auf der indonesischen Insel Jawa Timur, produziert blaue Lava! In dem 200 m tiefen aktiven Krater befindet sich nämlich ein türkisblauer See, der aus fast reiner, tödlicher Schwefelsäure besteht. Entzündet sich der Schwefel selbst, geht ein – besonders bei Nacht beeindruckendes – gespenstisches blaues Glühen von ihm aus, das von bis zu fünf Meter hohen Stichflammen begleitet wird.

SCHLANGENKINDER

Die Kinder des nur 600 Personen starken westindischen Nomadenstamms der Vadi beginnen schon im zarten Alter von zwei Jahren, Kobras zu beschwören. Darauf folgt eine zehnjährige Ausbildung, in der die Jungen lernen, die Tiere mit der Flöte zum „Tanzen" zu bringen, während die Mädchen für die Pflege der Reptilien verantwortlich sind. Die indische Regierung hat die Ausübung von Schlangenbeschwörung 1991 verboten, doch bis heute gibt es im Land rund 800.000 Praktizierende und die Vadi sind fest entschlossen, ihre Tradition am Leben zu erhalten.

FLAMMENZUNGE

Dieser Gläubige Hindu setzte auf dem Ganga Dhaaraa-Festival in Trinidad mit der hochentzündlichen Substanz Kampfer seine Zunge in Flammen.

Die jährlich stattfindende Zeremonie ist eine Schwesterveranstaltung einer gigantischen religiösen Feier am Ganges in Indien, die Hunderttausende von Pilgern besuchen.

HOTELVERLEGUNG 1888 wurde das 6.000 t schwere New Yorker Brighton Beach Hotel mithilfe von sechs Dampflokomotiven 180 m von der erodierenden Küste wegtransportiert. Die Arbeiten dauerten neun Tage.

RIESENBLATT Bei einem Familienspaziergang stieß der vierjährige Tommy Lindsey aus Mount Vernon, Washington, auf ein Ahornblatt, das über 61 cm hoch und 53 cm breit war – fast so groß wie er selbst!

TODESPARK In Haw Par Villa, einem Vergnügungspark in Singapur, gibt es über 1.000 gruselige Szenen rund um das Thema Mythologie zu sehen, darunter auch den Diyu, die Unterwelt des Buddhismus, in der selbst geringe Vergehen brutal bestraft werden. Unter anderem wird eine Frau dargestellt, der das Herz aus der Brust gerissen wird, weil sie undankbar war, ein junges Mädchen, das vom Teufel in einen Messerhaufen geschleudert wird, und ein Henker, der einem an einen Pfahl gefesselten Mann die Eingeweide herausreißt, weil dieser bei einer Prüfung geschummelt hat.

TEURES PRIVILEG Gan Lin, Ehefrau eines reichen Geschäftsmanns aus dem chinesischen Chongqing, zahlt monatlich € 4.500 Miete für einen ganzen Berg, nur damit ihre Tochter dort in Ruhe die Natur kennenlernen kann.

LUXUSKNAST Das im viktorianischen Zeitalter errichtete Oxford Prison in England wurde in ein Luxushotel umgebaut, in dem man hinter Gitterfenstern und 7,5 cm dicken Stahltüren schlafen kann.

FINGERSCHMUCK Das Volk der Angu aus Papua-Neuguinea trägt die geräucherten Finger, Hände und Brustbeine verstorbener Verwandter als Schmuck!

HÖHLENHOTEL

Wer das Städtchen Farmington in New Mexico besucht, der kann dort in den Sandsteinklippen in 90 m Höhe über dem Flusstal des La Plata eine Nacht verbringen. Denn die dort gelegene 149 m² große Kokopelli–Höhle diente ursprünglich einmal als Büro für den Geologen und Höhlenbesitzer Bruce Black, wurde inzwischen aber zu einer Pension mit Schlafzimmer, Küche, Essbereich und Badezimmer samt Jacuzzi umgebaut!

UNTERWASSERSCHLAFZIMMER In einem Hotel in Sansibar kann man in einer auf dem Wasser treibenden Suite übernachten, deren Schlafzimmer unter der Wasseroberfläche liegt und vollen Blick auf die Meereswelt vor den Fenstern bietet! Sie liegt 250 m vor der Küste über einem Korallenriff – und eine Nacht im Doppelzimmer kostet stolze € 1.350.

RIESENRUTSCH In Salt Lake City kam es im April 2013 zu einem Erdrutsch, bei dem 165 Millionen Tonnen Felsgeröll mit bis zu 160 km/h in eine 1,5 km tiefe Grube donnerten, wodurch 16 kleine Erdbeben ausgelöst wurden! Die Gerölllawine, die groß genug war, um den gesamten New Yorker Central Park mit einer 20 m hohen Schicht zu bedecken, gilt als größter nicht-vulkanischer Erdrutsch in der neueren Geschichte Nordamerikas.

DRACHENBLUT Der im Amazonas beheimatete Drachenblutbaum sondert einen blutroten Saft ab, den die Eingeborenenstämme als Färbemittel sowie als Heilmittel gegen Durchfall und Hautkrankheiten verwenden.

NEBELTRINKER Mammutbäume können bis zu 91 m hoch werden und gewinnen 40% der Flüssigkeit, die sie benötigen, aus Nebel, der in Kontakt mit ihren Blättern kommt.

CONTAINERBUDE Der kalifornische Designer Gregory Kloehn hat einen € 1.800 teuren Müllcontainer in Brooklyn zu einem Apartment umgebaut – komplett mit Badezimmer, Bett, Terrasse und Küche. Auf dem Dach installierte er außerdem einen 23-Liter-Tank für Trinkwasser, in die Seitenwand ist eine Haustür eingelassen, und transportabel ist sein Meisterwerk auch noch – es steht nämlich auf Rollen!

PEINLICH, PEINLICH! Die Baseballmannschaft Colorado Rockies versorgte 15.000 Fans mit Trikots, auf denen der Name ihres Starspielers Troy Tulowitzki falsch geschrieben war!

FLAGGENFEHLER Die Flagge der Turks- und Caicosinseln, einer britischen Kolonie in der völlig eisfreien Karibik, zeigte 100 Jahre lang ein Iglu, weil ein britischer Flaggenmacher ein Symbol für Salzhaufen falsch interpretiert hatte!

KÄLTEWELLE Im Januar 2014 war es in Dubuque, Iowa, mit einer Außentemperatur von -29°C und einer gefühlten Temperatur von -45°C kalt genug, um ein feuchtes T-Shirt in weniger als einer Minute gefrieren zu lassen.

LANG LEBE DAS PLASTIK! Die an die 7,50 m lange Onion Ditch Bridge in West Liberty, Ohio, besteht aus 54.431 kg Altplastik, darunter alte Waschmittelflaschen und Autoarmaturen. Die Baukosten betrugen zwar über € 225.000, aber dafür hat die Brücke auch eine Lebenserwartung von 150 Jahren – mehr als das Dreifache von konventionellen Materialien wie Stahl oder Beton.

Futtern im Feuchten

In diesem Dschungelrestaurant im philippinischen San Pablo City braucht man sich kein Wasser zu seinem Gericht zu bestellen – denn die Tische stehen direkt am Fuß der Labasin Falls, eines künstlichen Wasserfalls. Beim Essen im Waterfalls Restaurant hängen die Füße der Gäste im kühlen Wasser, und zwischen den Gängen kann man sich unter dem Wasserfall eine erfrischende Dusche genehmigen.

Echter Wasserfall!

UNTERWASSER-WASSERFALL

In den Tiefen der Dänemarkstraße, einer Meeresenge zwischen Grönland und Island, befindet sich ein Wasserfall, der sich 3.506 m weit in die Tiefe stürzt – das ist die dreifache Höhe des Salto Ángel in Venezuela, der allgemein als höchster Wasserfall der Welt gilt! Schätzungsweise fünf Millionen Kubikmeter Wasser fließen pro Sekunde die sogenannte „Grönlandpumpe" hinab – das entspricht 2.000 Niagarafällen bei höchstem Wasserstand! Das Phänomen kommt durch das Aufeinandertreffen von Wasser unterschiedlicher Temperaturen am Rand eines Tiefseebeckens zustande.

MELONENMATSCH

In Vincennes, Indiana, wird das neue Jahr eingeläutet, indem 14 echte Wassermelonen in eine 5,50 m große, 227 kg schwere Wassermelonenskulptur aus Stahl und Schaumstoff gefüllt werden. Die Skulptur wird dann in 30 m Höhe über der Stadt aufgehängt und gibt um Mitternacht ihren Inhalt frei, der auf der Straße zerspringt.

MÖRTELFREI

Das 170 m hohe Washington Monument wurde ganz ohne Mörtel errichtet! Die Marmorsteine werden allein durch Schwerkraft und Statik fixiert.

Kletterfreak!

MAULWURFSMENSCH

Manuel „Der Maulwurfsmann" Barrantes buddelte sich über zehn Jahre hinweg mit Händen, Schaufeln und Spitzhacke ein unterirdisches Zuhause in Perez Zeldon, Costa Rica, das ihm Sicherheit vor Erdbeben und der Klimaerwärmung bieten soll. Inzwischen besteht sein unterirdischer Bau, den er auf den Namen „Topolandia" taufte, aus 400 m² Tunneln – der längste ist 16 m tief. Alle Wände sind mit handgeschnitzten Dinosaurierskulpturen geschmückt, und in den Schlafzimmern stehen steinerne Betten.

LEHMHÜTTE

Der Architekt Octavio Mendoza arbeitete 14 Jahre lang an seinem Haus im kolumbianischen Villa de Leyva, das ausschließlich aus Lehm besteht – inklusive Möbeln, Betten und Küchenutensilien!

PFLEGEINTENSIV

Der Eiffelturm wird alle sieben Jahre von 25 Malern mit 60 t brauner Farbe neu gestrichen. Die Arbeiten dauern jeweils 18 Monate. Anfang des 20. Jahrhunderts war der Turm noch gelb bemalt, inzwischen nutzt man aber drei Brauntöne, die nach oben hin heller werden, damit sich der Turm besser gegen den Himmel abzeichnet.

KAMERACAFÉ

In dem südkoreanischen Bezirk Yangpyeong steht ein Café in Form einer alten Kamera! Das Dreamy Camera Café wurde von Fotografie-Fan Park Sung-hwan errichtet, der auch auf Details achtet – beispielsweise sieht das Klopapier aus wie eine Filmrolle!

BAUM-➚ PRÄSIDENT

Dieser Riesenmammutbaum, der im kalifornischen Sequoia-Nationalpark steht, trägt den Spitznamen „Der Präsident". Er ist 3.200 Jahre alt, trägt rund zwei Milliarden Blätter und ist unfassbare 74 m hoch!

Für ein vollständiges Foto des Baums musste die Zeitschrift National Geographic 125 Einzelbilder zusammensetzen!

Lokalheld

Die Kathedrale von Chichester im englischen West Sussex ziert ein moderner Wasserspeier nach dem Vorbild von Clifford Hodgetts, ehemals Anwalt und Kapitelsekretär der Kathedrale – komplett mit Perücke, Brille und Abflussrohr für überschüssiges Regenwasser.

CHARAKTERKÖPFE

Fragwürdige Ehre

Das Gesicht von Nora Sly aus dem englischen Gloucestershire prangt an einem Steintürmchen auf dem Dach der St. Mary's Church in Cowley! Die Gemeindemitglieder waren einstimmig dafür, dass diese Ehre der pensionierten Sekretärin gebührte, die mehr als 60 Jahre lang dieselbe Kirche besuchte und ihr ganzes Leben in Cowley verbracht hat. „Ich war schon überrascht", berichtete Sly später. „Aber sonderlich schmeichelhaft finde ich die Skulptur nicht."

Steinernes Dankeschön

David Rice, der ein halbes Jahrhundert lang als Steinmetz der Wells Cathedral im englischen Somerset arbeitete, wurde als steinerner Wasserspeier an der Gebäudefassade verewigt.

Royaler Wasserspeier

Auf dem Kirchturm von St. John the Divine im Londoner Stadtteil Kennington prangen Wasserspeier von Königin Elisabeth II., Prinz Charles (Bild) und dem jungen Prinz William.

Dunkler Lord

Als die Washington National Cathedral in den 1980ern einen Wettbewerb ausrichtete, bei dem Kinder Entwürfe für neuen Fassadenschmuck einreichen konnten, beeindruckte Christopher Rader aus Nebraska die Jury mit seiner Darth Vader-Zeichnung so sehr, dass tatsächlich eine Skulptur angefertigt wurde, die heute den Nordwestturm der Kathedrale ziert.

Christliches Alien

Dieser Wasserspeier, der in den 1990er-Jahren an der im 13. Jahrhundert errichteten Paisley Abbey in Schottland angebracht wurde, erinnert stark an das Monster aus den *Alien*-Filmen!

FÜR IMMER VEREINT

Ein Ehepaar aus dem niederländischen Roermond hält seit mehr als 120 Jahren Händchen! Die Hochzeit zwischen der katholischen Adligen und dem protestantischen Oberst hatte 1842 einen religiösen und gesellschaftlichen Skandal verursacht, dennoch hielten sie aber bis zum Tod des Oberst 40 Jahre später fest zusammen. Als die Witwe acht Jahre darauf ebenfalls verstarb, konnte sie aufgrund der unterschiedlichen Konfessionen nicht auf demselben Friedhof beerdigt werden wie ihr Mann. Aber sie hatte vorgesorgt und festgelegt, dass jenseits der Friedhofsmauer, wo sie selbst beerdigt wurde, ein Grabstein errichtet werden sollte, der dem ihres Mannes für immer und ewig die Hand reicht.

AUS DEM HÄUSCHEN

Dieses Haus in Moskau wurde nicht etwa von einem Tornado auf den Kopf gestellt – es handelt sich um ein Kunstwerk, für das in detailverliebter Kleinarbeit alle Gegenstände im Inneren an der Decke installiert wurden. Im Außenbereich scheinen der Mini Cooper auf dem Parkplatz und der Hund samt Hundehütte die Schwerkraft außer Kraft zu setzen.

BÖSE BUCHSTABEN In der Türkei war der Gebrauch der Buchstaben Q, W und X in Namen und öffentlichen Bekanntmachungen von 1928 bis 2013 offiziell verboten! Das sollte den Übergang vom arabischen zum lateinischen Alphabet erleichtern. Die kurdische Minderheit verwendete die Buchstaben aber weiterhin und 2005 wurden daher 20 Kurden zu einer Geldstrafe verurteilt, weil sie zum Neujahrsfest Plakate hochgehalten hatten, die die Buchstaben Q und W enthielten!

ZURÜCK VON DEN TOTEN Alexei Bykow aus dem russischen Omsk machte seiner Freundin einen Antrag, indem er seinen eigenen Tod simulierte! Dafür engagierte er einen Regisseur, Stuntmen, Visagisten und einen Drehbuchautor, mit denen er einen Autounfall inszenierte. Seine Freundin Irena Kolokow glaubte bei Eintreffen am Unfallort sofort, er sei tot, und brach in Tränen aus. Bykow – nun überzeugt, dass sie ihn wirklich liebte – sprang auf und machte ihr einen Antrag. Bei so viel Engagement sagte seine Liebste natürlich Ja!

MEGAFLOHMARKT Der jährlich stattfindende Flohmarkt „127 Corridor Sale", an dem stets Tausende von Verkäufern teilnehmen, erstreckt sich 1.110 km weit von Addison in Michigan bis nach Gadsden, Alabama! Größtenteils folgt er dem Verlauf des Highway 127 und durchquert dabei sechs US-Bundesstaaten: Michigan, Ohio, Kentucky, Tennessee, Georgia und Alabama.

DACHGESPRÄCHE Auf dem Dach des zweistöckigen Rathauses in Lincoln, Illinois, befindet sich eine Telefonzelle! Sie wurde in den 1960er-Jahren als Teil einer Wetterstation errichtet und ist inzwischen zur Touristenattraktion avanciert.

BONNIE & CLYDES KNARREN Die beiden Pistolen, die nach ihrer Ermordung 1934 durch einen verfeindeten Gangstermob bei den Leichen von Bonnie Parker und Clyde Barrow – beide sagenumwobene Gangster aus der Zeit der großen Wirtschaftsdepression – gefunden wurden, wechselten 2012 bei einer Auktion für insgesamt knapp € 460.000 den Besitzer! Bei Bonnies Waffe, die sie an den Oberschenkel geschnallt trug, handelte es sich um eine .38er Detective Special, bei Clydes um einen .45er Colt Halbautomatik.

REKORDTURM Der 47-stöckige, 187 m hohe Singer Tower in New York – bei seiner Errichtung 1908 das höchste Gebäude der Welt – war auch das höchste Gebäude, das jemals zerstört wurde, als es 1967 von seinem Besitzer abgerissen wurde.

BALLTRADITION Jeder Football, der seit 1955 von der National Football League verwendet wurde, ist in derselben Wilson-Fabrik in Ohio hergestellt worden!

R Ripley's Einfach unglaublich!®
www.ripleys.com
WAHNSINNSWELT

KACK-KUNST

Der amerikanische Künstler Paul McCarthy gestaltete diesen riesigen aufblasbaren Kackhaufen, der mit 15 m Höhe so groß ist wie ein mehrstöckiges Haus!

Complex Pile war schon auf der ganzen Welt zu sehen. 2008 wurde die Installation in Bern vor einem Museum für moderne Kunst aufgebaut, aber von einer Windbö erfasst und auf das 180 m weit entfernte Grundstück eines Waisenhauses getragen.

BLÖDER BERG Der 2.600 m hohe Mount Disappointment (deutsch: „Berg der Enttäuschung") in Australien wurde 1824 von den Forschern Hamilton Hume und William Hovell so benannt, weil sie ihn wegen des dichten Gehölzes nicht erklimmen konnten.

KINOLAUBE Paul Slim aus den englischen West Midlands steht so auf Filme, dass er seine Gartenlaube für knapp € 23.000 zu einem Kino mit 20 Sitzplätzen, einer Drei-Meter-Leinwand, 3-D-Projektor und Surround-System umbauen ließ!

BRETTSPIEL In Tschechien wird der Sport Woodkopf betrieben, bei dem sich zwei Gegner zwei Meter lange, bis zu vier Kilo schwere Holzbretter auf den Kopf legen und dann versuchen, sich das Brett gegenseitig vom Kopf zu stoßen, wobei aber jeglicher Körperkontakt verboten ist. Wer zweimal hintereinander gewinnt, geht als Sieger aus dem Spiel hervor.

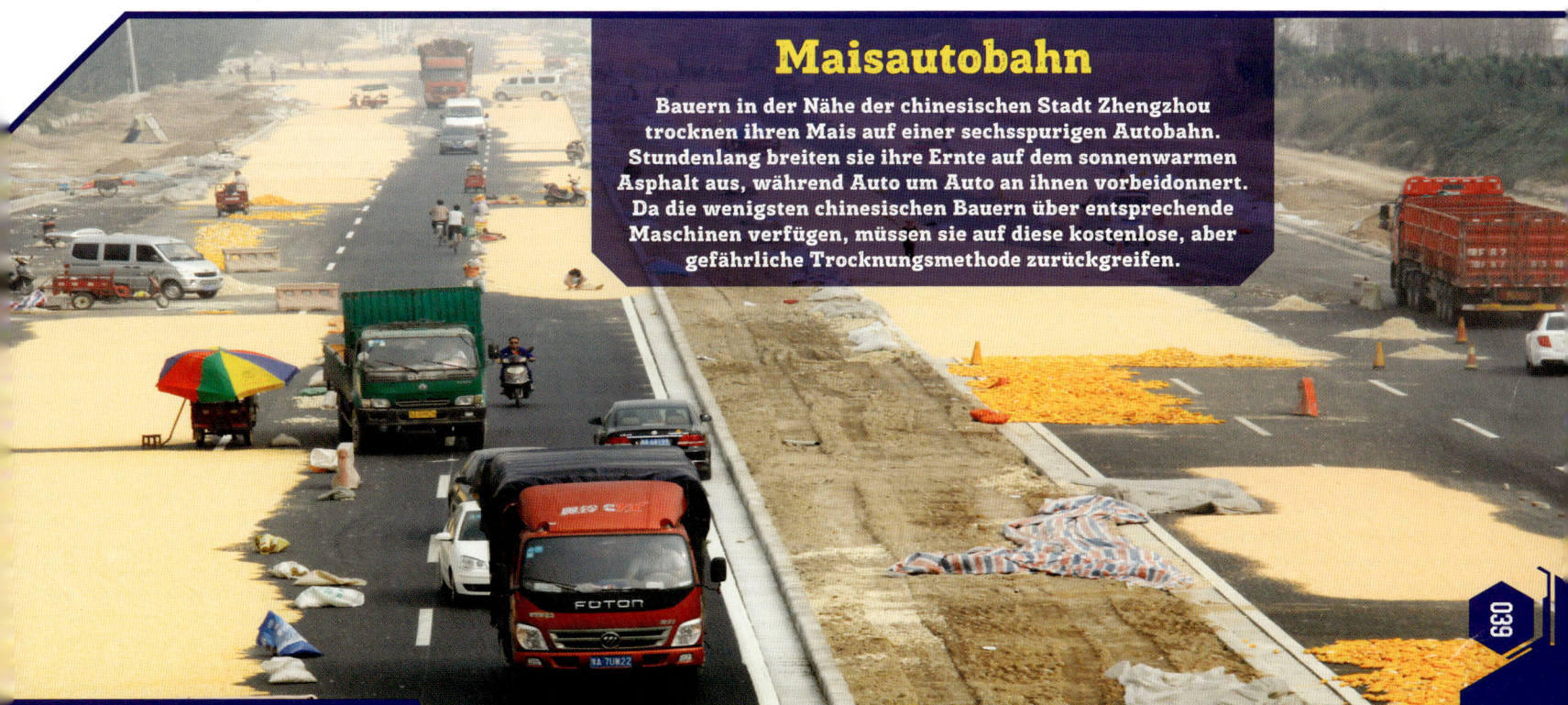

Maisautobahn

Bauern in der Nähe der chinesischen Stadt Zhengzhou trocknen ihren Mais auf einer sechsspurigen Autobahn. Stundenlang breiten sie ihre Ernte auf dem sonnenwarmen Asphalt aus, während Auto um Auto an ihnen vorbeidonnert. Da die wenigsten chinesischen Bauern über entsprechende Maschinen verfügen, müssen sie auf diese kostenlose, aber gefährliche Trocknungsmethode zurückgreifen.

GLÜCKSSCHMERZEN

Auf dem jährlich stattfindenden Vegetarierfest im thailändischen Phuket lassen sich Gläubige Nadeln durch die Haut an Armen, Beinen, Rücken und Gesicht stechen. Das Ritual, das in einem buddhistischen Schrein durchgeführt wird, während sich die Teilnehmer in einem tranceartigen Zustand befinden, soll Glück für die Gemeinschaft bringen.

HOCKEYMARATHON

Jeden Januar versammeln sich 250 Mannschaften aus insgesamt knapp 2.000 Eisläufern aus ganz Nordamerika auf dem gefrorenen Lake Nokomis in Minnesota zu den US-amerikanischen Teichhockey-Meisterschaften. Zu gewinnen gibt es die goldene Schaufel, sozusagen die Teichhockeyversion des Stanley Cups, und gespielt wird auf 25 verschiedenen Spielflächen.

SALZSEE Der größte See Kaliforniens befindet sich inmitten der größten Wüste des US-Bundesstaats. Der 940 km² große Saltonsee in der Colorado-Wüste entstand nach der Überflutung des Colorado Rivers 1905. Seine Oberfläche liegt 67 m unterhalb des Meeresspiegels und das Wasser ist um 30 Prozent salziger als der Pazifik, weswegen dort nur sehr wenige Fischarten überleben können.

STEILSTRASSE Die Baldwin Street im neuseeländischen Dunedin hat an ihrer steilsten Stelle ein Gefälle von fast 35 Prozent und ist damit die steilste Wohnstraße der Welt. Sie beginnt auf 30 m über Normalnull und steigt über eine Strecke von nur 350 m auf 100 m über Normalnull an. Der besonders steile obere Straßenabschnitt besteht aus Beton, da man fürchtete, dass Asphalt an einem heißen Tag den Hang hinabfließen könnte. Einmal im Jahr wird auf der Baldwin Street sogar ein Wettrennen veranstaltet, bei dem die Teilnehmer die Straße einmal hinauf- und wieder hinunterlaufen müssen. Die Rekordzeit liegt bei unter zwei Minuten.

FAULHEITSOLYMPIADE In Montenegro ist man offenbar so stolz auf den dortigen entspannten Lebensstil, dass jedes Jahr eine Faulheitsolympiade ausgerichtet wird, bei der es nur eine Disziplin gibt: im Schatten einer Eiche nahe der Stadt Breznik zu liegen! Der stolze Sieger 2013: Vladan Bajalica, der 32 Stunden lang unter dem Baum relaxte. Wer sich zu sehr anstrengt, entspannt zu bleiben, wird übrigens disqualifiziert!

MARATHONMÖNCHE Die buddhistischen Mönche aus dem Enryaku-ji, einem 1.200 Jahre alten Tempelkomplex am Fuße des Hiei-zan in Japan, müssen sich dem Sennichi Kaihogyo stellen, der „Tausend-Tage-Probe". Auf dieser siebenjährigen Pilgerreise sollen sie eine Strecke zurücklegen, die dem Erdumfang oder 1.000 Marathonläufen entspricht! In weißen Roben und dünnen Strohsandalen müssen sie 250 Orte auf dem Hiei-zan besuchen und laufen dabei sogar nachts bei Laternenlicht weiter! Seit Begründung der Tradition im Jahr 1585 haben nur 50 Mönche die gesamte Strecke bewältigt und viele sind bei dem Versuch ums Leben gekommen.

GLASHÜTTE Richard Pim aus dem englischen Herefordshire hat seine Gartenlaube aus 5.000 alten Weinflaschen errichtet! Der Glasdom ist 5,80 m breit und 3,40 m hoch.

BOWLINGPARADIES Die Bowling-Anlage „Inazawa Grand Bowl" in Japan verfügt über 116 Bahnen mit einer Gesamtfläche von 8.500 m², auf denen insgesamt knapp 700 Spieler trainieren können!

PINKELGEPLÄTSCHER Auf der Herrentoilette im Madonna Inn im kalifornischen San Luis Obispo fließt ein 2,40 m hoher Wasserfall von der Wand!

UNGEHEUER VIELE BÄLLE Bei dem Versuch, das Seeungeheuer von Loch Ness zu finden, stießen US-Forscher auf Tausende von Golfbällen, die Spieler beim Training in dem See versenkt hatten.

Rohrbehausungen

Im chinesischen Henan steht dieses Budgethotel, dessen 15 Zimmer in alten Betonrohren untergebracht sind! Von außen sind die Rohre mit Streetart verziert, im Inneren ist Platz für zwei Personen. Sie sind sogar mit Bad und Klimaanlage ausgestattet!

EISHÖHLE

Diese beeindruckende Eishöhle befindet sich auf der Kamtschatka-Halbinsel im Osten Russlands und ist fast einen Kilometer lang! Sie wurde geformt, als der nahegelegene Vulkan Mutnowski heißes Wasser spuckte, das sich seinen Weg durch die Gletscher bahnte.

Da die Gletscher in den vergangenen Jahren zu schmelzen begannen, ist das Höhlendach inzwischen so dünn, dass Sonnenlicht eindringen kann und das Innere in schöne Farben taucht.

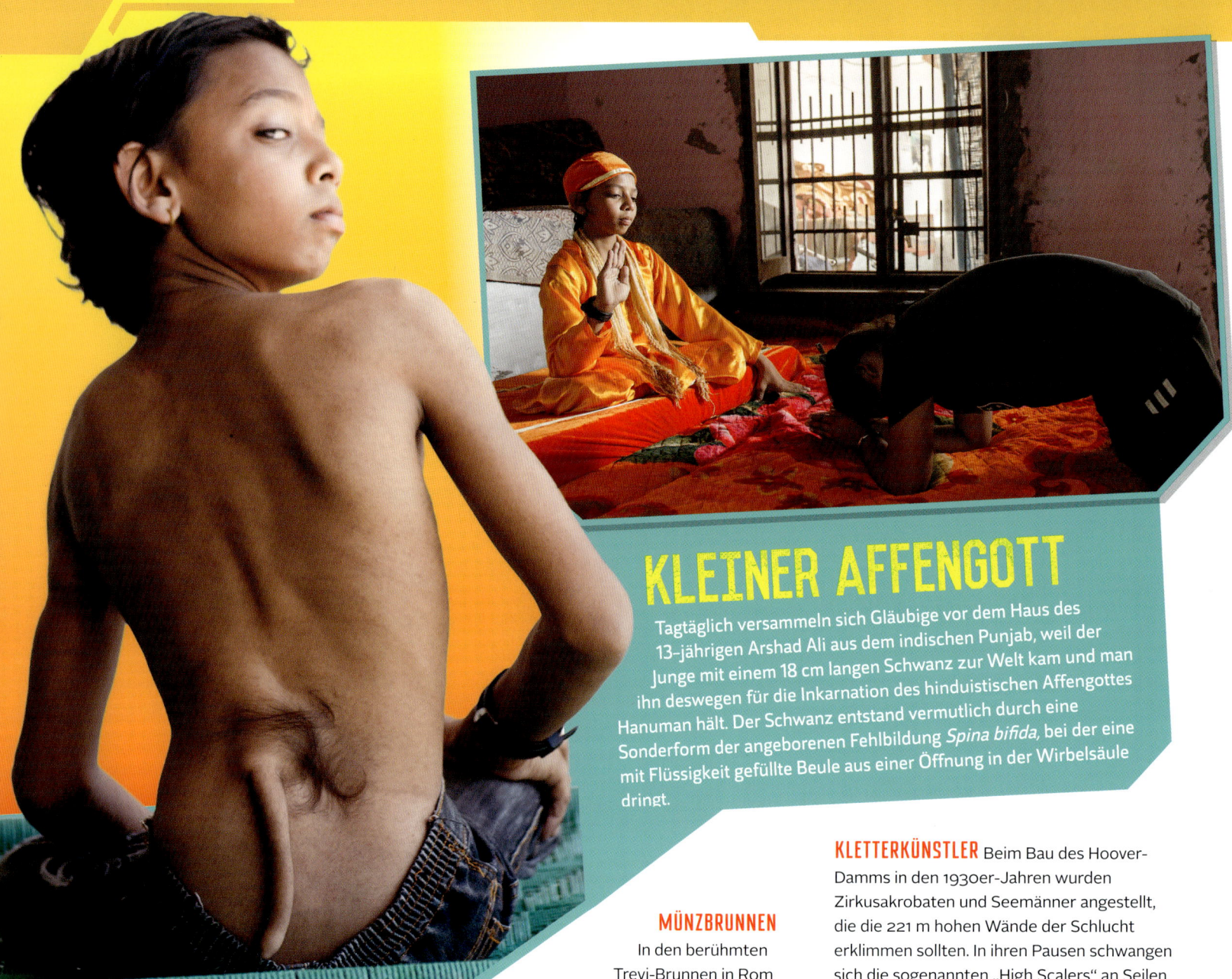

KLEINER AFFENGOTT

Tagtäglich versammeln sich Gläubige vor dem Haus des 13-jährigen Arshad Ali aus dem indischen Punjab, weil der Junge mit einem 18 cm langen Schwanz zur Welt kam und man ihn deswegen für die Inkarnation des hinduistischen Affengottes Hanuman hält. Der Schwanz entstand vermutlich durch eine Sonderform der angeborenen Fehlbildung *Spina bifida,* bei der eine mit Flüssigkeit gefüllte Beule aus einer Öffnung in der Wirbelsäule dringt.

MÜNZBRUNNEN In den berühmten Trevi-Brunnen in Rom werden alljährlich Münzen im Wert von einer knappen Million Euro geworfen! Das Geld wird für den guten Zweck gespendet.

BLUMENDORF Die Bewohner des polnischen Dorfes Zalipie bemalen die Außenwände ihrer Häuser mit leuchtend bunten Blumenmustern! Die Tradition existiert seit dem 19. Jahrhundert und betrifft nicht nur Wohngebäude, sondern auch Hühnerställe, Mülleimer, Hundezwinger sowie die Brücke im Dorf.

→ **DER AUSTRALISCHE METEOROLOGE CLEMENT WRAGGE (1852-1922) WAR DER ERSTE, DER ORKANE BENANNTE – UND ZWAR NACH POLITIKERN, DIE ER NICHT MOCHTE.**

HÄMORRHOIDENFESTIVAL Im Kunigami-Schrein in der japanischen Präfektur Tochigi wird jedes Jahr ein Fest gefeiert, das der Heilung und Prävention von Hämorrhoiden dient. Dabei richten die Besucher ihre Hinterteile auf einen großen eiförmigen Stein inmitten des Schreins. Der Brauch geht zurück auf eine alte Heilmethode, bei der die Erkrankten ihre Popos in einem Fluss in der Gegend waschen und viele Eier essen sollten.

GEWAGTE HYPOTHESE Der 43-jährige Matt Simpson züchtet mit der „Katie" die schärfste Chilischote Großbritanniens – und zwar indem er sie anschreit! Denn er ist überzeugt, dass Chilis ihre Schärfe als Abwehrreaktion gegen Fressfeinde entwickeln.

BRUSTSCHUTZ Die Zwillingsgipfel des Berges Boma im indischen Chhattisgarh erinnern in ihrer Form stark an weibliche Brüste und gelten als heiliger Ort. Wer sie betritt, muss deswegen eine Strafe in Höhe von 500 Rupien bezahlen – in Indien ein kleines Vermögen!

KLETTERKÜNSTLER Beim Bau des Hoover-Damms in den 1930er-Jahren wurden Zirkusakrobaten und Seemänner angestellt, die die 221 m hohen Wände der Schlucht erklimmen sollten. In ihren Pausen schwangen sich die sogenannten „High Scalers" an Seilen die Wand entlang und unterhielten die übrigen Arbeiter mit ihren Kunststückchen. Louis Fagan aus Jonesboro handelte sich dabei den Spitznamen „Das menschliche Pendel" ein, weil er an einem 60 m langen Seil wahlweise seine Kollegen oder Dynamitkoffer über die Schlucht transportieren konnte.

PINKELMASS Das *poronkusema,* eine Maßeinheit des finnischen Volks der Samen, basiert auf der Strecke, die ein Rentier zwischen zwei Pinkelpausen zurücklegen kann. Früher betrug ein *poronkusema* etwa 7,24 km, inzwischen steht der Begriff aber einfach für ein weit entferntes Ziel.

MENSCHENLEDER In der Houghton Library der Harvard University werden zahlreiche Kuriositäten aufbewahrt – darunter ein in Menschenhaut gebundenes Buch aus dem 19. Jahrhundert! Arsène Houssayes *Des destinées de l'âme* wurde in die Haut einer an einem Schlaganfall verstorbenen Psychiatriepatientin eingeschlagen.

ZWERGBERG Obwohl sich der Mount Villingili, ein kleiner Hügel auf dem einzigen Golfplatz der Malediven, nur 5,10 m über den Meeresspiegel erhebt, ist er der höchste Punkt des gesamten Archipels!

HOLZHÜTTENTAG Jedes Jahr wird in Michigan der Holzhüttentag gefeiert. Die Tradition geht zurück auf einen Vorschlag zweier Vereine von Holzhüttenenthusiasten aus dem Jahr 1986, die damit den Erhalt ihrer Lieblingsbehausungen sicherstellen wollten. Der Antrag wurde drei Jahre später offiziell bewilligt.

FEURIGES MYSTERIUM Seit 2004 kam es in dem sizilianischen Dörfchen Canneto di Caronia zu Hunderten von Fällen spontaner Selbstentzündung, die unter anderem Autos, Stühle, Kleidungsstücke, Matratzen, Staubsauger, Kühlschränke und ausgeschaltete Handys betrafen. Sogar ein Wasserrohr ging schon in Flammen auf!

MUSCHELMOSAIKE Im englischen Margate kann man eine Grotte besichtigen, deren insgesamt 186 m² große Wände mit wunderschönen Mosaiken aus über 4,5 Millionen Muscheln verziert sind. Die Grotte wurde 1835 entdeckt, bis heute ist aber nicht bekannt, wer sie in ein Kunstwerk verwandelte.

FERNREGIERUNG Togbe Ngoryifia ist nicht nur ein Frankfurter Autowerkstattbesitzer – er ist auch ein afrikanischer König, der über ein 200.000 Untertanen großes Volk herrscht, das er via Skype regiert! 1987 wurde er zu König Banash der im Südosten Ghanas beheimateten Hohoe ernannt. Er trat damals die Thronfolge seines Großvaters an. Sein Bruder und sein Vater verloren ihren Anspruch auf den Thron, weil sie Linkshänder sind – bei den Hohoe ein Zeichen von Unehrlichkeit!

UNTERIRDISCHE STADT Unter Seattle existiert eine zweite Stadt aus Ruinen von Straßen und Läden, die im Großen Brand von Seattle im Jahr 1889 stark beschädigt wurden! Nach dem Brand beschloss man, die Straßenebene anzuheben, wodurch die „alte Stadt" in den Untergrund verdrängt wurde.

FRAGWÜRDIGES VERGNÜGEN In dem Vergnügungspark Window of the World im chinesischen Shenzhen kann man seine eigene Leichenverbrennung miterleben! Die Passagiere des 4D-Todessimulators werden in einem Sarg in einen 40°C heißen Verbrennungsofen geschoben! Lange hält das niemand aus – viele Besucher sagten später, sie hätten wirklich geglaubt, bei lebendigem Leib verbrannt zu werden!

WEITGEREISTE VILLA Als Walter Thornton-Smith 1912 beschloss, 112 km weit von Essex nach Surrey umzuziehen, ließ er sein Haus – eine 400 Jahre alte Tudorvilla mit zwölf Schlafzimmern – Ziegel für Ziegel an seinen neuen Wohnort transportieren und wieder aufbauen!

Feuerschlacht

Bei der jährlichen Mesabatan Api-Feuerschlacht im balinesischen Gianyar bewerfen sich die Teilnehmer mit bloßen Händen mit glühenden Kokosnussschalen!

Die jahrhundertealte hinduistische Tradition symbolisiert die Reinigung des Körpers, verursacht aber häufig heftige Verbrennungen, die dann mit einer Mischung aus Kurkuma und Kokosnussöl behandelt werden.

RAKETENMANN

Huang Yuzhan aus der chinesischen Provinz Guangdon hat auf seinem Hausdach diese gigantische Replik eines Spaceshuttles und einer Rakete erschaffen! Die Erfüllung seines Kindheitstraums kostete ihn ein ganzes Jahr Arbeit – dafür ist die Rakete aber auch beeindruckende sieben Meter hoch und das Shuttle 3,80 m.

TÜRLOSES DORF
Keines der 300 Häuser im indischen Dorf Shani Shingnapur hat eine Tür – angeblich, weil eine lokale Gottheit den Bewohnern vor langer Zeit ihren Schutz versprach, was Türen unnötig machte. Einige Häuser verfügen aber über lose Schutzvorrichtungen, die das Eindringen von Wildtieren verhindern sollen.

MAGISCHER SEE
Der 6,4 km lange Medicine Lake im Jasper National Park in Alberta verschwindet jeden Winter vollständig! Wenn im Sommer das Schmelzwasser aus den umliegenden Bergen in den Maligne River fließt, füllt er sich, aber da er über mehreren Schlundlöchern liegt, fließt das Wasser langsam ab wie aus einer Badewanne. Obwohl im Sommer pro Sekunde 24.000 l im Erdreich versickern, dauert es mehrere Wochen, bis er sich geleert hat!

DICKER BRUMMER
Auf dem Dach der Firma Big Blue Bug Solutions in Rhode Island steht eine 18 m lange, 2,70 m hohe knallblaue Termitenskulptur, die aus Stahl und Glasfasern besteht und über 1.800 kg wiegt!

GIPFEL DES LUXUS
Nahe des Gipfels des Sommet de la Saulire in den französischen Alpen hängt in 2.740 m über dem Meeresspiegel eine Seilbahnkabine, die zu einem Luxushotelzimmer umgebaut wurde! Die Gäste werden per Schneemobil zu ihrer Unterkunft gebracht, die im Anschluss bis ganz hinauf zum Gipfel fährt.

SPÄTSCHNEE
In Großbritannien stehen die Chancen auf weiße Ostern statistisch gesehen besser als die Chancen auf weiße Weihnachten!

DOPPELFLAGGE
Die Flagge des US-amerikanischen Bundesstaates Oregon trägt einen Biber auf der Rückseite und ist die einzige US-Flagge mit zwei verschiedenen Motiven.

ZWILLINGSPRÜFUNG
Die Zwillinge Steve und Matt Rudram aus dem englischen Norfolk machten ihre Führerscheinprüfungen an aufeinanderfolgenden Tagen jeweils um 11:11 Uhr und bestanden mit jeweils sieben kleinen Fehlern, von denen zwei auch noch identisch waren.

NABELFRESSER
In Japan bläut man Kindern ein, bei Stürmen ihre Bauchnabel zu bedecken, weil laut lokalem Aberglauben der Blitz- und Donnergott Raijin die Bauchnabel von Kindern frisst!

ERDPYRAMIDE
Die Pyramide in der antiken Stadt Cahokia, die vor 1.000 Jahren von den amerikanischen Ureinwohnern im heutigen Illinois errichtet wurde, hat eine Grundfläche von 5,7 ha und war damals das größte Bauwerk im Gebiet der heutigen USA.

STINKENDES GOLD
In Dhaka, Bangladesch, verdienen sich einige Menschen Geld, indem sie im Abwassersystem der Stadt nach Gold suchen. Denn auf dem historischen Goldbasar der Stadt gelangen immer wieder kleine Goldklümpchen in die offenen Abwasserkanäle.

EINZELSTÜCK
In Nordkorea darf niemand den gleichen Namen tragen wie der Diktator des Landes Kim Jong-un. Deswegen ist es verboten, Neugeborene auf diesen Namen taufen zu lassen, und wer vor Kims Amtsantritt bereits seinen Namen trug, musste sich umbenennen lassen!

PROST ADÉ
Als die Generäle der österreichischen Armee 1849 ihren Sieg über Ungarn feierten, indem sie mit ihren Biergläsern anstießen, schworen sich die Ungarn, 150 Jahre lang nicht mehr anzustoßen!

BAUMGESICHT

Janet Potter schickte uns dieses Foto von einem Ahornbaum, der nahe ihres Hauses in Malone, New York, steht. Die große Knolle hat verdächtige Ähnlichkeit mit einem der sieben Zwerge, oder?

MYSTERIÖSES PAKET Im norwegischen Otta lag 99 Jahre und 363 Tage lang ein ungeöffnetes Paket herum, das 1912 vom damaligen Bürgermeister versiegelt worden war und die Aufschrift „Kann 2012 geöffnet werden" trug. 2012 folgte dann leider eine große Enttäuschung – denn das Paket enthielt nur ein paar Briefe aus den USA, Zeitungen und Unterlagen über ein Militärdenkmal.

SÄUREREGEN Bei der Untersuchung von Felsgestein in Italien fanden Wissenschaftler heraus, dass vor 250 Millionen Jahren Regen auf die Erde fiel, der so sauer wie Essig war! Die Säure stammte aus Vulkanausbrüchen, die große Mengen Schwefeldioxid freisetzten.

WASSERWAND Die Wellen in der Tasmanischen See weit vor der australischen Küste können bis zu 300 m hoch werden! Häufig reisen sie in nur vier Tagen 1.400 km weit, bis sie auf die tasmanische Küste treffen..

ALLE UNTER EINEM DACH 90% der 200 Einwohner von Whittier in Alaska leben in den sogenannten Begich Towers unter einem Dach! Die 14-stöckige Wohnanlage enthält nicht nur Apartments, sondern auch die Polizeiwache, das Krankenhaus, einen Supermarkt, die Post, einen Waschsalon, die Kirche und eine Pension. Die Schule liegt direkt nebenan und kann durch einen unterirdischen Gang erreicht werden.

UNTERWASSERWALD Vor der Küste von Norfolk, England, liegt ein überfluteter, 10.000 Jahre alter Wald, in dem mutige Taucher unter anderem umgestürzte Eichen mit über 7,60 m langen Ästen bewundern können!

EIGENTOR Boise City in Oklahoma erlitt als einzige Stadt auf dem US-amerikanischen Festland im Zweiten Weltkrieg einen Bombenangriff! In der Nacht des 5.7.1943 warf ein texanischer Kampfflieger sechs Übungsbomben über der Stadt ab, weil die Piloten die Lichter für das 48 km weit entfernte Ziel hielten.

MEGA-
HAGELKÖRNER

EXTREMWETTER

- Death Valley, Kalifornien – 10.7 1913 – 56,7°C
- Wostok-Station, Antarktis – 21.7.1983 – -89,2°C
- Foc-Foc, La Réunion im Indischen Ozean – 7.-8.1.1966 – 1.825 mm Regen in 24 Stunden
- Mount Rainier, Washington – 19.2.1971–18.2.1972 – 28,50 m Schnee in einem Jahr
- Fort Keogh, Montana – 28.1.1887 – Schneeflocke mit einem Durchmesser von 38 cm
- Vivian, South Dakota – 23.7.2010 – Hagelkorn mit einem Durchmesser von 20 cm
- Gopalganj, Bangladesch – 14.4.1986 – 1,02 kg schweres Hagelkorn – ein Rekord!
- Oklahoma City – 3.5.1999 – Tornado mit 486 km/h schnellen Windböen
- Aica, Chile – Oktober 1903–Januar 1918 – 173 Monate ohne einen Tropfen Regen

Am 3.6.2014 prasselten Hagelkörner in Tennisballgröße auf Bray in Nebraska ein! Dabei wurden nicht nur Häuser und Autos beschädigt – auch 20 Personen wurden verletzt.

Der 144 km/h schnelle Sturm brachte bis zu 10,6 cm große Hagelkörner mit sich.

DORNRÖSCHEN

Der mumifizierte Leichnam von Rosalia Lombardo, einem italienischen Mädchen, das 1920 kurz vor seinem zweiten Geburtstag an einer Lungenentzündung verstarb, hat sich in den Kapuzinerkatakomben im sizilianischen Palermo so gut erhalten, dass es aussieht, als würde Rosalia nur ein Nickerchen halten.

Ihr trauernder Vater hatte darum gebeten, den Leichnam konservieren zu lassen, und der Einbalsamierer Alfredo Salafia leistete so gute Arbeit, dass Rosalias Organe fast ein Jahrhundert später immer noch erhalten sind. Salafia ersetzte ihr Blut mit einer exakt abgestimmten Mischung aus Formalin, das Bakterien abtötet, Alkohol und Glyzerin, die den Körper genau im richtigen Maß austrocknen, Salizylsäure, die Pilze abtötet, und Zink, das die Leichenstarre andauern lässt.

AUTOSCHLUCKER Im Februar 2014 öffnete sich unter dem National Corvette Museum in Kentucky ein zwölf Meter breites, neun Meter tiefes Schlundloch, das acht der ausgestellten Autos verschlang.

WEIHNACHTSENTHUSIAST David Richards brachte zu Weihnachten 2013 unfassbare 502.165 Weihnachtslichter an seinem Haus im australischen Canberra an, die mit mehr als 50 km langen Stromkabeln verbunden waren! Ein lokaler Stromanbieter spendete ihm über € 1.800, damit er die Lichter den ganzen Monat über brennen lassen konnte.

KRANOTEL Ein Industriekran am Hafen im Niederländischen Harlingen ist zu einem Luxushotel umgebaut worden, in dem eine Übernachtung € 319 kostet! Die Gäste fahren per Aufzug in die Zimmer, die im alten Maschinenraum des Krans untergebracht sind.

KRAFT DER NATUR Das in Alaska beheimatete Volk der Sugpiaq jagte früher mit Waffen, deren Spitzen in ein Gift getaucht waren, das aus Rittersporn und Eisenhut gewonnen wurde – und die Dosis war stark genug, um einen 40 t schweren Wal außer Gefecht zu setzen!

MELONENMASKE 2015 war in der Pekinger Metro ein Passagier zu sehen, der eine ausgehöhlte Wassermelone auf dem Kopf trug. Abgesehen von der Maske, die ein Mundloch und sternförmige Gucklöcher aufwies, war er ganz normal gekleidet und benahm sich auch nicht weiter auffällig.

MINIWACHE Am Londoner Trafalgar Square gibt es eine Polizeiwache, die so klein ist, dass nur ein einziger Polizist hineinpasst. Sie wurde 1926 errichtet, hatte eine direkte Telefonleitung zu Scotland Yard und sollte die Kontrolle von Demonstranten erleichtern. Inzwischen dient sie aber als Abstellraum für die Straßenreinigung.

MONDFAMILIE Seit über 40 Jahren befindet sich auf dem Mond ein Foto von der Familie des Astronauten Charlie Duke. Auf der Rückseite steht: „Dies ist die Familie von Astronaut Duke vom Planeten Erde. Gelandet auf dem Mond im April 1972."

AUF GROSSEM FUSSE Die Freiheitsstatue hat einen Taillenumfang von 10,60 m und 7,60 m lange Füße!

Blitzaufnahme

Die 38 m hohe Jesusstatue, die über Rio de Janeiro thront, wurde am 16.1.2014 vom Blitz getroffen, wobei der rechte Daumen der Figur beschädigt wurde. Im Vormonat war der Mittelfinger derselben Hand bei einem Sturm in Mitleidenschaft gezogen worden.

STEINWURF Wer am Unspunnenstein-Wettbewerb im schweizerischen Interlaken teilnimmt, der muss einen 83,5 kg schweren Riesenstein über seinen Kopf hieven und so weit wie möglich werfen – und Strongman Markus Maire bewältigte dabei doch tatsächlich eine Distanz von 4,10 m! Unglaublich: Der Stein wurde schon zweimal gestohlen.

SCHULTER-SCHMERZEN

Beim Lilienfest in Italien, das bereits seit 1.500 Jahren gefeiert wird, tragen Männergruppen 25 m hohe, 900 kg schwere Holzgerüste durch die Straßen von Nola bei Neapel. Meist werden die Gerüste sogar noch schwerer, weil sie von Kindern und Musikern erklommen werden. Die Träger, die als *cullatori* bezeichnet werden, leiden nach dem Fest oft an schweren Schulterverletzungen, die sie stolz als Zeichen ihrer religiösen Hingabe zur Schau stellen.

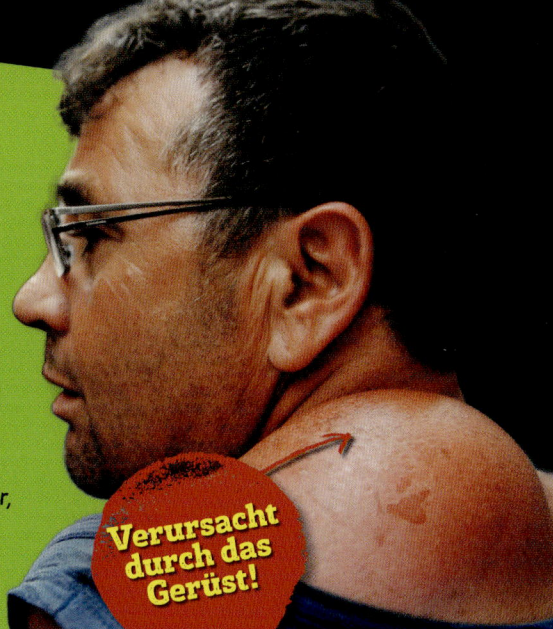

Verursacht durch das Gerüst!

STARKER STIEFEL Über der australischen Stadt Tully thront ein 7,90 m hoher goldener Gummistiefel, der die Rekordregenmenge von 7.900 mm symbolisiert, die 1950 auf die Stadt niederprasselte. Im Inneren des Stiefels befindet sich eine Wendeltreppe, die auf eine Aussichtsplattform führt.

MEGAAUSBRUCH Der neuseeländische Lake Taupo entstand vor 26.000 Jahren durch den Ausbruch eines Supervulkans. Der Staub, der dabei aufgewirbelt wurde, wäre bis ins heutige China zu sehen gewesen!

KNASTKICKER Alle vier Jahre wird im Kong Prem-Gefängnis in Thailand der Prison World Cup abgehalten, eine Fußballweltmeisterschaft mit inhaftierten Spielern.

EXTREMGOLF Das 19. Loch auf dem Golfplatz des Legend Golf and Safari Resorts in Südafrika ist nur per Hubschrauber erreichbar. Es befindet sich nämlich hoch oben auf einer Klippe des Hanglip Mountain und liegt 360 m oberhalb des Greens, das übrigens die Form des afrikanischen Kontinents hat!

MARKENWAHN Auf einer New Yorker Auktion wurde 2014 eine „British Guiana 1¢ magenta" – eine der seltensten Briefmarken der Welt – für unfassbare 8,7 Millionen Euro verkauft!

WÜSTENWASSER ↗

Dieses Schwimmbecken befindet sich inmitten der Mojave-Wüste – und kann nur durch eine langwierige Schatzsuche gefunden werden! Der Pool ist die Schöpfung des österreichischen Künstlers Alfredo Barsuglia. Wie man ihn erreicht, erfährt man im MAK Center für Art and Architecture in Los Angeles, wo man die Schlüssel sowie die GPS-Daten abholen kann.

Erdbebenrampe

Nach einem Erdbeben der Stärke 6,1 bildete sich im kalifornischen Napa am 24.8.2014 diese „natürliche" Rampe, die die Skater aus der Gegend sofort zu ihrem Revier erklärten.

PROTZPILZ Im Malheur National Forest in Oregon steht ein Honigpilz, bei dem es sich mit einer Fläche von 890 ha und einem Gewicht von schätzungsweise 35.000 t um den wohl größten lebenden Organismus der Welt handelt – auch wenn er sich größtenteils unter der Erde befindet.

UNGLÜCKSFUND Am Freitag, den 13.6.2014, fand man in einer Goldmine in Russland ein Goldnugget, dem man aufgrund seiner Form den Spitznamen „Teufelsohr" verpasste. Zufall oder nicht: Auf der Waage bringt das Teufelsohr es auf 6.664 g – und 666 ist die Zahl des Teufels!

PIPIPANNE Das 173 Millionen Liter fassende Mount Tabor-Wasserreservoir in Portland musste 2014 geleert werden, nachdem eine Überwachungskamera festgehalten hatte, wie ein Teenager ins Becken urinierte. Das Reservoir liefert der gesamten 600.000 Kopf großen Stadt Trinkwasser.

TOILETTENTOUR Die Amerikanerin Rachel Erickson bietet regelmäßig Führungen durch die interessantesten Klos Londons an! Die mehrstündige Tour führt unter anderem durch die Sanitäranlagen der Waterloo Station und endet in den unterirdischen Klos, die schon Oscar Wilde benutzte, die inzwischen aber als Cocktailbar dienen.

KARO-FARM

Mithilfe von 3D-Projektionsmapping – dem neusten Technikschrei in der Medienwelt – „kleidete" das Digitalkunstkollektiv Projector Club im Auftrag der Eventfirma mclcreate einen ganzen schottischen Bauernhof in West Lothian in ein traditionell schottisches Karogewand.

Mithilfe von Projektionsmapping können Oberflächen jeglicher Form passgenau mit verschiedenen Mustern beleuchtet werden.

TITANIC-SCHUPPEN
John Siggins aus dem englischen Derbyshire hat seinen 5,5 x 3,6 m großen Gartenschuppen in die Replik einer Erste-Klasse-Kabine auf der *Titanic* umgebaut! Nachdem er eine Originaldecke in die Finger bekommen hatte, mit der sich ein Überlebender des Schiffsunglücks im Jahr 1912 gewärmt hatte, begann Siggins, weitere Gegenstände von der *Titanic* und ihrem Schwesterschiff *Olympic* zu sammeln, darunter Stühle, Besteck, Tischdecken und Porzellan. Inzwischen ist der Schuppen dermaßen elegant eingerichtet, dass Siggins und seine Frau dort an Weihnachten zu Abend essen!

MÄNNERMONOPOL
In Liechtenstein durften Frauen erst ab 1984 wählen gehen!

„SAUBERE" ENERGIE
Über der Mojave-Wüste in Kalifornien gingen bereits Tausende von Vögeln in Flammen auf, da sich das Sonnenlicht ungünstig in einer dort gelegenen Solaranlage bricht, die mit über 300.000 Spiegeln arbeitet! Experten haben beobachtet, dass im Schnitt alle zwei Minuten ein Vogel ums Leben kommt.

HOCHZEIT AUF PROBE
In einem Kindergarten im chinesischen Zhengzhou wurden über 100 Kleinkinder im Zuge einer Unterrichtseinheit zum Thema Familie „verheiratet". Die „Brautpaare" – alle zwischen drei und sechs Jahre alt und in Brautkleider und Anzüge gekleidet – mussten sich einen Partner suchen, Ringe tauschen und sich vor einem Standesbeamten das (natürlich nicht rechtskräftige) Ja-Wort geben.

UNWIDERSTEHLICHES ANGEBOT
Seit über 25 Jahren bietet der pensionierte Frisör Anthony Cymerys, auch bekannt als „Joe the Barber", den Obdachlosen seiner Heimatstadt Hartford in Connecticut kostenlose Haarschnitte an – als Gegenleistung wünscht er sich nichts weiter als eine Umarmung. Sein Angebot ist so beliebt, dass die Parkbänke im Bushnell Park, den Cymerys jeden Mittwoch als Frisörsalon benutzt, immer rappelvoll sind!

Lahm und langweilig
Dieses Verkehrsschild begrüßt Besucher in dem schottischen Städtchen Dull (deutsch etwa: „lahm"), das 2012 eine Städtepartnerschaft mit Boring (deutsch: „langweilig") in Oregon schloss. Die Städte veranstalten in der Hoffnung, durch ihren Humor Touristen anzulocken, sogar jedes Jahr das „Dull and Boring"-Festival.

FEUERSPRINGER

Dieser junge Georgier springt auf dem Chiakokonoba-Volksfest in Tiflis über ein loderndes Lagerfeuer. Das Ritual soll die Seele des Teilnehmers von bösen Geistern befreien – das hat allerdings seinen Preis: In den vergangenen Jahren hat die Tradition mehrere Menschen mit Verbrennungen ins Krankenhaus gebracht.

LEBENDE STEINE In dem rumänischen Dorf Costesti kann man die wohl merkwürdigsten Steine der Welt bewundern – denn die sogenannten *Trovants* wachsen bei Regen auf ihre 1.000-fache Größe an! *Trovants* sind eigentlich Sandkugeln, die vor sechs Millionen Jahren infolge heftiger Erdbeben entstanden. Wissenschaftler gehen davon aus, dass die Steine unter ihrer harten Schale einen hohen Mineralstoffgehalt aufweisen und sich die Mineralien ausdehnen, wenn sie sich mit Wasser vollsaugen.

FANTASTISCHE FARM Das größte zusammenhängende Privatgrundstück Australiens – die Viehfarm Anna Creek – ist 24.000 km² groß und hat damit mehr Fläche als Israel!

WELTTOURNEE Im Alter von 24 Jahren hatte James Asquith aus dem englischen Hertfordshire bereits jeden der 196 anerkannten Staaten der Erde besucht! Den Anfang machte er 2008 als Student mit einem Besuch in Vietnam, von wo aus er sich mit Kellner- und Hoteljobs durchschlug, die ihm die rund € 170.000 einbrachten, die ihn seine Weltreise kostete.

ECHT DREIST 1927 wurde der liberianische Präsident Charles King des Betrugs angezeigt, weil er mit 230.000 Stimmen wiedergewählt worden war – das Land hat aber nur 15.000 eingetragene Wähler. 1930 trat er zurück.

MEGAPADDEL Auf Mark Teasdales Farm in British Columbia steht ein Riesenpaddel, das 18 m lang, 2,80 m hoch und 2.400 kg schwer ist. Es wurde aus einem einzigen Stamm eines Riesen-Lebensbaums angefertigt.

BAUMSPORT Seit 1976 werden in den USA alljährlich die Baumklettermeisterschaften veranstaltet, bei denen die zahlreichen Teilnehmer in verschiedenen Disziplinen bis zu 15 m hohe Bäume erklimmen müssen. Das Regelwerk ist fast so ausgefeilt wie bei anerkannten Sportarten – beispielsweise gibt es unterschiedliche Punktesysteme für Männer und Frauen, verschiedene Techniken und Sicherheitsvorkehrungen.

Salzteiche

Diese Salzmine im peruanischen Maras, die seit über 800 Jahren betrieben wird und damit bereits vor der Zeit der Inkas existierte, besteht aus 4.500 Salzseen mit einer Gesamtfläche von 15.000 m². Die Mine befindet sich an einem steilen Berg und gewinnt ihr Salzwasser aus einer Quelle, die über ein Kanalsystem in die Teiche gelenkt wird. Dort verdampft das Wasser und lässt Salzkristalle zurück, die man leicht einsammeln kann.

Rip£ey's
Einfach unglaublich!®
www.ripleys.com
WAHNSINNSWELT

TOTENMASKE ↑

Dieser Stammesangehörige der Asmat aus dem Westen Neuguineas trägt eine beeindruckende Totenmaske aus kompliziert verwobenen Pflanzenfasern.

Die Maske ist Teil eines Kostüms, das bei Beerdigungsritualen von den Hinterbliebenen getragen wird. Die Kostüme sind den Verstorbenen nachempfunden, die dem lokalen Glauben nach den Stamm heimsuchen, und tragen auch deren Namen.

Leuchtend bunter Kopfschmuck – häufig übrigens das Ergebnis monatelanger Arbeit – gilt unter den Stammesmitgliedern als Statussymbol und wird oft großzügig mit Federn und Fellen verziert. Die Asmat, von denen nur wenige Fotos existieren, gelten als furchteinflößende Krieger. Angeblich fiel ihnen Michael C. Rockefeller zum Opfer, Sohn des New Yorker Gouverneurs Nelson Rockefeller, als er 1961 in ihr Gebiet schwamm.

GRÜNER TUNNEL

Auf dieser Bahnstrecke im ukrainischen Klewan haben Bäume einen drei Kilometer langen Tunnel gebildet, der als „Tunnel der Liebe" zur Touristenattraktion avanciert ist. Auch wenn es nicht so aussieht: Der Tunnel wird immer noch dreimal täglich genutzt, um Holz zu einer nahegelegenen Fabrik zu transportieren!

Schienen in Betrieb!

SCHÜRZENMUSEUM Carolyn Terry aus Iuka in Mississippi ist Besitzerin und Kuratorin des einzigen Schürzenmuseums der Welt mit einer über 3.000 Stück großen Sammlung.

TREKKIE-VILLA Marc Bell hat den 185 m² großen Festsaal seiner riesigen Villa in Boca Raton, Florida, in einen Spielsalon mit mehr als 60 Spielautomaten umgebaut, und in einem weiteren Raum befindet sich ein exakter Nachbau der Kommandobrücke aus *Star Trek!*

ROSA MOSCHEE Zu Ramadan 2014 wurde die Fassade der Masjid Dimaukom, einer Moschee in der philippinischen Stadt Datu Saudi Ampatuan, vollständig rosa angemalt! Die Farbe soll Frieden und Liebe symbolisieren.

SCHRÄGE SCHILDER

2010 schrieben Straßenarbeiter auf den Weg, der zur Southern Guilford High School in North Carolina führt, **SHCOOL** anstelle von „school".

2009 wurde auf der Interstate 39 bei Rothschild und Schofield in Wisconsin ein Schild aufgestellt, auf dem nur das Wort „Exit", also „Ausfahrt", richtig geschrieben war. Dort stand:

„Exit 185 Biusness 51 Rothschield Schofeild."

2002 wurde auf einem Straßenschild nahe einer gefährlichen Kurve in Kalifornien vor einer **KRUVE** gewarnt!

2003 malten Straßenarbeiter im kalifornischen Richmond als Warnung in großen Buchstaben das Wort **BMUP** auf den Boden – anstelle von „Bump", also „Bodenwelle"! Während ihrer Arbeit hatten sie außerdem ein Schild aufgestellt, das übersetzt besagte:

„Langsame Männer bei der Arbeit."

Bups!!!

Im August 2014 blamierten sich ein paar Straßenarbeiter im englischen Bristol, indem sie diese Bushaltestelle zur Buphaltestelle erklärten!

ALTE GESETZE Bis 2014 war es in Indien verboten, Drachen oder Ballons in die Luft steigen zu lassen, weil sie als Fluggeräte eingestuft wurden. Außerdem durfte man keine Schätze ausgraben und behalten, die mehr als zehn Rupien – also etwa 15 Cent – wert waren.

KACKSTEIN Die Küstenstadt White Rock in British Columbia wurde nach einem 486 t schweren Granitfelsen benannt, der seine weiße Farbe ursprünglich durch eine dicke Schicht Seevogelkot erhielt! Dadurch hob sich der Fels so stark von der Umgebung ab, dass er im 19. Jahrhundert als Orientierungspunkt für Seeleute diente.

ZAUBERZIMMER In dem Londoner Hotel The Gregorian House kann man in Zimmern schlafen, die aussehen wie Harry Potters Schlafsaal auf der Zaubererschule Hogwarts! In den beiden „Wizard Chambers" des Hotels stehen Himmelbetten, Hexenkessel, Zaubertränke und Zauberbücher bereit.

TOURISTENMAGNET Im Oktober 2014 wurde die chinesische Mauer an nur einem Tag von über acht Millionen Touristen besucht – das entspricht der Einwohnerzahl der Schweiz!

POPOSCHUTZ Ein Ladenangestellter aus dem kalifornischen Modesto wurde bei einem bewaffneten Raubüberfall davor bewahrt, ordentlich den Hintern voll zu bekommen – und zwar von der Geldbörse in seiner hinteren Hosentasche, die eine Kugel für ihn abfing!

Ripley's Einfach unglaublich!®
www.ripleys.com
WAHNSINNSWELT

HIROSHIMAÜBERLEBENDER In Hiroshima stand ein kleiner Bonsaibaum, der die Atombombe überlebte, die 1945 über der japanischen Stadt abgeworfen wurde – und das, obwohl er nur 3,2 km weit entfernt vom Explosionsort wuchs! Die Zier-Weymouth-Kiefer wurde bereits 1625 gepflanzt, 1976 aber als Geschenk zur Zweihundertjahrfeier der USA an das amerikanische Volk verschenkt.

VERZWEIFELT IM MAIS Das riesige Maisfeldlabyrinth, das die Brüder Matt und Mark Cooley aus dem kalifornischen Dixon alljährlich zu Halloween austüfteln, ist derart verwinkelt, dass die Besucher schon mehrfach die Polizei riefen, weil sie einfach nicht mehr herausfanden.

WEITGEREISTER HASE Plüschhase Travel Bunny ist ein echter Starblogger und hat mit seinem Besitzer Peter Franc aus Melbourne schon 24 Länder bereist. Dabei bekam er unter anderem schon den schiefen Turm von Pisa, Stonehenge und die Petronas Towers in Malaysia zu sehen. Außerdem durfte er Franc schon beim Tauchen am Great Barrier Reef begleiten!

ZUKUNFTSKARRE Filmfan Brian O'Neill aus dem englischen Sussex arbeitete zwei Jahre lang am mehrere tausend Pfund teuren Umbau eines silbernen Delorean in eine exakte Replik des Autos aus der *Zurück in die Zukunft*-Filmreihe! Wenn er in seinem Traumauto herumfährt, verkleidet er sich sogar als Filmfigur Doc Brown.

WARMWASSER Die geothermischen Quellen im isländischen Laugarvatn können bis zu 50°C warm werden – so heiß, dass man auf der umliegenden Erde Brot backen könnte! Über den Quellen wurden Saunen eingerichtet.

INSELREICH Der portugiesische Kunstlehrer Renato Barros kaufte für € 25.000 eine kleine Felsinsel im Hafen von Funchal auf der Atlantikinsel Madeira und erklärte sie zu seinem Königreich, das allerdings nur von ihm selbst und seiner Familie bewohnt wird! Als Regent seines „Fürstentums Pontinha" ernannte er sich zu Prinz Renato II. – komplett mit eigenem Pontinha-Pass!

REGENBOGEN-HAUS

Die Künstlerin Kat O'Sullivan und ihr Lebensgefährte Mason Brown kauften 2009 ein heruntergekommenes Bauernhaus in High Falls, New York, und verwandelten seine langweilige weiße Fassade in eine knallbunte, psychedelische Farbexplosion!

Auch das Innere des Hauses mit dem Spitznamen „Calico" und das Auto des farbverliebten Paars könnten direkt aus einem Märchenbuch entsprungen sein!

FEUERTORNADO

Janae Copelin fotografierte diesen spektakulären „Feuertornado", der entstand, als ein Bauer in Missouri sein Feld abbrannte. Sogenannte „Feuerteufel" kommen zustande, wenn eine starke Windböe Feuer in die Höhe schießen lässt. Die Stichflammen können bis zu 30 m hoch werden!

HEUSTURM Im Juni 2014 fielen in großen Teilen des westlichen Großbritanniens – darunter Devon und Lancashire, die über 320 km weit voneinander entfernt liegen – über vier windfreie Tage hinweg große Mengen Heu aus einem wolkenfreien Himmel und bedeckten Autos, Straßen und Gärten mit einer dichten Schicht aus getrocknetem Gras.

Ripley's ERKLÄRT

Das Heu war vermutlich während einer vorangegangenen Warmwetterperiode von Bauern geschnitten und durch Wärmekonvektion in die Luft gehoben worden. Bei diesem Wetterphänomen erwärmt der Boden die darüberliegende Luft, wodurch diese in die Höhe steigt. Das Heu wurde dabei einfach mitgetragen und durch thermische Aufwinde weitertransportiert, bis es in kühleren Regionen wieder freigegeben wurde.

UMKEHRFÄLLE Die Reversing Falls (deutsch: „Umkehrfälle") von Saint John in Kanada fließen je nach Tageszeit in verschiedene Richtungen! Das Phänomen entsteht durch mehrere Unterwasserfelsen und die Sogkraft der Gezeiten, die in der Gegend für einen Tidenhub von bis zu 16 m sorgen können!

DARMHOTEL Bei Antwerpen steht das Hotel CasAnus, das einem riesigen menschlichen Dickdarm nachempfunden wurde! Das aus Holz, Schaumstoff und Fiberglas bestehende Gebäude folgt dem kompletten Verlauf des Verdauungssystems, beginnend mit der Zunge und dem Magen über Dünn- und Dickdarm bis zum Anus. Entworfen wurde es als Kunstwerk von dem niederländischen Designer Joep van Lieshout, inzwischen dient es aber als Ein-Zimmer-Apartment!

OASENÜBERRASCHUNG Im Juli 2014 erschien in der tunesischen Wüste von einem Augenblick auf den nächsten ein 18 m großer See mit türkisblauem Wasser! Der Lac de Gafsa wurde vermutlich durch einen Riss in der Gesteinsschicht oberhalb des Grundwasserspiegels gebildet.

GIPFELSCHWUND Als der Vulkan Mount St. Helens in Washington State im Jahr 1980 ausbrach, spuckte er etwa 540 Millionen Tonnen Asche über eine Fläche von mehr als 57.000 km² aus und verursachte einen so starken Erdrutsch, dass der Berggipfel heute 400 m niedriger ist.

DOPPELBAUM Der „Doppelbaum von Casorzo", der in der gleichnamigen italienischen Stadt steht, besteht aus einem Kirschbaum, der auf einem Maulbeerbaum wächst! Die Wurzeln des Kirschbaums haben sich durch den hohlen Stamm des Maulbeerbaums bis zum Boden durchgekämpft.

ZU DUNKEL 1886 wurde die Freiheitsstatue zum ersten strombetriebenen Leuchtturm der USA. Schon 1902 legte man sie aber wieder still, weil sie nicht hell genug leuchtete.

MINIAUTOBAHN Die I-97 in Maryland ist mit 27 km der kürzeste zweistellige Highway auf dem US-amerikanischen Festland!

KRASSE KREUZUNG Der Fußgängerübergang vor der Tokioter Bahnstation Shibuya wird tagtäglich von etwa einer Million Menschen überquert. Zur Rushhour sind dort innerhalb von nur 30 Minuten an die 45.000 Menschen unterwegs!

← ## Dachgarten

Sechs Jahre lang arbeitete Zhang Biqing an der felsbedeckten Dachvilla samt Garten, die er auf einem 26-stöckigen Hochhaus in Peking errichtete. Allerdings musste die an die 800 m² große Villa schließlich abgerissen werden, weil man befürchtete, sie könne zu schwer werden und das ganze Haus zum Einsturz bringen.

UNTERIRDISCHES VERGNÜGEN Im nordwalisischen Gwynedd investierten Arbeiter 4.500 Stunden in den Umbau einer alten Schieferhöhle in das Trampolinparadies „Bounce Below" mit drei Riesentrampolinen à 18 m! Die Trampoline sind durch 18 m lange Rutschen verbunden und das oberste hängt in 54 m Höhe unter der Höhlendecke.

MISSOURI-EXIL Während des US-amerikanischen Bürgerkriegs (1861–1865) wurde Marshall im Bundesstaat Texas zur Hauptstadt des Bundesstaates Missouri, da sich dort das Hauptquartier der Konföderiertenregierung im Exil befand!

REGENTAG In Waynesburg, Pennsylvania, wird am 29.7. der jährliche Regentag gefeiert, an dem auch die Miss Regentag gekrönt wird! Der Hintergrund: In den vergangenen 141 Jahren hat es an diesem Tag in der Stadt 114-mal geregnet!

HUNDEHOCHZEIT

Die 18-jährige Mangli Munda aus dem indischen Jharkhand heiratete 2014 einen Hund, nachdem die Dorfältesten verkündet hatten, nur so lasse sich ein Fluch abwenden.

Über 50 Gäste besuchten die aufwendige Zeremonie, bei der Straßenhund Sheru sogar von einem Chauffeur vorgefahren wurde! Die Hundehochzeit ist übrigens nicht rechtsgültig – Munda darf eines Tages einen Menschen heiraten!

Übervölkert

Auf der winzigen Karibikinsel Santa Cruz del Islote vor der kolumbianischen Küste leben an die 1.200 Menschen – und dabei ist sie nur 0,012 km² groß! Die winzige Inseloberfläche ist mit 90 Wohnhäusern, zwei Geschäften, einem Restaurant und einer Schule bedeckt. Für einen Friedhof war kein Platz mehr – der liegt auf der Nachbarinsel.

STURM-SEE An der Mündung des venezolanischen Flusses Catatumbo in den Maracaibo-See kommt es bis zu 160 Nächte im Jahr zu Gewitterstürmen, die an die zehn Stunden dauern können und 1,2 Millionen Blitzeinschläge pro Jahr produzieren. Das Phänomen ist so ausgeprägt, dass man es aus bis zu 400 km Entfernung sehen kann!

RATTENFÄNGER Die kanadische Provinz Alberta ist seit über einem halben Jahrhundert rattenfrei. Das Geheimnis? Eine 15.080 km² große Pufferzone entlang der Ostgrenze, in der acht professionelle Rattenfänger stets auf der Jagd sind.

LAHME ERDE Die Rotation des Planeten Erde verlangsamt sich um 0,002 Sekunden pro Jahrhundert. In 180 Millionen Jahren wird der Tag auf der Erde also 25 Stunden haben!

ZUNGENBRECHER Muckanaghederdauhaulia ist der Name eines kleinen irischen Dorfes. Er bedeutet „Schweinehof zwischen zwei Solen".

HOCHZEITSSARG

Während ihrer Trauung am Valentinstag in einem Tempel bei Bangkok legten sich Bräutigam Tanapatpurin Samangnitit und seine Liebste Sunantaluk Kongkoon in einen rosa ausgeschlagenen Sarg. Die Zeremonie, die auch schon andere Paare über sich ergehen ließen, soll Glück bringen!

SCHRÄGE HOCHZEITEN

● In Schottland existiert die Tradition des „Blackening" (deutsch: „Schwärzen"), bei der Braut oder Bräutigam von Freunden und Verwandten mit Eiern, toten Fischen, Teer, Schlamm und saurer Milch überschüttet werden, um böse Geister zu vertreiben.

● Frischverheiratete vom Stamm der Tidong in Borneo dürfen nach der Hochzeit 72 Stunden lang nicht auf Toilette, um Unglück abzuwenden! Während dieser Zeit essen und trinken sie kaum und werden von ihren Familien überwacht.

● In Korea werden die Füße des Bräutigams am Hochzeitsabend von seinen Freunden mit einem Fisch geschlagen. Der Brauch soll das Durchhaltevermögen stärken.

● Auf den Hochzeiten der kenianischen Volksgruppe der Massai segnet der Brautvater seine Tochter, indem er ihr auf Kopf und Brüste spuckt. Danach verlässt sie mit ihrem Bräutigam das Dorf und darf sich dabei nicht umdrehen, da man fürchtet, sie könne sich sonst in Stein verwandeln.

● Am Ende griechischer Hochzeiten wirft die Braut einen Granatapfel gegen eine mit Honig bestrichene Tür. Bleiben die Granatkerne hängen, bedeutet das viele Kinder für das Brautpaar.

● Beim chinesischen Volk der Tujia muss die Braut – teilweise begleitet von den übrigen Frauen in ihrem Haushalt – im Monat vor der Hochzeit jeden Tag eine Stunde lang weinen. Das Ritual wird als Zeichen der Freude betrachtet.

PFERDE-FRISÖRE

Im Rahmen eines 400 Jahre alten spanischen Festivals werden alljährlich mehrere Hundert Wildpferde zusammengetrieben und zu Boden gerungen, wo ihnen Mähne und Schwanz gestutzt werden.

Die *Rapa das Bestas* von Sabucedo dauert vier Tage und wird von sogenannten *aloitadores* durchgeführt, Kämpfern, die die Tiere aus den Bergen ins Dorf treiben und sie dann in Dreierteams überwältigen.

FLEDERMAUSREGEN Während einer Hitzewelle im Januar 2014 fielen über Queensland in Australien mehr als 100.000 Fledermäuse tot vom Himmel, sodass ganze Landstriche – und die Innenstadt von Brisbane – mit stinkenden Kadavern übersät waren! Die Temperaturen von rund 43°C waren einfach zu viel für die Tiere gewesen.

ZEITREISE Die Bewohner der spanischen Grenzstadt Sanlúcar de Guadiana können ihre portugiesischen Nachbarn in Alcoutim per Seilrutsche besuchen – und dabei in der Zeit reisen! Zwischen den beiden Städten, die durch einen 800 m langen Abhang voneinander getrennt werden, wurde eine Seilrutsche errichtet, auf der man in weniger als einer Minute nach Alcoutim rutschen kann, wo es wegen der Zeitverschiebung immer eine Stunde früher ist als im spanischen Nachbardorf!

ZURÜCK INS MEER Die Britischen Inseln erheben sich im Norden langsam aus dem Meer und sinken im Süden ab – und zwar in etwa fünf Zentimeter pro Jahrhundert! Der Grund: Die Eisschmelze seit der letzten Eiszeit vor 20.000 Jahren!

WASSERSPENDER Eine große Eiche kann über ihre Blätter pro Jahr bis zu 1.000 Badewannen voll Wasser in die Atmosphäre abgeben!

MEGATHERMOMETER Im Puxi Expo Park in Shanghai wurde im Juni 2014 ein 165 m hohes Digitalthermometer an einem Industrieschlot angebracht. Das „Expo Thermometer" – das größte seiner Art weltweit – zeigt nicht nur die Temperatur an, sondern informiert über ein Farbsignal auch über das Wetter. Weiß steht für gutes Wetter, Lila für schlechtes.

BRAVER BÜRGER Als Sir James Tidmarsh 2015 in seinem Haus die Ausgabe von *Ein Abstecher nach Paris* von W. Somerset Maugham wiederfand, die er 66 Jahre zuvor in der Taunton School im englischen Somerset geliehen hatte, brachte er sie brav zurück – inklusive der Leihgebühren in Höhe von € 2.000!

RENTIEREHRUNG Im Februar 2012 wurde im russischen Narjan-Mar ein Denkmal zu Ehren von 6.000 Rentieren und ihren Hirten errichtet, die im Zweiten Weltkrieg als Transporttiere für die Sowjetarmee gedient hatten.

MEGAMÜLL Die Müllhalde Jardim Gramacho vor den Toren von Rio de Janeiro war 1,3 Millionen Quadratkilometer groß und mit einer 90 m dicken Müllschicht bedeckt. Täglich wurden dort 9.000 t Müll angeliefert. 2012 musste die Anlage nach 34 Jahren geschlossen werden.

MINIMONARCHIN Als Jeremiah Heatons Tochter Emily 2014 den Wunsch äußerte, eine echte Prinzessin zu werden, erhob ihr Papa kurzerhand Anspruch auf den staatenlosen, 2.000 km² großen Wüstenflecken Bir Tawil zwischen Sudan und Ägypten und erklärte ihn zum „Königreich Nordsudan". Die Regentin? Natürlich die kleine Emily! Offiziell anerkannt ist das Privatkönigreich der Familie aus Abington in Virginia aber nicht.

Salzkathedrale

Unglaublich, aber wahr: Diese wunderschöne Kathedrale befindet sich nicht nur 135 m unter der Erdoberfläche, sondern besteht auch vollständig aus Salz! Die Minenarbeiter in der 800 Jahre alten Salzmine Wieliczka im Süden Polens arbeiteten jahrhundertelang an Räumlichkeiten, Einrichtung, Statuen und Wandschmuck, die alle aus Steinsalz gefertigt wurden. Heute umfasst die Kathedrale noch drei weitere Kapellen. Insgesamt ist die Mine 287 km lang und verfügt sogar über ihren eigenen unterirdischen See!

BÄRENSCHUTZ Die Bewohner von Churchill in Kanada lassen ihre Autos und teilweise sogar ihre Häuser offen, damit Fußgänger vor Eisbären flüchten können!

MEISTERFÄNGER Jake Sawyer, 16, fing auf einer überfluteten Straße in North Royalton einen 18 kg schweren Karpfen mit bloßen Händen! Schwere Regenfälle am 12.5.2014 führten zu einer Blitzüberflutung, die den 90 cm langen Fisch vermutlich aus einem Teich gespült hatte.

SCHRUMPFERDE Jedes Jahr verliert die Erde 50.000 t Gewicht, da Wasserstoff und Helium aus der Atmosphäre entweichen. Trotzdem wird es aber Billionen Jahre dauern, bis unserem Planeten der Wasserstoff ausgeht.

FRISCHE FISCHE

Beim Startschuss zum jährlichen Argungu-Fischereifest in Nigeria springen bis zu 35.000 Fischer gleichzeitig in den schlammigen Fluss Matan Fada, wo sie innerhalb einer Stunde so dicke Fänge wie möglich machen wollen. Als Gewinn lockt nämlich nicht nur ein dickes Preisgeld in Höhe von über € 6.500, sondern auch ein brandneuer Bus!

Im Rahmen eines traditionellen Übergangs-ritus, bei dem Jungen zu Männern erklärt werden, bringt man jugendlichen Stammesangehörigen entlang des Flusses Sepik in Papua-Neuguinea mit Rasierklingen Dutzende von tiefen Wunden bei!

Danach werden die Wunden mit Pflanzenasche und Flussschlamm behandelt, sodass die Narben anschwellen und an die Haut des in der Region als heilig geltenden Krokodils erinnern.

KROKODILMÄNNER

03

TOTAL TIERISCH!

MEGA-MIGRATIONEN

40 Milliarden afrikanische Wanderheuschrecken können Schwärme bilden, die eine Fläche von bis zu 1.000 km² bedecken und pro Tag 80.000 t pflanzliches Material fressen – das wäre genug, um Millionen Menschen zu sättigen!

120 Millionen Weihnachtsinsel-Krabben migrieren jeden Herbst zu Paarungszeit an die Küste der Weihnachtsinsel im Indischen Ozean.

Bis zu **60 Millionen** Monarchschmetterlinge fliegen jeden November zur Überwinterung von Kanada bis zur kalifornischen und mexikanischen Küste.

30 Millionen Rotlachse migrieren im Zuge der jährlichen Lachswanderung in den Fraser River in Kanada.

8 Millionen Palmenflughunde fliegen alljährlich zwischen Oktober und Dezember 3.200 km weit von der Republik Kongo nach Sambia, um sich an ihrer Leibspeise, der Masuku-Frucht, satt zu fressen.

1,5 Millionen Gnus stampfen auf der Suche nach grünem Weideland jedes Jahr durch den kenianischen Fluss Mara.

ROCHENSCHWARM

Eine Teufelsrochenschule kann bis zu 10.000 Tiere umfassen und ein Gebiet von über 3.000 m² bedecken – fast die Hälfte eines durchschnittlichen Fußballfelds!

Diese Luftaufnahme wurde über dem Golf von Kalifornien vor der Küste des mexikanischen Bundesstaats Baja California gemacht. Bis heute stellt es die Wissenschaft vor ein Rätsel, wieso sich die Fische zu derart großen Schwärmen zusammenschließen.

KUSCHELKLON

Das 2009 gegründete Onlineunternehmen Cuddle Clones aus Louisville, Kentucky, stellt anhand von Fotos maßangefertigte, originalgetreue Stofftierkopien von Haustieren her! An einer solchen Replik arbeitet die Firma zwischen acht und zehn Wochen. Dabei entstanden unter anderem schon Stofftierversionen von Hunden, Katzen, Vögeln und Echsen.

METHUSALEMMUSCHEL Wissenschaftler zählten die Ringe in der Schale einer lebendigen Tiefseemuschel ab, die sie 2006 vor der isländischen Küste geborgen hatten, und konnten ihr Alter so auf 507 Jahre schätzen – so alt wie kein weiterer bekannter Meeresbewohner! Leider kam die Muschel allerdings ums Leben, als die Wissenschaftler sie aus ihrem Zuhause entfernten und für weitere Untersuchungen in einer Kühltruhe unterbringen wollten.

ERSATZMAMA Als Dina Alves aus dem brasilianischen Guaporema zwei verwaiste Gürteltierbabys bei sich aufnahm, entwickelte ihre Hündin Faisca solche Muttergefühle für die Kleinen, dass sie sogar begann, Milch zu produzieren!

SCHLAUER COLLIE Chaser, die Border Collie-Hündin von John W. Pilley aus South Carolina, erkennt über 1.000 verschiedene Befehle! Psychologieprofessor Pilley arbeitete drei Jahre daran, Chaser die Namen von insgesamt 1.022 Spielzeugen einzuprägen, die die Hündin apportieren musste, während ihr Herrchen geduldig immer wieder den Namen wiederholte.

SCHWANGERSCHAFTSFROSCH In den 1950er-Jahren wurden die in Afrika beheimateten Krallenfrösche als Schwangerschaftstest für Menschen verwendet! Dazu injizierte man dem Frosch den Urin einer Frau, die man für schwanger erklärte, wenn der Frosch daraufhin Eier produzierte!

STREUNERFISCH Ein ein Meter langer Stör entfloh während einer Überflutung im Februar 2014 aus einem Aquarium im englischen Hampshire – und wurde wenig später wohlauf in einer Pfütze vor einer 1,5 km weit entfernten Waschanlage gefunden!

BEHERZTE KATZE Als der vierjährige Jeremy Triantafilo vor seinem Haus in Bakersville, Kalifornien, von einem bissigen Hund angegriffen wurde, der versuchte, ihn von seinem Fahrrad zu zerren, schritt Jeremys Katze Tara ein und schlug den Hund in die Flucht! Als Belohnung durfte sie beim Baseballspiel der Bakersfield Blazers gegen die Lancaster Jethawks den ersten Pitch „werfen".

SECHS-SCHEREN-HUMMER 2013 wurde vor der Küste von Massachusetts ein Mutantenhummer mit sechs Scheren gefunden! Die 1,8 kg schwere Lola, die heute im Maine State Aquarium in West Boothbay Harbour lebt, hat auf einer Seite eine normale Schere, auf der anderen aber fünf Minischeren, die wie eine Hand angeordnet sind.

PATRIOTENKATZE Oleg Bouboulins Katze Margo aus dem russischen Jekaterinburg nimmt Haltung an wie ein Soldat, sobald die russische Nationalhymne gespielt wird. Dazu erhebt sie sich auf die Hinterbeine, rührt keinen Muskel mehr und entspannt sich erst wieder, wenn die letzten Töne erklingen.

AGENTENSCHWAN Ein Ägypter nahm einen Schwan gefangen und brachte ihn zur Polizei, weil er den Vogel für einen Spion hielt. Er wurde aufmerksam, weil er bemerkte, dass der Schwan ein elektronisches Gerät bei sich trug – dabei handelte es sich aber um ein Trackinginstrument für Wildtiere!

FEUERSPUCKER Die Garnelenart *Acanthephyra purpurea* blendet potenzielle Fressfeinde und lenkt sie ab, indem sie eine blauglühende Bakterienwolke ausspuckt!

SELBSTMORDSEESTERNE Eine geheimnisvolle Seuche führt dazu, dass sich Seesterne selbst in Stücke reißen! Ist ein Seestern befallen, krabbeln seine Arme unkontrollierbar so weit in unterschiedliche Richtungen, dass das Tier schließlich auseinandergerissen wird – und anders als gesunde Exemplare können sich die erkrankten nicht regenerieren.

GESCHICKT EINGEFÄDELT Bei dem Seidenfaden, aus dem der Kokon des Seidenwurms besteht, handelt es sich in Wahrheit um gehärteten Speichel – und ein einziger Kokon kann aus einem bis zu 1,6 km langen Faden bestehen!

DURCHGESPÜLT Natasha, die Sibirische Katze der Kalifornierin Daryl Humdy, überlebte einen 40-minütigen Waschgang, nachdem sie für ein Nickerchen in die Waschtrommel geklettert war!

DELFINDIENST

Alex Rigby aus dem englischen Merseyside benutzte einen Delfin als Boten, um seiner Freundin Debbie Preston seinen Heiratsantrag zukommen zu lassen! Preston war gerade mit ihrer Familie im Urlaub am Discovery Cove in Orlando, Florida, als ein Delfin auf sie zuschwamm und dabei eine Boje vor sich herschob, auf der stand: „Debbie, willst Du mich heiraten?"

Bein-Plage

Mitte der 1990er-Jahre bildeten Hunderte von Fröschen in den USA und Kanada zusätzliche Beine aus – und zwar teilweise bis zu zwölf Stück! Grund dafür war der parasitäre Plattwurm *Ribeiroia*, der Amphibien befällt und Fehlbildungen der Gliedmaßen verursacht.

TRANSPARENTER MEERESBEWOHNER Der neuseeländische Fischer Stewart Fraser stieß im Wasser etwa 65 km nördlich der Halbinsel Karikari auf ein seltsames, transparentes Geschöpf. Der Salpa Maggiore ist ein wirbelloser Meeresbewohner und bewegt sich fort, indem er Wasser durch seinen gallertartigen Körper pumpt. Außerdem kann er sich selbst klonen!

KNOCHENKNACKER *Trichobatrachus robustus*, eine kamerunische Froschart, bricht sich bei drohender Gefahr selbst die Knochen, um Klauen zu bekommen! Im Ruhezustand sind seine Klauen in einer dicken Schutzschicht aus Bindegewebe in den Hinterbeinen eingebettet, schießen bei Kämpfen aber durch die Haut wie die Krallen von Wolverine!

MONOCHROM-LÄMMCHEN Lämmchen Battenberg kam mit einer ausgesprochen auffälligen Musterung zur Welt: Seine eine Gesichtshälfte ist weiß, die andere schwarz, sein rechtes Vorder- und linkes Hinterbein sind schwarz und die beiden anderen Beine weiß. Bei seiner Geburt im Brecon Beacons National Park in Wales mitten in tiefem Schnee wurde er nur wegen seiner Flecken entdeckt und geborgen!

FLEDERMAUSMASSEN Bei San Antonio in Texas leben in einer Höhle zehn Millionen Mexikanische Bulldogfledermäuse. Teils quetschen sich hier 4.300 Tiere auf nur einem Quadratmeter Wandfläche zusammen!

PANZERSCHÄNDER Da nicht einmal mehr 400 wildlebende Madagassische Schnabelbrustschildkröten existieren, verunstalten einige Umweltschützer den Tieren den Panzer, um ihn für Wilderer unbrauchbar zu machen.

MUTIGES BEISPIEL Die hawaiianische Freitaucherin Ocean Ramsey schwimmt mit bis zu 5,20 m langen Weißen Haien, womit sie beweisen will, dass diese gar nicht so gefährlich sind, wie Hollywood uns mit *Der Weiße Hai* weismachen wollte!

LANG- →
HAAR

Katze Whiskers aus dem englischen Somerset hat 30 cm lange Schnurrhaare (und ähnlich beeindruckende Brauen) – und die sind noch nicht einmal ausgewachsen!

Ihre stattliche Gesichtsbehaarung liegt übrigens in der Familie. Ihrem Nachwuchs hat Whiskers ihre langen Schnurrhaare nämlich weitervererbt!

MEDIKAMENTENWOLKE Der Landkartenkegel, eine an der australischen Küste beheimatete Meeresschnecke, verabreicht den Fischen, von denen er sich ernährt, ein Medikament, ehe er sie tötet! Die Giftwolke, die die Schnecken ausstoßen, enthält Insulin, das den Blutzuckerspiegel der Fische so stark abfallen lässt, dass diese ins Koma fallen.

MEGATENTAKEL Die Gelbe Haarqualle hat zwar „nur" einen um die 1,80 m langen Körper, ihre Tentakel können aber bis zu 37 m lang werden!

TRICKFISCH Ilana Bram aus New York hat ihrem Buntbarsch Erasmus beigebracht, in seinem Aquarium mit einem Minifußball zu spielen! Der talentierte Fisch kann außerdem Limbo tanzen und einen Slalomparkour durchschwimmen.

DURCHSICHTIGER FISCH

Der Kopf des im Pazifik beheimateten Gespensterfischs wird durch einen transparenten Schild geschützt, der an die Glasscheibe im Cockpit eines Düsenfliegers erinnert! So können die Fische in den Tiefen des Ozeans besser sehen. Außerdem sind ihre Augen so beweglich, dass sie fast in alle Richtungen sehen können. Übrigens sind nicht etwa die dunklen Einkerbungen über dem Maul seine Augen, sondern die grünen Halbkugeln dahinter!

KAMPFKÜKEN Die Küken der Vogelart *Laniocera hypopyrra*, die im Amazonas lebt, schrecken Fressfeinde ab, indem sie das Erscheinungsbild giftiger behaarter Mottenraupen nachahmen! Während die ausgewachsenen Vögel graues Gefieder aufweisen, tragen die Küken abstehende knallorangefarbene Federn und wackeln bei Gefahr mit dem Kopf wie ihre Vorbilder aus der Insektenwelt.

MINIMÄNNER Weibliche Löcherkraken sind bis zu 40.000-mal schwerer und 100-mal größer als ihre männlichen Gegenstücke – das entspricht in etwa dem Unterschied zwischen einem Menschen und einer Walnuss! Die Weibchen werden bis zu zwei Meter lang und zehn Kilo schwer, die Männchen bringen es oft nur auf 2,4 cm und 0,25 g.

QUALLENSCHWARM Tausende von Quallen der Art *Catostylus mosaicus* wurden im Januar 2015 an einen Strand nahe Brisbane gespült. Im Wasser bedeckte der Schwarm die Fläche von fast zehn Tennisfeldern!

HUNGRIGE HIPPOS Nilpferde gelten zwar als Pflanzenfresser, fressen sich bei Futterknappheit aber auch schon mal gegenseitig auf.

DÜSTERES ZUHAUSE Wissenschaftler haben Fische entdeckt, die in der zehn Meter hohen Wasserschicht zwischen Meeresboden und der 740 m dicken Eisdecke der Antarktis leben!

RIPLEY'S ERKLÄRT

Der Gespensterfisch wurde erstmals 1939 wissenschaftlich beschrieben, aber erst 70 Jahre später fanden Bruce Robison und Kim Reisenbichler vom Monterey Bay Aquarium Research Institute heraus, dass die Augen unter dem Schutzschild drehbar sind. Damals studierten sie den Tiefseefisch in 800 m Tiefe vor der mittelkalifornischen Küste und konnten sogar ein lebendes Exemplar an die Oberfläche bringen.

KATZENPARADIES 2001 wurde im englischen Lincolnshire ein Katzenaltersheim gegründet, in dem die Vierbeiner ihren Ruhestand genießen können, wenn ihre Besitzer sterben oder zu alt sind, um sich weiterhin um sie zu kümmern. Gründerin ist die 65-jährige Jain Hills, der aufgefallen war, dass ältere Katzen in Tierheimen nur selten einen neuen Besitzer finden.

SCHÄDELRAUPE Die Raupe der in Australasien beheimateten Mottenart *Catocala concumbens* trägt auf ihrem Kopf eine auffällige Musterung, die an einen Totenschädel erinnert und ihr dabei hilft, Fressfeinde abzuschrecken!

DRASTISCHE MASSNAHMEN Nach der Paarung beißen sich die Männchen der Spinnenart *Herennia ornatissima* ihre Genitalien ab, damit sie beweglicher sind und andere Spinnenmännchen von „ihrem" Weibchen fernhalten können. Die abgetrennten Genitalien benutzen sie, um den Zugang zu den Fortpflanzungs-organen des Weibchens zu blockieren.

Schlangen-KOPF

Um Fressfeinde abzuschrecken, kann die Larve der Mottenart *Hemeroplanes triptolemus* ihren Körper innerhalb von Sekunden so transformieren, dass er aussieht wie der Kopf einer giftigen Viper.

KROKOKILLER Nachdem ein sechs Meter langes Krokodil die schwangere Ehefrau von Fischer Mubarak Batambuze aus dem ugandischen Dorf Kibuye gefressen hatte, gab dieser sein ganzes Geld für einen Speer aus, mit dem er das 1.000 kg schwere Reptil anschließend tötete.

KLEINER FAN Das nur 74 cm hohe Pony Wilson von Sarah Kessler ist der größte Fan der Footballmannschaft Seattle Seahawks und trägt sogar Mähne und Schweif in den Teamfarben!

IN DER KLEMME Der neuseeländische Kajakfahrer Ryan Blair saß zwei Wochen lang auf Governor Island vor der westaustralischen Küste fest, weil im Wasser ein riesiges Krokodil darauf wartete, ihn aufzufressen! Blair hatte sich per Boot auf die Insel transportieren lassen und wollte die vier Kilometer zurück zum Festland kajaken, wurde aber bei jedem Versuch von dem sechs Meter langen Reptil angegriffen und musste auf die sichere Insel zurückkehren. Schließlich gelang es ihm, mit Lichtsignalen Rettung anzufordern.

MITGESPÜLT Marilyn Jones' Meerschweinchen Chica aus dem neuseeländischen New Plymouth landete versehentlich in der Waschmaschine – und überlebte unverletzt einen 30-minütigen Waschgang bei über 70°C!

COOLE KÖTER Mel und Matt Westwood aus Melbourne entwerfen maßgefertigte Jeansjacken für Hunde vom Chihuahua bis zum Windhund, die sie in die ganze Welt verkaufen.

Winzig kleines Igelbaby!

Ersatzmama

Dieses russische Igelbaby wurde von seiner Mutter verstoßen – und stattdessen von Katze Sonya großgezogen, die das winzige Tierchen zusammen mit ihren eigenen Jungen säugte.

STREIFEN-ILTIS

Dieser arme Iltis, der auf den Shetlandinseln vor der schottischen Küste lebte, wurde nicht nur von einem Auto plattgefahren, sondern posthum auch noch von Straßenarbeitern übermalt!

GLÜHENDE RENTIERE Rentierhirten in Lappland haben die Geweihe ihrer Schützlinge mit selbstleuchtender Farbe angemalt, um sie vor nächtlichen Verkehrsunfällen zu schützen. In Lappland sterben jährlich Tausende von Rentieren durch Zusammenstöße mit Autos.

QUALLENSCHREDDER Koreanische Wissenschaftler haben einen schwimmenden Roboter entwickelt, der innerhalb einer Stunde bis zu 400 kg Quallengewebe zerstören kann! Der JEROS gleitet langsam unter der Wasseroberfläche entlang und spürt dabei via Kamera Quallen auf. Diese werden dann in Netzen eingefangen und durch Propeller in Stücke geschreddert. In Korea sind Quallen eine regelrechte Plage, die nicht nur Badende stören, sondern auch Fischernetze verstopfen und bereits einen Kernreaktor zum Ausfall gebracht haben.

POWERNAPPING Zwergdrosseln, die auf den amerikanischen Kontinenten leben, schlafen immer nur zehn Sekunden am Stück! Wenn sie ihr Winterquartier in Mexiko oder Südamerika verlassen, reisen sie nachts und machen währenddessen Hunderte von Powernaps im Flug! Sie können außerdem mit nur einem geschlossenen Auge schlafen und dabei die eine Hirnhälfte ausruhen, während die andere in Alarmbereitschaft bleibt.

TÖDLICHES GIFT Tim Friede ist schon von mehr als 100 Giftschlangen gebissen worden, darunter eine Schwarze Mamba, deren Gift bei Menschen in weniger als 20 Minuten zum Tod führen kann! Im Keller seines Hauses in Milwaukee leben Dutzende der gefährlichsten Schlangenarten der Welt – Friede ist angeblich aber immun gegen ihr Gift, das er sich in verdünntem Zustand injiziert, um sich abzuhärten.

BIBERSCHADEN In der russischen Oblast Swerdlowsk wurde eine vielbefahrene Straße wegen eines Biberdamms schwer beschädigt! Die Tiere hatten ein unterirdisches Rohr verstopft, das schließlich platzte und ein vier Meter breites Loch in der Straße hinterließ.

Im philippinischen Cebu City Zoo können sich die Besucher kostenlos von vier riesigen Tigerpythons massieren lassen, die insgesamt 250 kg wiegen!

Die Schlangen werden nacheinander auf die Freiwilligen gelegt, die für die 15-minütige Massage auf einem Bambusbett Platz nehmen. Vorher werden die Schlangen übrigens mit zehn Hühnchen gefüttert, damit sie satt sind und nicht auf dumme Gedanken kommen!

EIERREPARATUR Als die neuseeländische Waldhüterin Jo Ledington das Ei eines der seltenen Kakapo-Papageien fand, das von der Mutter versehentlich beschädigt worden war, reparierte sie es mit Klebstoff und Klebeband – und tatsächlich schlüpfte das Küken später wohlbehalten! Weltweit gibt es nur noch etwa 125 Kakapos.

RENNSCHAFE Als die Tour de France 2014 im englischen Yorkshire startete, sprühte der einheimische Bauer Keith Chapman das Fell seiner Schafe bunt an, sodass es aussah, als würden sie Radfahrertrikots tragen.

ÜBERRASCHUNGSGAST Nach einer über 15 km langen Fahrt hörte Cameron Blaseotto aus Canberra es unter seiner Motorhaube rumoren, hielt an, um der Sache auf den Grund zu gehen – und stieß auf ein Schnabeltierweibchen, das offenbar eine kostenlose Mitfahrgelegenheit gesucht hatte.

SCHLAUSCHLANGE Das fünf Meter lange Tigerpythonmännchen Julius hat gelernt, die Türen der Wohnung seines Besitzers Jenner Miemietz zu öffnen, indem er mit seinem Körpergewicht die Klinke nach unten drückt! Außerdem kann er die Kühlschranktür aufmachen und das Badewasser ablassen.

VINTAGE-GIFT Im Lager des Australian Venom Research Unit in der Melbourner Universität wird Gift von Taipanen, Tigerottern und Todesottern gesammelt, das teils 80 Jahre alt ist – aber immer noch tödlich!

SCHARFES GEHÖR Blauwale können einander über eine Distanz von 160 km hören, Zoologen glauben aber, dass sie sogar bis zu 1.600 km weit kommunizieren konnten, ehe die Lärmbelästigung durch den Menschen in den letzten Jahrzehnten rapide anstieg.

VIERBEIN-FASHIONISTA

Hündin Xiaoniu wurde vor drei Jahren als Welpe in Shanghai ausgesetzt, fand aber ein neues Zuhause bei dem Modedesigner Mr Fang. Inzwischen ist Xiaoniu sein Lieblingsmodell und geht regelmäßig in den farbenfrohen, avantgardistischen Entwürfen des 62-Jährigen in ihrem Wohnviertel Pudong Zhengdajiayuan spazieren – und das auch noch auf den Hinterbeinen! Xiaoniu ist nämlich nicht nur der wohl stylishste Hund Chinas – sie kann sich auch bis zu eine Stunde am Stück aufrechthalten!

HAARIGE HELDEN Die New Yorker Blindenhunde Salty und Roselle wurden mit der Dickin-Medaille ausgezeichnet, einer Auszeichnung der britischen Organisation People's Dispensary for Sick Animals, weil sie während der Ereignisse in New York am 11. September treu an der Seite ihrer blinden Herrchen blieben und diese sicher 70 Stockwerke weit durch das World Trade Center geleiteten, ehe das Gebäude zusammenbrach. Roselle, die sich mit ihrem Herrchen in seinem Büro in Tower 1 befand, als dieser von einem Flugzeug getroffen wurde, ist von der American Humane Society außerdem posthum zum Hundehelden des Jahres 2011 erklärt worden.

BIERTRÄGER Jana Salzman aus Reykjavík hat ihrem Collie Atlas beigebracht, kalte Bierdosen aus dem Kühlschrank zu apportieren! Der Hund zieht die Kühlschranktür mithilfe eines Handtuchs am Griff auf.

WARM UND KUSCHELIG Nach dem Eintreffen einer Gruppe von Kattas, einer Lemurenart, im Tropiquaria Zoo im englischen Somerset stellten die Zooangestellten fest, dass die Wandheizung im Lemurengehege während besonders kalter Winternächte auf mysteriöse Weise immer wieder auf volle Leistung aufgedreht wurde. Des Rätsels Lösung: Die schlauen Äffchen hatten begriffen, wie der Heizungsregler funktionierte!

SUPERSAUGER Die Fischart *Gobiesox maeandricus*, die vor der nordamerikanischen Pazifikküste lebt, besitzt eine so starke Saugkraft, dass sie das 300-Fache ihres Körpergewichts tragen könnte.

Schlangenmassage

KATERKANDIDAT

Sergio Chamorros Kater Morris trat 2014 als Kandidat bei den Bürgermeisterwahlen im mexikanischen Xalapa an. Sein Slogan? „Keine Lust mehr, für Ratten zu stimmen? Dann stimmen Sie für einen Kater!" Auf seiner Facebookseite brachte es Morris damit auf über 130.000 Likes, und bei der Wahl heimste er an die 12.000 Stimmen ein, womit er den vierten von elf Plätzen belegte.

AFFENGEFLÜSTER Die in Kolumbien beheimateten Lisztaffen geben bei Sichtung von potenziell gefährlichen Eindringlingen nicht etwa laute Warnrufe von sich, sondern flüstern sich die Neuigkeiten zu.

PUPSEXPLOSION Ein Stall in Hessen wurde stark beschädigt, weil die 90-köpfige Kuhherde so viel pupste, dass sich das ausgestoßene Methangas entzündete und eine Explosion auslöste, die das Dach zerriss!

ALOHA, KATZE! Als die Barths 2014 von Virginia nach Hawaii zogen, wollten sie, ihre Katze Memeow bei Verwandten lassen – doch als die Familie auf Hawaii ihr Hab und Gut entgegennahm, das einen Monat lang auf Land und See unterwegs gewesen war, spähte ihr aus einem der Kartons plötzlich Memeow entgegen, die sich dort versteckt und wie durch ein Wunder vier Wochen lang ohne Futter und Wasser überlebt hatte!

ADLER AUF BESUCH Als Wendy Morrell nichts ahnend im englischen Dorset fernsah, flog ein riesiger russischer Steppenadler durch ihre offene Terrassentür! Das entflogene Tier konnte schließlich von einem Raubvogelexperten wieder eingefangen werden.

KAMINTORTUR Chloe, das Kaninchen der neunjährigen Natasha Cameron aus dem englischen Cheshire, wurde durch eine starke Windbö in den Kamin der Camerons gesogen und konnte erst nach drei Tagen von der Feuerwehr befreit werden.

HAUFENWEISE MIST Ein einziger Elefant kann bis zu 136 kg Dung pro Tag produzieren!

SCHLANGENKUGELN Nahe Narcisse in Manitoba, Kanada, befinden sich die sogenannten Narcisse Snake Dens, ein Gebiet, in dem jeden Frühling über 140.000 Gewöhnliche Strumpfbandnattern aus dem Winterschlaf erwachen und auf dem Boden, in Büschen und Bäumen riesige Paarungsknoten bilden, in denen bis zu 50 Männchen um die Gunst eines Weibchens buhlen.

Monsterkacke

Bei diesem einen Meter langen versteinerten Kackhaufen, der im US-Bundesstaat Washington gefunden wurde, handelt es sich vermutlich um 25 Millionen Jahre alte Dinosaurierexkremente! Der riesige Koprolith, der 2014 bei einer Auktion in Beverly Hills für € 7.800 versteigert wurde, musste aufgrund seiner beeindruckenden Länge in vier Teile zerlegt werden.

EINEN METER LANG!

KAMPF DER GIGANTEN

Dieses 5,50 m lange Salzwasserkrokodil – eines der gefährlichsten Raubtiere der Welt – lieferte sich im nordaustralischen Adelaide River mit einem hochaggressiven Bullenhai einen wahren Kampf der Giganten!

Eigentlich hätten die Überlebenschancen des Hais schlecht gestanden – allerdings ist Krokodil Brutus schon 80 Jahre alt und hat bereits einen Vorderlauf sowie den Großteil seiner Zähne verloren.

EINFACH DRAUFHAUEN! Als der 25-jährige Jeff Horton beim Wellenreiten vor Hawaii von einem Tigerhai angegriffen wurde, der sich in seinem Surfbrett verbiss, packte er den Hai kurzerhand bei der Flosse und hieb so lange auf seine Augen ein, bis dieser das Brett freigab und sich trollte.

FLUGHUND Wenn Graham Mountford aus dem englischen Bedfordshire in seinem Leichtflugzeug abhebt, hat er als Copilotin stets die braune Labradorhündin Callie an seiner Seite! Sie stieg schon im zarten Alter von zwölf Wochen erstmals zu ihm ins Cockpit und hat inzwischen über 250 Flugstunden und 50.000 Flugmeilen auf dem Buckel!

TIEF DURCHATMEN Das Neunbinden-Gürteltier, das in Nord-, Mittel- und Südamerika beheimatet ist, durchquert Flüsse, indem es bis zu sechs Minuten lang die Luft anhält und unter Wasser über das Flussbett marschiert!

HUND VERSCHLUCKT 43 SOCKEN!

Als Tierärzte aus Portland, Oregon, eine kranke Dänische Dogge operierten, fanden sie im Magen des Hundes 43 ½ Socken! Der Besitzer hatte zwar gewusst, dass sein Haustier gerne Socken zerkaute, aber nicht bemerkt, dass es sie auch auffraß!

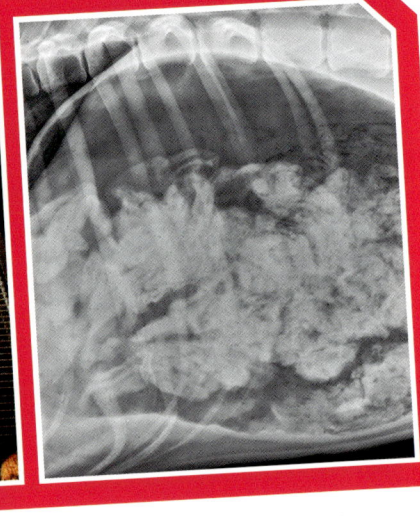

TREUER GEFÄHRTE Ein Mitglied einer schwedischen Mannschaft beim Adventure Racing World Championship 2014 warf einem streunenden Hund eine Frikadelle zu. Daraufhin folgte dieser seinen neuen Freunden über die gesamte Rennstrecke: 692 km zu Fuß und mit dem Kajak. Inzwischen hat er auch ein neues Zuhause – bei Mannschaftskapitän Mikael Lindnord.

HUNDEFUND Als ein Hund aus dem englischen West Sussex einem Stöckchen in einen Teich hinterhersprang, kam er anstatt mit seinem Spielzeug mit Diamantschmuck an die Oberfläche zurück, den Diebe dort versteckt hatten! Polizeitaucher konnten in dem See später 1.000 gestohlene Gegenstände sowie vier Pistolen, eine Machete und ein Bajonett sichern.

BIENENSCHWARM Unter der Decke von Frieda Turkmenillis New Yorker Wohnung nistete sich ein Schwarm aus 50.000 Bienen ein!

TALENTIERTER WELPE Zwergspitz Jiff aus Los Angeles ist zum Internetstar geworden, weil er auf den Vorderpfoten laufen kann! Außerdem kann er auf den Hinterbeinen, auf drei Beinen sowie – in einer Art Moonwalk – rückwärts laufen und Skateboard fahren! Er hat seine eigenen Accounts auf Twitter, Facebook und Instagram und war auch schon mehrfach im Fernsehen zu sehen, beispielsweise im Video zu Katy Perrys Song „Dark Horse".

UNGLEICHES PAAR Der zweibeinige Chihuahua Roo und das verwaiste Seidenhuhn Penny sind nach ihrer Rettung durch die Tierklinikangestellte Alicia Williams im Duluth Animal Hospital in Georgia beste Freunde geworden! Allerdings fährt Roo, der sich mithilfe eines Rollgestells fortbewegt, Penny manchmal versehentlich über den Haufen!

FUSSTRINKER Der Dornteufel, eine in der australischen Wüste beheimatete Echsenart, nimmt Flüssigkeit über die Füße auf! Zwischen seinen Schuppen hat er winzige Rillen, über die er Wasser zu seinem Maul transportiert.

SCHWEINCHEN AUF ROLLEN

Schweinchen Chris P. Bacon kam ohne Hinterläufe auf die Welt, weswegen ihm sein Besitzer Dr. Len Lucero aus Florida ein Geschirr mit Rädern baute – und zwar aus den K'Nex-Teilen (die US-Variante von fischertechnik) seines Sohns! Seitdem flitzt Chris P. Bacon fröhlich durch die Gegend und hat es mit seinem fahrbaren Untersatz zum Star auf Facebook und Twitter gebracht.

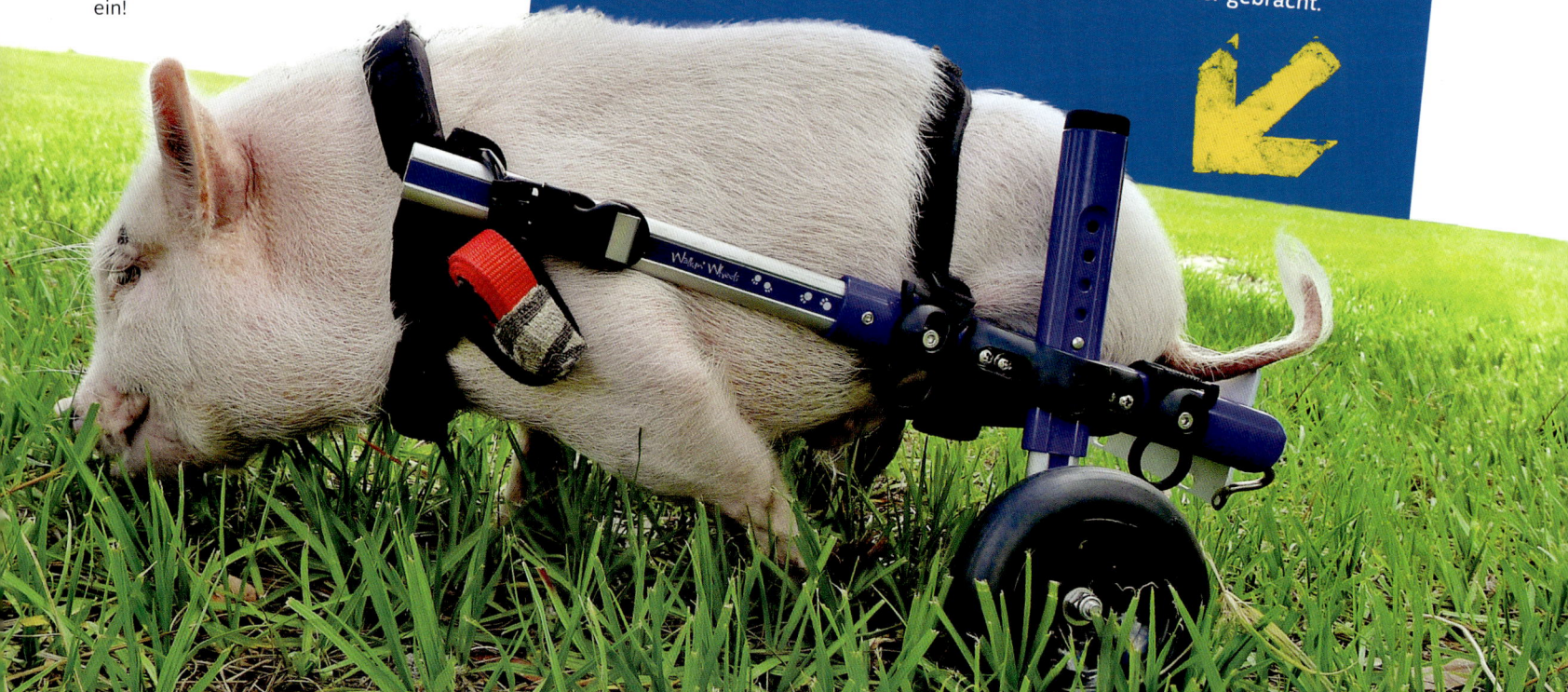

Ripley's Einfach unglaublich!®
www.ripleys.com
TOTAL TIERISCH!

MÜLLSCHLUCKER Ein Welpe überlebte fast einen Monat lang in einem abgeschlossenen Auto, das auf einem Abschlepphof in Kansas City stand. Der erst zwölf Wochen alte Terrier-Schnauzer-Mischling Kia ernährte sich von dem Müll, der noch im Auto herumlag.

HUNDEMOBIL Judson Beaumont aus Vancouver hat eine Kollektion von Mini-Wohnmobilen im Retro-Look der 1940er-Jahre entworfen, die als Hundehütten dienen! Die € 725 teuren, mit Rädern versehenen Luxushütten sind mit LED-Beleuchtung und kabellosen Lautsprechern ausgestattet und können außerdem mit personalisierten Nummernschildern gepimpt werden!

AFFENTHEATER Das US-Amt für Urheberrecht hat offiziell festgehalten, dass man kein Urheberrecht auf „ein Foto, das von einem Affen gemacht wurde" erheben kann, nachdem der Fotograf David Slater das Urheberrecht auf ein Bild anmelden wollte, das ein indonesischer Makake mit seiner Kamera angefertigt hatte. Übrigens können Tiere laut Amtsregelung auch nicht das Urheberrecht an Gemälden für sich beanspruchen.

SCHLAUER PARASIT Ratten, die von dem Parasiten *Toxoplasma gondii* befallen werden, verlieren ihre Angst vor Katzen, was sie zu leichter Beute macht. Schön für den Parasiten – denn dieser lebt dann in der Katze weiter, die die Ratte gefressen hat.

HUNDEKONSOLE Die Unternehmer Dan Knudsen und Leo Trottier aus San Diego haben eine Spielkonsole für Hunde entwickelt. CleverPet verfügt über drei Touchpads, die in der richtigen Reihenfolge mit der Pfote berührt werden müssen, damit Futter ausgegeben wird.

MUMIFIZIERTE KATZE Bei der Renovierung der Decken eines Hauses aus dem 18. Jahrhundert im englischen North Yorkshire purzelte Andrew Hartley eine mumifizierte Katze entgegen, deren Alter auf mindestens 100 Jahre geschätzt wird! Damals existierte in England der Brauch, tote Katzen im Haus zu verbauen, um böse Geister fernzuhalten.

AFFENLIEBE Die siebenjährige Emily Bland aus dem englischen St. Albans hat einen ganz besonderen besten Freund – Rishi ist nämlich ein Orang-Utan! Leider lebt Rishi weit weg im Myrtle Beach Safari Park in den USA. Die beiden begegneten sich 2008, als sie beide noch winzig waren und Emily den Affen in ihrem Puppenwagen herumfuhr. Seitdem sehen sie sich regelmäßig und sind sich so nahe wie Bruder und Schwester.

KLEBSTOFFLECKER Carol Brown hat uns von Toto, dem Siamesischen Kater ihrer Eltern berichtet, der im texanischen Lufkin versehentlich 90 Tage lang ohne Wasser und Nahrung im Lagerraum eines Nachbarn eingesperrt war. Er überlebte, indem er Kondenswasser von den Wänden und den Klebstoff von den eingelagerten Büchern leckte.

KATZENDIEB Norris, der zwei Jahre alte Kater von Richard und Sophie Windsor aus dem englischen Bristol, klaute über vier Monate hinweg Essen, Handtücher, Gummihandschuhe, Geschirrtücher, Babykleidung, Unterwäsche und eine Bademattte aus den benachbarten Häusern zusammen.

FASHION-PFERDE Jessica Clarke und Annie Brown aus Pontypool, Wales, stellen € 230 teure Einteiler für Pferde her! Unter anderem gibt es Modelle mit Tupfen, Sternen und Leo-Print. Die Pferde-Onesies, die nur Schnauze, Augen, Hufe und Schweif freilassen, sollten ursprünglich als Schutz vor Allergien und Hauterkrankungen dienen, werden aber auch von Kunden gekauft, die nicht wollen, dass das Fell ihrer Tiere vor Schauen schmutzig wird.

KAULQUAPPENGEBÄRER Wissenschaftler haben die erste unter den 6.455 weltweit bekannten Froscharten entdeckt, die Kaulquappen statt Laich zur Welt bringt! Aufmerksam wurde Herpetologe Jim McGuire auf die ungewöhnlichen Amphibien im indonesischen Regenwald.

VOLLRASUR

Nach jahrelanger Vernachlässigung durch sein ehemaliges Herrchen war das Fell von Perserkater Matt so verfilzt, dass Tierärzten aus London nichts anderes übrig blieb, als seinen Körper zu rasieren!

Das abrasierte Fell, mit dem sich die Tierärzte einen kleinen Spaß erlaubten, füllte zwei Plastiktüten!

Kater Matt

Matt's Fell

WESPENINVASION

In diesem Gästezimmer eines Hauses im englischen Hampshire ließ sich ein Wespenschwarm aus sage und schreibe 5.000 Insekten nieder, nachdem die Besitzer das Fenster offenstehen ließen! Das Nest hatte einen Durchmesser von 90 cm und war über 30 cm dick. Als es entdeckt wurde, hatten die Wespen bereits begonnen, sich durch Kissen und Matratze zu fressen!

KLAMMERKOALA Im australischen Queensland klammerte sich ein Koalabär nach einem Zusammenstoß mit einem Auto 88 km lang an den Kühlergrill, bis die Insassen des Wagens ihren blinden Passagier schließlich bei einer Tankpause entdeckten. Das Tier hatte sich bei dem Unfall wie durch ein Wunder nur eine Kralle verletzt!

SCHIEGE In einem Streichelzoo in Scottsdale, Arizona, kam 2014 ein Tier zur Welt, das ein Schaf zur Mutter und eine Zwergziege zum Vater hatte! Die kleine „Schiege" Butterfly hat den Kopf einer Ziege und den wolligen Körper eines Schafs.

SCHLANGENINSEL Die Ilha de Queimada Grande, auch bekannt als „Schlangeninsel", liegt 32 km vor der brasilianischen Küste und ist das Zuhause Tausender von Insel-Lanzenottern, die so giftig und gefährlich sind, dass Menschen das Betreten der Insel verboten ist. Die tödliche Vipernart kommt nur auf dieser Insel vor und ihr Gift ist so aggressiv, dass es sogar menschliches Fleisch zersetzen kann!

KILLERHORNISSEN Die bis zu fünf Zentimeter lange Asiatische Riesenhornisse jagt selbst Menschen bis zu 200 m weit hinterher – und ihre Stiche können Löcher in der Größe von Kugeleinschlägen in der Haut hinterlassen! Als im Herbst 2013 eine Hornissenplage über China hereinbrach, kamen dabei 1.600 Personen zu Schaden, von denen mindestens 40 starben.

KAKERLAKENMUTTI Yuan Meixia aus dem chinesischen Fujian teilt ihr Haus freiwillig mit 100.000 Kakerlaken! Sie füttert ihre Mitbewohner täglich mit Obst und Süßigkeiten, aber alle zwei Monate „erntet" sie die Kakerlaken, indem sie sie ertränkt und in der Sonne trocknet. Pharmaunternehmen bezahlen ihr nämlich bis zu € 90 pro Kilo Trockenkakerlaken, die zur Medikamentenherstellung verwendet werden.

➡ **EIN FERKEL VON MR TANG AUS DER CHINESISCHEN PROVINZ SICHUAN KAM IM AUGUST 2014 MIT ZWEI – LEIDER DYSFUNKTIONALEN – EXTRABEINEN UND VIER ÜBERSCHÜSSIGEN FÜSSEN ZUR WELT. DIE ÜBRIGEN FERKEL AUS DEM WURF HATTEN KEINERLEI FEHLBILDUNGEN.**

RUNDES HÄPPCHEN Roman Livanes Frosch Croak musste zum Tierarzt, nachdem er einen Verlobungsring gefressen hatte! Die Verlobte des Russen aus Jekaterinburg hatte mit dem Ring gespielt, als der Frosch zuschnappte und den glänzenden Leckerbissen verschlang. Da er den großen Ring nicht ausscheiden konnte, musste der Tierarzt ihn mit einem Haken durch seinen Rachen entfernen.

HONIGDIEB Wenn die in Europa beheimateten Mitglieder der Schmetterlingsgattung *Acherontia* Honigwaben ausrauben, ahmen sie dabei den chemischen Duft von Bienen nach! So werden sie nicht von den Bienen angegriffen.

Fünfbeinige Kuh

Diese Kuh, die mit einem fünften Bein auf dem Rücken zur Welt kam, ging mit ihrem Besitzer Laxman Bhosale aus dem indischen Solapur über acht Monate lang auf Tournee durch das ganze Land, weil jedermann das Tier sehen und sein Extrabein berühren wollte, was dem Volksglauben zufolge Glück bringen soll.

DIE HABEN DEN DREH RAUS! Wickel- oder Honigbären, kleine Säugetiere, die in den Regenwäldern Mittel- und Südamerikas leben und sich von Früchten ernähren, können ihre Hinterpfoten stark verdrehen. Damit können sie nicht nur mühelos Bäume erklimmen, sondern auch rückwärts genauso schnell laufen wie vorwärts.

FLEISCHBRÜTER Die in Südamerika beheimatete Neuwelt-Schraubenwurmfliege legt ihre fleischfressenden Larven in Ohren, Augen und offenen Wunden von Säugetieren – auch Menschen! – ab.

AUGEN AUF! Koboldmakis – scheue, nachtaktive kleine Äffchen, die in Südostasien leben – haben größere Augen als Gehirne! Sie sind unbeweglich in den Augenhöhlen fixiert, dafür haben Koboldmakis aber einen extrem beweglichen Hals, sodass sie trotzdem in alle Richtungen blicken können.

SPUCKESPEZIALISTEN Milchkühe produzieren täglich mindestens 98 l Speichel, um ihren Verdauungsprozess zu unterstützen!

MONSTER-REGENWURM

Naturforscher Stephen Hopkins fand diesen gigantischen Regenwurm, der es auf eine Länge von unfassbaren 1,50 m brachte, unter einem verrottenden Baumstamm am Fuß des ecuadorianischen Vulkans Sumaco.

PFERDE-FLÜSTERER

Der argentinische Pferdetrainer Martin Tatta kann seine fünfjährige Stute Primavera dazu bringen, sich auf den Rücken zu rollen und ihn auf ihrem Bauch sitzen zu lassen – und das nicht etwa mit der Peitsche, sondern mit Streicheleinheiten, Augenkontakt und liebevollem Zureden. Der „Pferdeflüsterer", wie er auch genannt wird, ist so talentiert im Umgang mit Tieren, dass er meist nur ein Jahr braucht, um selbst das wildeste Pferd zu bändigen und zu faszinierenden Kunststücken zu überreden.

SUPERPAPAGEI Als Rachel Mancino in einem Londoner Park überfallen wurde, entpuppte sich ihre Graupapageiendame Wunsy als wahre Heldin – sie krächzte nämlich laut und schlug mit den Flügeln, bis der Angreifer flüchtete! Wunsy sitzt bei den täglichen Spaziergängen ihrer Besitzerin stets auf deren Schulter.

FÜRSORGLICHER HUND Straßenhündin Lilica aus dem brasilianischen San Carlos dreht Nacht für Nacht eine acht Kilometer lange Runde durch die Stadt, um Futter für ihre Freunde – einen weiteren Hund, eine Katze, ein paar Hühner und ein Maultier – zu sammeln, die mit ihr auf einer Müllhalde wohnen. Am anderen Ende der Stadt lebt nämlich eine freundliche Dame, die Lilica täglich ihre Essensreste überlässt, die die Hündin dann großzügig mit ihren Mitbewohnern teilt.

VIERBEINIGER BÜRGERMEISTER 2014 wurde in Cormorant, Minnesota, der sieben Jahre alte Hund Duke zum Bürgermeister ernannt! Als Belohnung schenkte man ihm einen fünfstündigen Besuch beim Hundefrisör.

Schöne Schrecke

Die Kronenfangschrecke, die in den Regenwäldern Südostasiens lebt, ist das einzige Lebewesen der Welt, das eine exotische Blume nachahmt, um Beute anzulocken. Dank ihrer blütenblätterähnlichen Beine und der Farbe wird sie von kleinen Insekten mit echten Blumen verwechselt. Je nach Luftfeuchtigkeit und Lichtverhältnissen kann die Schrecke ihre Farbe über mehrere Tage hinweg übrigens zu Braun wechseln.

FAULE TAUBE Anstatt von seinem New Yorker Nest ins nahegelegene New Jersey zu fliegen, nimmt Taubenmännchen Tony lieber die Fähre. Seit über drei Jahren setzt er jeden Morgen mit den übrigen Pendlern mit der Neun-Uhr-Fähre über und fährt dann zwei Stunden lang hin und her, wobei er bei jedem Halt kurz „aussteigt", um nach Brotkrumen zu suchen.

VULKANBRÜTER Das vom Aussterben bedrohte Hammerhuhn, das auf der indonesischen Insel Sulawesi beheimatet ist, brütet seine Eier mithilfe der Wärme von Vulkanen aus! Die werdenden Eltern setzen sich nicht auf ihre Eier, um diese warmzuhalten, sondern vergraben sie im aufgeheizten Erdreich nahe den Vulkanen der Insel. Die Küken buddeln sich nach dem Schlüpfen ihren Weg an die Oberfläche und können sofort fliegen.

PIPISCHNACKER Flusskrebse kommunizieren, indem sie einen Urinstrahl aus Poren an ihren Kopfseiten ins Gesicht ihres Gegenübers schießen! Die Weibchen teilen den Männchen während der Balz auf diese Weise über chemische Signale ihre Fortpflanzungsbereitschaft mit, und die Männchen bepinkeln einander bei Auseinandersetzungen um ihr Territorium, ehe sie mit den Scheren aufeinander losgehen. Grundsätzlich können Flusskrebse anhand des Urins Geschlecht und Gesundheitszustand ihres Gegenübers erkennen.

EINÄUGIGER SIEGER 2014 gewann Adventure de Kannan als erstes einäugiges Pferd aller Zeiten das renommierte Hickstead Derby, ein britisches Springreiterturnier, bei dem die Pferde über bis zu 1,50 m hohe und zwei Meter lange Hindernisse springen müssen. Das Auge war dem 14-jährigen Adventure de Kanaan ein Jahr zuvor aufgrund einer Infektion entfernt worden.

VOGELWILD Die Azteken und Maya erachteten die Federn des farbenfrohen Vogels Quetzal als wertvoller als Gold! Die Tiere galten in beiden Kulturen als heilig und auf ihre Tötung stand die Todesstrafe.

GIFTFLEISCH Frisst eine afrikanische Sporngans zu viele Ölkäfer, wird ihr Fleisch so giftig, dass ein Mensch beim Verzehr sterben würde.

VORLESESTUNDE Während die Tiere im Londoner Battersea Dogs and Cats Home auf ein neues Zuhause warteten, wurden sie von einer Gruppe von Kindern bei Laune gehalten, die ihnen vorlasen! Laut Tierheimpersonal kann der rhythmische Klang des Vorlesens gestressten Tieren tatsächlich Ruhe schenken.

PERFEKTE TARNUNG Die nachtaktive Vogelart Urutau-Tagschläfer, die in Süd- und Mittelamerika lebt, nimmt tagsüber das Aussehen eines Astes an, um sich vor Fressfeinden zu schützen! Das Gefieder ist so perfekt getarnt, dass die Vögel im Schlaf kaum von der Baumrinde zu unterscheiden sind! Selbst ihre leuchtend gelben Augen sind gut getarnt, denn sie verfügen über kleine Aussparungen in den Augenlidern, durch die sie auch mit scheinbar geschlossenen Augen etwas sehen können.

TÖDLICHE WAFFEN Der in Nord- und Südamerika beheimatete Virginia-Uhu hat so kräftige Krallen, dass er damit Beute töten und festhalten kann, die dreimal so schwer ist wie er selbst!

HUNDEJOCKEY Pferdetrainer Steve Jefferys aus Melbourne bedient sich bei seiner Arbeit eines eher ungewöhnlichen Assistenten: Sein Collie Hekan hält die Pferde, während sie gesattelt werden, führt sie spazieren und reitet hin und wieder sogar auf ihnen!

GEMEINSCHAFTS-NESTER

Bei den riesigen heuhaufenähnlichen Gebilden, die sich in der Kalahari-Wüste in Afrika hin und wieder an Telefonmasten finden, handelt es sich um Webervögelnester, in denen bis zu 400 Vögel unterschiedlicher Arten gleichzeitig wohnen.

Papageien, Finken und Halsband-Zwergfalken wohnen hier Seite an Seite mit den Webervögeln in bis zu 100 Einzelkammern zusammen, während es sich große Vögel wie Geier, Eulen und Adler gerne auf dem Nestdach bequem machen. Die bis zu sechs Meter hohen, vier Meter breiten und zwei Meter dicken Nester bestehen aus Zweigen, Gras und Baumwolle und wiegen bis zu 900 kg – ein Gewicht, unter dem schon Bäume eingestürzt sind. Die Nester sind übrigens so geschickt gebaut, dass sie bis zu 100 Jahre lang halten können.

SUPER-ELVIS Als die 57-jährige Vivian Mayo aus Cantwell, Alaska, drei Tage lang mit ihrem Schneemobil in der -29°C kalten Wildnis feststeckte, überlebte sie nur dank ihres Hündchens Elvis, der sich so fest an sie kuschelte, dass er sie vor dem Erfrieren bewahrte.

SPERMASPARER Weibliche Guppys können bis zu zehn Monate nach dem Tod ihres Partners noch von ihm schwanger werden! Die Weibchen leben bis zu achtmal länger als die Männchen und können deren Sperma in ihrem Körper lagern, bis der richtige Zeitpunkt für eine Befruchtung gekommen ist. Ältere und größere Weibchen können sogar das Sperma mehrerer Männchen speichern.

KOHLEKUR In Sansibar leben Rote Stummelaffen, die Menschen Holzkohle stehlen, um sie als Medizin gegen Bauchschmerzen zu verwenden.

SALZIGE TRÄNEN Meerechsen niesen häufiger als jedes andere Tier – denn so scheiden sie überschüssiges Salz aus und beugen Dehydration vor! Ihr Futter stammt nämlich aus dem Meer und ist dementsprechend mit Salzwasser vollgesogen, das sich im Blutkreislauf der Echsen ansammelt. Besonders viel Salz lagert sich in einer Drüse oberhalb der Augen der Echsen ab, sodass es „ausgeweint" werden kann.

HIRNFUTTER Riesenkalmare transportieren ihr Essen durch ihr Gehirn, ehe es in den Magen gelangt. Um Hirnschädigungen zu vermeiden, fressen sie deswegen nur kleine Häppchen.

SONDER-BEHANDLUNG Albino-Alligator Bino aus dem Aquarium im brasilianischen Sao Paulo litt acht Jahre lang an Skoliose, einer Rückenerkrankung, die ihn bucklig machte, zwei seiner Beine blockierte und verhinderte, dass er seinen Schwanz bewegen konnte. Jede Woche 30 Minuten Akupunktur sollten seine Schmerzen lindern. Ehe sie zu den Nadeln griff, überprüfte die Tierärztin allerdings immer sorgfältig, dass man Bino das Maul ordentlich zugeklebt hatte!

KATZENRÜSTUNGEN *Game of Thrones*-Fans mit Hauskatze aufgepasst: Im Onlineshop Schnabuble könnt ihr eine Katzenrüstung kaufen! Die handgemachten Lederrüstungen bestehen aus beweglichen Schuppen und sind mit Rückenstacheln und Nieten versehen, kosten dafür aber auch stolze € 455.

→ **IM INDISCHEN BIKANER FINDET JEDES JAHR EIN KAMELFEST STATT – KOMPLETT MIT KAMELRENNEN UND -TANZ SOWIE EINEM WETTBEWERB UM DIE SCHÖNSTE KAMELFRISUR.**

SCHNELLER TOD Der in Südasien beheimatete Weißhandgibbon ist so wendig, dass es ihm manchmal gelingt, fliegende Vögel aus der Luft zu fangen und zu fressen!.

ZÄRTLICHER BÄR Grizzlybär Vali aus dem Budapester Zoo rettete einer Krähe, die in seinem Gehege zu ertrinken drohte, das Leben, indem er sie mit dem Maul aus dem Becken fischte und dann vorsichtig auf der Erde ablegte.

GEBURTSTAGSGAST Als Alicia Bishop und Glenn Merrill den ersten Geburtstag ihres Söhnchens Jackson vorbereiteten, krachte plötzlich ein 82 kg schwerer Schwarzbär durch das Dachfenster ihres Hauses in Juneau, Alaska, und machte sich über die Geburtstagstörtchen her!

RATTOKOPTER

ALTE BEKANNTE

Nachdem der 13-jährige Pepeijn Bruins aus Arnheim in *Ripley's Einfach unglaublich! Trau Deinen Augen!* von Künstler Bart Jansen gelesen hatte, der seine tote Katze zu einem ferngesteuerten Modellhubschrauber weiterverarbeitet hatte, bat er Jansen und dessen Mitarbeiter Arjen Beltman kurzerhand, auch seine tote Hausratte Ratjetoe in einen Helikopter zu verwandeln. Sie sagten Ja – und heute ist Ratjetoe mit drei Propellern und einem Minicomputer ausgestattet: der erste ferngesteuerte „Rattokopter" der Welt.

INNENANSICHT

Im Londoner Natural History Museum waren im Rahmen einer Ausstellung knapp 100 Tiere wie dieser Haifisch zu sehen, deren Körperinneres bloßgelegt worden war. Der akribische Prozess, bei dem selbst die kleinsten Blutgefäße sichtbar gemacht werden, nennt sich Plastination. Organe und Kapillargefäße werden dabei mit Harzen erhalten, während man das umliegende Gewebe mit Säure auflöst.

REINLICHE AFFEN Nahe einem buddhistischen Tempel bei Lopburi in Thailand leben Makaken, die menschlichen Besuchern die Haare ausreißen und sie als Zahnseide benutzen!

GROßHERZIG Blauwalzungen können das Gewicht eines ausgewachsenen Elefanten erreichen, und die Herzen der Meeressäuger werden so groß wie ein Auto!

MANN VS. SCHLANGE Rai Singh aus dem indischen Chhattisgarh biss einen Indischen Krait – eine hochgiftige Schlangenart – tot, der sich in sein Bett eingeschlichen hatte! Damit rettete er sich vermutlich das Leben, denn die Todesrate der Opfer von Kraits liegt bei knapp 80 Prozent.

GEFIEDERTE GEBISSDIEBIN Als Renee A'Bear, 92, vor ihrem Seniorenheim im englischen Sussex kurz ihre dritten Zähne herausnahm, schoss prompt eine freche Möwe vom Himmel und schnappte sich das Gebiss! Offenbar war die Möwe aber unzufrieden mit ihrem Fang und ließ ihn auf dem Hausdach eines benachbarten Gebäudes wieder fallen.

Speckigel

Igeldame Edinburgh ist ein echter Nimmersatt: Nachdem man sie auf der Straße aufgesammelt und in ein Tierheim im schottischen Fife gebracht hatte, wo man sie regelmäßig mit Mehlwürmern fütterte, steigerte sich ihr Gewicht in nur sieben Monaten von 370 g auf stolze 2,2 kg! Inzwischen wiegt sie das Doppelte eines ausgewachsenen Durchschnittsigels und ist so pummelig, dass sie sich nicht mehr zusammenrollen kann!

Fauler Frosch

Dürfen wir vorstellen? Das hier ist der wohl faulste Frosch der Welt! Da er zu träge war, durch einen Gartenteich im englischen Dorset zu schwimmen, ließ er sich kurzerhand von einem Goldfisch durchs Wasser kutschieren! Der Fisch versuchte zwar immer wieder, seinen Passagier abzuschütteln, doch der Frosch hielt sich stur fest, bis er das andere Ufer erreicht hatte.

VERSPIELTE DELFINE Tümmler wurden mehrfach dabei beobachtet, wie sie sich von Buckelwalen auf deren Köpfen herumtragen ließen – nur zum Spaß!

GEDULDIGE OKTOPUSMAMA Vor der kalifornischen Küste wurde ein Tiefsee-Oktopusweibchen dabei beobachtet, wie es 53 Monate – also fast viereinhalb Jahre lang – seine Eier bewachte, bis ihr Nachwuchs schließlich schlüpfte! Normalerweise dauerte die Brutzeit von Oktopussen nur einige Monate.

SCHLAUE REPTILIEN Krokodile und Alligatoren ködern Vögel mithilfe von Ästen und Zweigen, die sie auf ihrer Schnauze stapeln. Dann warten sie geduldig, bis ein Vogel auf der Suche nach Nestbaumaterial angeflogen kommt – und schnappen zu.

TOLLPATSCH Rosie, ein zwölf Wochen alter Schäferhundwelpe, manövrierte sich und ihren Besitzer John Costello aus Massachusetts samt Auto in einen Teich! Costello hatte gerade den Motor angelassen, als Rosie begeistert ins Auto sprang und dabei versehentlich einen Gang einlegte und aufs Gaspedal purzelte, woraufhin der Wagen samt Insassen im Wasser landete.

SCHRECKSPINNEN Consi und Richard Taylor und ihre beiden kleinen Kinder mussten für drei Tage aus ihrem Londoner Haus in ein Hotel ziehen, nachdem sie in einer Bananenstaude aus dem Supermarkt Dutzende hochgiftige Brasilianische Wanderjungspinnen entdeckt hatten!

TRANSFORMER-FISCHE Wissenschaftler von der kanadischen McGill University haben herausgefunden, dass einige lauffähige Fischarten ihren Körperbau verändern, wenn sie über einen längeren Zeitraum hinweg an Land leben, damit sie sich dort besser fortbewegen können! Flösselhechte, die dank einer primitiven Lunge auch außerhalb des Wassers überleben können, kräftigten und verlängerten nach nicht einmal einem Jahr an Land ihre Schultern, trugen den Kopf höher und hielten die Flossen dichter am Körper.

GESANGSTALENTE Nachteulenmännchen locken während der Balzzeit Weibchen mit Rufen an, die bis zu 30 Noten pro Sekunde enthalten!

ZWEIZUNGE Buschbabys haben unter ihrer eigentlichen Zunge noch eine zweite Zunge, die zur Zahn- und Fellreinigung dient!

DER NAME IST PROGRAMM

Dieser kleine Glasfrosch aus Costa Rica macht seinem Namen alle Ehre – sein transparenter Körper verschmilzt nämlich fast mit seiner Umgebung, was ihm dabei hilft, seine Eier vor Fressfeinden zu schützen! Übrigens legen Glasfrösche ihre Eier oft auf Blättern ab, die über Flüssen hängen, damit ihre Nachkommen gleich nach dem Schlüpfen ins Wasser purzeln können.

Ripley's Einfach unglaublich!®
www.ripleys.com
TOTAL TIERISCH!

FISCHUNIKAT Beim Angeln vor der Küste von Costa Rica stieß die New Yorkerin Karen Weaver am 11.3.2014 auf das erste bekannte Albino-Exemplar eines Blauen Marlins. Sie brauchte zwei Stunden und 45 Minuten, um das 136-Kilo-Tier einzuholen – ließ es nachher aber wieder frei.

KAMPFZWERG Der neunjährige James Barney Jr. rang in Florida mit bloßen Händen einen 2,70 m langen, 182 kg schweren Alligator nieder! Das Reptil biss den Jungen dreimal in den Hintern und hinterließ 30 Zahn- und Klauenwunden auf James' Rücken, Bauch und Beinen – doch der Kleine wehrte sich tapfer und konnte sich schließlich befreien. In einer Wunde fanden Ärzte sogar einen Zahn des Alligators, den James heute an einer Halskette trägt.

MENSCHLICHE SCHILDE Als Wissenschaftler eine südafrikanische Gruppe von Weißkehlmeerkatzen aus nächster Nähe studierten, nutzten die Tiere die Menschen als lebende Schutzschilde gegen Raubtiere wie Leoparden! Tests zeigten, dass sich die Meerkatzen in Anwesenheit von Menschen viel sicherer fühlten, wenn sie auf dem Boden fraßen.

WETTERFÜHLIG Das Geschlecht von Zierschildkröten wird nicht durch die Gene, sondern durch das Wetter während der Embryonalphase bestimmt! Bei Kälte entstehen Männchen, bei Wärme Weibchen.

HUNDEPOOL Im spanischen La Roca de Valles gibt es ein Schwimmbecken extra für Hunde! Das Resort Canino Can Jane ist sogar mit einer Hunderutsche und besonders dicken – und somit beißfesten – Gummireifen ausgestattet!

REITVOGEL Der siebenjährige Graupapagei Randy entflog seiner Besitzerin Jean Hall aus dem englischen Cambridgeshire und wurde acht Tage später an die 13 km entfernt auf dem Rücken eines Ponys wiedergefunden!

TORNADO-TORTUR Der sechs Monate alte Pitbull-Terrierwelpe Dexter wurde neun Tage nach einem Tornado aus den Ruinen einer Wohnung in Washington, Illinois, geborgen! Dach und Wände des Gebäudes waren zerstört worden, Dexter aber gelang es wie durch ein Wunder, unter dem Geröll zu überleben, bis er von einem Nachbarn seines Herrchens Jacob Montgomery entdeckt und in Sicherheit gebracht wurde. Während seiner neuntägigen Tortur ernährte sich der kleine Hund von nichts als Schnee!

KILLERINSEKT

Dieser faszinierende Schnappschuss zeigt, wie eine Gottesanbeterin einen Kolibri erlegt und frisst!

Die Gottesanbeterin – eine Meisterin der Tarnung – war zwar nur unwesentlich größer als ihre Beute, konnte ihr Opfer aber mit ihrem linken Vorderbein aufspießen und dann genüsslich anknabbern. Festgehalten wurde die Szene von Richard L. Walkup in seinem Garten in West Chester, Pennsylvania.

SEILTANZTERRIER

Melissa Millett aus dem kanadischen London schickte uns dieses Foto ihrer fünfjährigen Boston-Terrier-Hündin Bella, die 1,80 m weit auf einem Seil tanzen kann! Bella ist übrigens ein echtes Multitalent – sie hat nämlich außerdem gelernt, mit Roller und Skateboard auf Rampen herumzudüsen, Schaukelpferd zu reiten, seilzuspringen sowie Basketball und Klavier zu spielen!

STRA(U)ßENCHAOS Im englischen Kent sorgte im Januar 2014 ein entlaufender Vogel Strauß mitten in der Rushhour für Chaos auf einer vielbefahrenen Autobahn, als er plötzlich mit 64 km/h neben den Fahrzeugen her fetzte!

GLÜCKSKATZEN Die russische Bank Sherbank verschenkt zu jeder Hypothek eine Katze – allerdings nur befristet! Das Tier muss man zurückbringen, sobald man es mit zu seinem Grundstück genommen hat, das es dann vor dem Besitzer betreten muss. In Russland gilt das nämlich als gutes Omen!

ECHSENRETTUNG Sherrie Dolezal aus Oregon rettete ihrem Bartagamen Del Sol per Herzmassage und Mund-zu-Mund-Beatmung das Leben! Als sie die drei Jahre alte Echse bewusstlos in ihrem Pool treiben sah, schritt sie ohne zu zögern zur Tat – und konnte Del Sol tatsächlich helfen!

KRIEGERSCHIMPANSEN Im Senegal gibt es Schimpansen, die geschärfte Speere herstellen, mit denen sie Jagd auf Buschbabys machen! Als Werkzeug zum Anspitzen der Zweige, die sie vorher vollständig von Blättern befreien, benutzen sie ihre Zähne. Danach stechen sie mit dem Speer in das Versteck ihrer Beute, zerren das verletzte Tier hervor und fressen es auf.

TOTAL BESCHWIPST Tierärzte aus Melbourne retteten Malteserterrier Charlie vor dem sicheren Tod, indem sie ihn 48 Stunden lang mit Wodka abfüllten! Charlie litt an einer schweren Ethylenglykolvergiftung – eine Chemikalie, die sich häufig in Bremsflüssigkeit findet – und das einzige bekannte Gegenmittel ist Alkohol! Zwei Tage lang führte man über einen Schlauch kleine Mengen Alkohol in Charlies Magen ein, bis er sich erholt hatte – laut seiner Besitzerin Jacinta Rosewarne torkelte er danach allerdings wie ein Alkoholiker.

KATZENINSEL Tonawanda Island, ein 35 ha großes Inselchen im Niagara River in New York, wurde von Hunderten von wildlebenden Katzen erobert! Der Grund: Viele Menschen setzten dort ihre ungewollten Haustiere aus, die sich fleißig fortpflanzten.

WACHHYÄNE Nachdem der äthiopische Bauer Seyyid Abdishakur mehrere seiner Tiere durch Hyänenangriffe verloren hatte, richtete er ein Hyänenmännchen darauf ab, seine Farm zu bewachen! Dazu füttert er das Tier ausschließlich mit Fleisch vom Metzger und schlachtet sein Vieh nicht vor ihm, damit es dieses nicht als potenzielles Futter einstuft.

Kaninchen-kunststücke

Im November 1946 berichtete die Zeitschrift *Life* über diese beiden turnenden Häschen, die auf ihren Vorderpfoten laufen konnten! Mr Walker und Junior gehörten dem Londoner Schlachter Reginald Freeman und fingen ganz von selbst an, ihr Kunststück zu trainieren – erst Mr Walker und dann Junior, der seinem älteren Vorbild nacheiferte. Bei beiden Hasen war die Wirbelsäulenmuskulatur unterentwickelt, sodass ihnen das Laufen auf zwei Beinen leichter fiel als auf allen Vieren!

TOTEN-TIERE

Fotograf Emir Özşahin aus Istanbul hilft trauernden Haustierbesitzern, den Verlust ihrer Lieblinge zu verarbeiten, indem er die verstorbenen Tiere in Posen fotografiert, die an ein friedliches Nickerchen erinnern.

Eine tote Katze, die auf einem Stuhl schlummert, ein Hund, der beim Lesen im Garten eingeschlafen ist, ein Spatz im Bettchen und ein Meerschweinchen im Blumenbett – Özşahin setzt auf seinen Fotos auch winzige Kleidungsstücke und Möbel ein, um seine verstorbenen Modelle zu inszenieren.

FÜNF BEINE

Monica Beckner aus Saint Joseph, Missouri, hat uns dieses Foto von ihrer zwei Monate alten Hausratte Timmy geschickt, die mit fünf Beinen zur Welt kam. Laut Beckner hat Timmy keinerlei Probleme mit seiner Fehlbildung und ist unter seinen Geschwistern voll akzeptiert.

HIMMELSTIERE Die texanische Firma Celestis Inc. ermöglicht es Haustierbesitzern, ihre verstorbenen vierbeinigen Lieblinge in den Weltraum zu schicken, wo sie sogar den Mond besuchen können! Dazu werden die kremierten Überreste der Tiere per Rakete ins Weltall und wieder zurück transportiert (€ 915), in der Erdumlaufbahn freigegeben, sodass sie sternschnuppengleich in die Atmosphäre eintreten (€ 4.590) oder bis ganz hinauf zum Mond geflogen (€ 11.490).

GIERSCHLUND Fünf Jahre, nachdem Lois Matykowski aus Wisconsin ihren diamantbesetzten Ehering verloren hatte, würgte ihr Hund Tucker ihn plötzlich aus! Der Hund musste sich übergeben, nachdem er ein Eis am Stiel verschlungen hatte, wodurch der Ring freigegeben wurde, den er vermutlich all die Jahre über im Bauch gehabt hatte.

HAI IN TRANCE Die Taucher Cameron Nimmo und Mickey Smith entfernen vor der Küste von Jupiter, Florida, Fischerhaken aus den Mäulern von bis zu drei Meter langen Seidenhaien, indem sie die Haie hypnotisieren! Um die Haie in die sogenannte tonische Unbeweglichkeit zu versetzen, die bis zu 15 Minuten lang währt, halten sie sie am Schwanz fest und drehen sie auf den Rücken.

LANGES NICKERCHEN Paul und Yvette White aus dem englischen Cambridgeshire hielten ihre Schildkröte Sydney zehn Monate nach ihrem Verschwinden schon für tot – bis sie das Fundament für einen Hausanbau graben ließen und Sydney dabei tief in der Erde fanden, wo er sich vermutlich zum Überwintern eingegraben hatte!

TROPHÄENSAMMLUNG Die fünfjährige Lakeland-Terrier-Hündin Waffle hat bei Spaziergängen nahe ihrem Zuhause im englischen Devon schon knapp 1.000 Bälle aller Größen entdeckt und mit nach Hause geschleppt. Wenn ihre Besitzerin Sarah Bennett versucht, ihre Trophäen wegzuwerfen, macht Waffle ein riesiges Theater.

KUSCHELIGE ANGSTTHERAPEUTIN Katze Milly Moo begleitet den dreijährigen William Dutton jeden Tag auf einem knapp viertelstündigen Spaziergang zu seinem Kindergarten im englischen Bedfordshire und holt ihn wieder ab, damit er seine Angst vor der neuen Umgebung überwindet!

FLUGBEGLEITER Als der US-amerikanische Kletterer und BASE-Jumper Dean Potter mit seinem Fallschirm vom 3.969 m hohen Eiger in der Schweiz sprang, nahm er seinen vierjährigen Australian Cattle Dog Whisper mit, den er – samt Hundeschutzbrille – in einer Wingsuit-Tasche unterbrachte und auf seinen Rücken band. Whisper hat laut Potters Aussage keinerlei Höhenangst, wird dafür aber panisch, wenn man den Staubsauger benutzt.

GOLDFISCH-OP

Pip Joyces zehnjährigem Goldfisch George wurde ein Tumor aus dem Kopf entfernt – und er darf sich jetzt mit etwas Glück auf zwanzig weitere Lebensjahre freuen!

Tierarzt Tristan Reich narkotisierte den Goldfisch aus Melbourne in einem Wassereimer, führte die 45-minütige OP durch und behandelte George danach mit Antibiotika und Schmerzmitteln.

![Ripley's] Einfach unglaublich!®
www.ripleys.com
TOTAL TIERISCH!

FREUNDSCHAFTSRÜLPSER Die in Afrika beheimateten Schwarz-weißen Stummelaffen rülpsen sich häufig gegenseitig ins Gesicht, was als Zeichen der Freundschaft gewertet wird! Die Affen produzieren während ihres Verdauungsprozesses besonders viel Methan und Kohlenstoffdioxyd, weil sie Blätter fressen.

STACHELSCHWEIN AUF RÄDERN Ein querschnittsgelähmtes Stachelschwein, das im Zoo im brasilianischen Piracicaba lebt, wurde von einem Tierarzt mit einem kleinen, aus Plastikabflussrohren zusammengebastelten Rollstuhl ausgestattet – und kann das Leben jetzt wieder in vollen Zügen genießen!

IGELJÄGER Im England der Tudor-Zeit tötete man Igel, weil man glaubte, sie würden nachts Milch aus Kuheutern saugen!

SUPERBEINE Auf ihren ungewöhnlich starken und langen Beinen können nordamerikanische Kängururatten das 30-Fache ihrer Körperlänge weit und das Zehnfache ihrer Körpergröße hoch springen.

KATZENKLO Luke Evans aus Solihull, England, hatte den unangenehmen Geruch des Katzenklos seines Haustiers Salem so satt, dass er ihm beibrachte, stattdessen einfach auf die Menschentoilette zu gehen! „Die Spülung kann er noch nicht bedienen", berichtete Luke nach dem mehrmonatigen Training. „Daran arbeiten wir aber noch."

GOLDKÄFER

Der goldene Käfer *Charidotella sexpunctata*, der auf den amerikanischen Kontinenten vorkommt, kann im Handumdrehen seine Farbe von strahlendem Gold zu Orange mit schwarzen Punkten wechseln! Sein Aussehen ändert er vornehmlich während der Paarung oder wenn Gefahr droht – es handelt sich aber nur um eine optische Illusion. Der Panzer des Insekts ist eigentlich transparent, und darunter befinden sich kleine Ventile, die Flüssigkeit absondern, die je nach Menge das Licht anders reflektiert.

WARN-BOA Daniel Greene aus Washington leidet an Epilepsie und spaziert stets mit seiner 1,50 m langen Königsboa Redrock um den Hals durch die Gegend – denn Redrock spürt noch vor seinem Besitzer, wenn diesem ein Anfall droht, und warnt ihn, dass er seine Medikamente nehmen muss, indem er mehr Druck auf Greenes Hals ausübt.

OHREN AB! Der weißen Straßenkatze Luna aus dem schottischen Kilmarnock wurden die Ohrenspitzen entfernt, nachdem sie sich einen schweren Sonnenbrand geholt hatte, da man hoffte, so eine Krebserkrankung zu verhindern. Katzen mit hellem Fell haben kaum Farbpigmente in der Haut und sind deswegen wenig geschützt vor den schädlichen UVB-Strahlen.

MINIÜBERLEBENSKÜNSTLER Auf dem Mount Everest lebt eine Art winziger schwarzer Springspinnen, die dauerhaft bis zu 6.700 m über dem Meeresspiegel leben können – so hoch wie kaum ein anderes Lebewesen! Die *Euophrys omnisuperstes* – was so viel wie „Über allem stehend" bedeutet – versteckt sich in Felsspalten und frisst gefrorene Insekten – je nachdem, was der Wind aus tieferliegenden Regionen herbeiträgt!

Schlaraffenland →

Dieser schlaue Walhai wurde vor der indonesischen Küste dabei erwischt, wie er ein rappelvolles Fischernetz anknabberte und den leckeren Inhalt aussog! Walhaie, die ihr Maul bis zu 1,50 m weit aufreißen können, folgen in der Gegend häufiger Fischerbooten und zerstören die Netze, um sich die Nahrungsaufnahme zu erleichtern.

Superkuh

Patty Hansons Holstein-Friesian-Kuh Blosom, die auf einem Bauernhof in Orangeville, Illinois, lebt, ist unfassbare 1,93 m groß! Sie wiegt 908 kg und hat sogar ihre eigene Facebook-Seite, weil sie so eine Ausnahmeerscheinung ist!

GUT VERSTECKT Oliver, der Kater der Waterfields aus dem englischen Devon, versteckte sich vier Tage lang im Motorraum des Familienwohnmobils, während dieses in der Werkstatt inspiziert wurde. Obwohl die Mechaniker den Motor überprüften und sogar das Öl wechselten, bekamen sie den Kater aber nie zu Gesicht.

FALSCH GEWETTET Ein Brasilianer fing beim Angeln vor Icapuí eine kleine Seezunge, wettete mit seinen Freunden, dass er den glitschigen Fisch eine Minute lang mit den Zähnen festhalten könne, verschluckte ihn versehentlich – und starb, weil das Tier in seine Luftröhre rutschte.

SCHREIHÄLSE Die hohen Echoortungsschreie des Großen Hasenmauls, einer Fledermausart, würden so laut wie Pistolenschüsse klingen, wenn sie sich im Bereich des menschlichen Hörvermögens befinden würden.

MILITÄRAFFEN Das chinesische Militär hat zum Schutz eines ihrer Luftwaffenstützpunkte Makaken ausgebildet! Die Affen verhindern, dass Vögel in der Nähe der Militäranlage nisten, indem sie die Nester aus den umliegenden Bäumen entfernen. Außerdem hinterlassen die Affen Duftmarken auf den Ästen, die die Vögel vor einer Rückkehr warnen. Vögel können für Flugzeuge eine große Gefahr darstellen, wenn sie in die Turbinen geraten.

PYROMANISCHE TAUBE In London stand 2014 eine Taube unter Verdacht, einen Wohnungsbrand gelegt zu haben! Die Feuerwehr glaubt, dass der Vogel eine glühende Zigarette in ihr Nest auf dem Hausdach geworfen hat, woraufhin ein Brand entstand, den nur vier Löschzüge mit vereinten Kräften bekämpfen konnten.

MUTANTENOKTOPUS Nachdem Labros Hydras vor der griechischen Küste einen sechsbeinigen Oktopus fing, verspeiste er das Tier genüsslich zum Abendessen – nur um nachher von einem Biologen zu erfahren, dass zuvor weltweit nur ein einziges Tier dieser Art gesichtet worden war, und zwar 2008 in einem Aquarium im britischen Blackpool.

HUNDESTIEFEL Der achtjährige Weimeraner Bluey aus Pembrokeshire, Wales, muss stets kleine Stiefelchen tragen, weil er an einer Grasallergie leidet! Wenn er früher im Garten seiner Besitzerin Julie Farr spielte, bekam er schon nach wenigen Minuten entzündete Pfoten und leckte und biss sich stundenlang, um die Schmerzen zu lindern.

JANUSDELFIN Im August 2014 wurde im türkischen Izmir der Kadaver eines zweiköpfigen Delfins angespült! Der siamesische Delfin, der nur einen einzigen Schwanz hatte, war etwa ein Jahr alt, einen Meter lang und hatte zwei Augenpaare, von denen eines aber nicht voll ausgebildet war.

GOURMET-SCHIMPANSE Zwergschimpanse Kanzi, 34, lebt im Great Ape Trust in Des Moines, Iowa, und hat sich beigebracht, ein Lagerfeuer zu schichten, es mit Streichhölzern anzuzünden und Marshmallows darüber zu rösten!

GANS SCHÖN KNAPP! Shannon Jergenson kam gerade so mit dem Leben davon, als sie mit 80 Sachen eine Autobahn bei Denver entlangfuhr und plötzlich eine Gans durch ihre Windschutzscheibe brach und sich im Lenkrad verfing! Wie durch ein Wunder zog sich Jergenson nur einen kleinen Kratzer im Gesicht zu.

HOFHELFER

Riesenschnauzer Lemon pflügt auf den Hinterläufen die Kartoffelfelder auf dem Bauernhof seines Besitzers Alexandr Matytsin aus dem russischen Omsk. Auch sonst ist er seinem Herrchen eine große Hilfe – er kann nämlich Kartoffeln stecken, die Ernte einsammeln, Eimer tragen und Wasser pumpen.

R

Ripley's
Einfach unglaublich!®
w w w . r i p l e y s . c o m
TOTAL TIERISCH!

TIGER-LIEBE

So sehen Liebe und Vertrauen aus: Abdullah Sholehs beste Freundin ist eine ausgewachsene Bengaltigerdame!

Sholeh und Mulan Jamilah lernten sich in einer islamischen Schule im indonesischen Malang kennen, wo Abdullah mit der Vollzeitpflege der 149 kg schweren Tigerin betraut wurde. Damals war sie aber noch ein drei Monate altes Baby. Bis heute schläft Sholeh sogar – nur getrennt durch ein Metallgitter – neben seinem Zögling, und Umarmungen und „Küsschen" zwischen den ungleichen Freunden sind an der Tagesordnung.

GEFALLENER HELD Kurz nachdem Akita Eddie bei einer Hundeschau in Birmingham den ersten Platz in der Kategorie „Gehorsam" gewonnen hatte, biss er Tiertrainerin Louise Nelson in Knie und Hand! Bei der Aufnahme seines Siegerfotos legte er sich nämlich mit einem anderen Akita an, wobei ihm Nelson bedauerlicherweise im Weg stand!

DU KOTZT MICH AN! Fühlt sich ein Truthahngeier bedroht, erbricht er seinen übelriechenden, halbverdauten und ätzenden Mageninhalt auf seinen Angreifer! Da Truthahngeier Aasfresser sind, sondern sie besonders viel Magensäure ab, um Bakterien abzutöten.

RUNDES HÄPPCHEN Border Terrier-Hündin Trixie lebte zwei Jahre lang mit einem Ball im Magen, den sie 2012 beim Spielen im Garten ihrer Besitzerin Melanie Pounder im englischen Sunderland versehentlich verschluckt hatte. Da der Tierarzt ihn nicht finden konnte, nahm man an, sie habe ihn bereits wieder ausgeschieden. Erst zwei Jahre später wurde Trixie krank und eine Röntgenaufnahme zeigte, dass sich der Ball noch immer in ihrem Körper befand.

RÜSSELRUFE Elefanten können mehr als 70 verschiedene Laute von sich geben und über 100 Artgenossen anhand ihrer Rufe erkennen – auch aus Entfernungen von über 1,5 km.

HUNDEKLO Im spanischen El Vendrell hat man eine öffentliche Hundetoilette eingerichtet! Die Idee für das Edelstahl-konstrukt, das Urinal und Klosett in Hunde-format und sogar eine Spülung enthält, stammt von Hundeliebhaber Enric Girona.

AUFGEFLOGEN!

Dieses nur zehn Millimeter große Zwergseepferdchen guckte ganz schön erschrocken, als es von dem britischen Tierfotografen Alex Mustard entdeckt wurde. In seinem Versteck zwischen den Korallen vor der indonesischen Küste war es nämlich so perfekt getarnt, dass es fast unsichtbar war!

SCHNELLE SPRITZTOUR Kater Kick Buttowski überlebte eine 35 km weite Spritztour auf dem Dach eines Autos, das mit über 110 km/h durch das englische Leicestershire bretterte! Vermutlich war er auf den Wagen geklettert, als der Fahrer an einer Tankstelle hielt.

SUPERMILBE Die winzige tropische Milbenart *Archegozetes longisetosus* kann dem 1.180-Fachen ihres Körpergewichts standhalten! Zum Vergleich: Ein Mensch müsste dafür unter einem Passagierflugzeug liegen!

SUPERGEDÄCHTNIS Tümmler erkennen ihre Freunde auch nach 20-jähriger Trennung anhand ihrer einzigartigen Pfiffe wieder!

SICHER IST SICHER Sägefische sind – anders als die meisten anderen Fische – Lebendgebärer, und wenn sie ihren Nachwuchs zur Welt bringen, trägt dieser eine Scheide über der Säge, um die Mutter zu schützen! Kurz nach der Geburt nutzt sich die faserförmige Scheide aber ab.

ELEFANTENDUETT Der britische Musiker Paul Barton spielt den Dickhäutern im Elephantstay, einem Elefantentierheim im thailändischen Ayutthaya, Musik auf dem Klavier vor! Drei Jahre lang saß er stets allein am Instrument, bis Elefant Peter plötzlich beschloss, mit einzusteigen und mit dem Rüssel rhythmisch auf die Tasten zu drücken!

TÖDLICHE DIÄT Die in der Mojave-Wüste beheimatete Buschrattenart *Neotoma lepida* ernährt sich vom Kreosotbusch, dessen Blätter mit einem hochgiftigen Harz überzogen sind, das im Magen der Nagetiere aber von Mikroben neutralisiert wird.

GERUCHSGENIES Afrikanische Elefanten weisen 2.000 Gene für den Geruchssinn auf – mehr als jedes andere bekannte Tier und mehr als doppelt so viele wie ein Hund! Beim Menschen liegt die Anzahl übrigens bei nur einem Fünftel.

Fake-Ameisen

Unglaublich, aber wahr: Auf den Flügeln dieser Fliege krabbeln nicht etwa Ameisen herum – es handelt sich um eine Musterung! Die Fruchtfliege *Goniurellia tridens* lebt im Mittleren Osten und Asien und trägt ihre ungewöhnlich detailreiche Flügelzier vermutlich, um ihren größten Fressfeind, eine Springspinnenart, zu verwirren.

HAUSREPTIL Nach seiner Pensionierung investierte Gefängniswärter Chris Weller an die € 32.000 in den Ausbau eines Bungalows an seinem Haus im englischen Kent, um seinem 1,80 m langen Krokodilkaiman Caesar ein eigenes Zuhause zu geben! Weller selbst blieb in Haupthaus wohnen, verbringt aber immer noch viel Zeit mit seinem Kumpel, mit dem er beispielsweise fernsieht und Radio hört.

MUSIKMILBE Wissenschaftler von der Universität von Montenegro haben eine neuentdeckte Wassermilbenart, auf die sie in einem Korallenriff vor der puerto-ricanischen Küste stießen, auf den Namen *Litarachna lopezae* getauft – nach der Sängerin Jennifer Lopez! Vladimir Pesic und sein Team kamen auf die Idee, weil sie bei der Forschungsarbeit die Musik der Künstlerin gehört hatten, deren Eltern aus Puerto Rico stammen.

INFUSIONSKONFUSION Ende des 17. Jahrhunderts verpasste man menschlichen Patienten manchmal Schafsbluttransfusionen, um ihre Virilität zu steigern – die meisten starben aber an einem allergischen Schock.

→ **AM 14.4.2012 ERTRANK EIN MANN IN DES PLAINES, ILLINOIS, WEIL IHN EIN SCHWAN IN SEINEM KAJAK ANGRIFF UND VERHINDERTE, DASS ER ANS SICHERE UFER SCHWAMM.**

KROKO-SCHOCK Als Kalpesh Patel in seinem Haus im indischen Sojitra eine Dusche nehmen wollte, stieß er im Badezimmer auf ein 1,50 m langes Krokodil! Patel brachte sich in Sicherheit und warnte seine Kinder und seine Frau, das Bad nicht zu betreten, bis das Reptil entfernt wurde. Bis heute ist nicht geklärt, wie das Krokodil ins Haus kommen konnte.

DOPPELTE STRAFE Nachdem ein 2,70 m langes Krokodil Luftpropeller-bootskapitän Wallace Weatherholt aus Florida die Hand abgebissen hatte, wurde dieser auch noch angezeigt, weil er das Tier unrechtmäßig gefüttert hatte! Seine Hand konnte übrigens zwar geborgen, aber nicht wieder angenäht werden.

TIERISCHE KUNSTWERKE Im Februar 2012 wurde im Londoner Grant Museum of Zoology die erste Kunstausstellung eröffnet, in der selbst angefertigte Gemälde von verschiedenen Tierarten gezeigt wurden, darunter abstrakte Arbeiten von Schimpansen, Gorillas, Orang-Utans und Elefanten.

HERRIN DER RINGE Als Rachelle Atkinson aus Albuquerque ihren über € 4.000 teuren, diamantbesetzten Ehering verlor, musste sie leider feststellen, dass dieser von ihrer Basset-Hündin Coraline gefressen worden war! Zum Glück eilte ein heldenhafter Tierarzt zur Rettung des Rings herbei, indem er Coraline einen Schlauch in den Hals einführte und das Schmuckstück aus ihrem Magen fischte.

AUSNAHMETALENT Wie uns *Ripley's*-Fan Dan Paulun berichtet, hat Hündin Maddie, die dem US-amerikanischen Fotografen Theron Humphrey gehört, einen außergewöhnlichen Gleichgewichtssinn: Vom Pferderücken bis hin zu Ästen kann sie auf so gut wie allem balancieren! Auf Instagram gewann Maddie mit ihren Kunststücken schon über eine Million Follower!

LEICHENSALAT James und Jasmine Watson aus dem englischen Gloucestershire haben sich wohl mehr als nur einmal den Mund ausgespült, nachdem sie einen vorgeputzten Fertigsalat aus dem Supermarkt aßen, nach einigen Bissen aber ein totes Vögelchen zwischen den Salatblättern fanden!

Ei, ei, ei, was ist denn das?

Nein, hier haben wir nicht mithilfe von Photoshop unsere Fantasie spielen lassen – diese Qualle sieht wirklich aus wie ein Spiegelei!

Tatsächlich wird die im Mittelmeer beheimatete Quallenart *Cotylorhiza tuberculata*, die einen Durchmesser von bis zu 35 cm erreichen kann, aufgrund ihres Äußeren auch Spiegeleiqualle genannt. Übrigens kann man sie sich guten Gewissens von Nahem ansehen – sie ist für den Menschen nämlich ungefährlich!

KRASSE KÖPPER

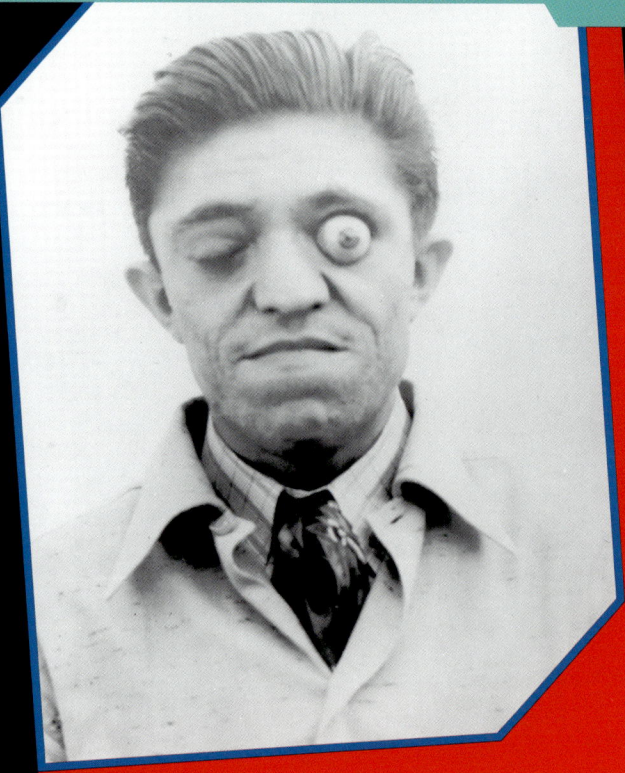

Glubschauge

Avelion Perez Matos aus Baracoa, Kuba, hatte die Fähigkeit, jedes seiner Augen jederzeit einzeln aus der Höhle treten zu lassen.

John Pecinovsky, der „Halb-und-halb-Mann" aus Bonair, Iowa, kleidete sich in zwei Farben, rasierte eine Gesichtshälfte und trug auf der anderen Seite Bart!

Mini-Hochzeit

1863 heirateten „General Tom Däumling" Charles Stratton und Lavinia Warren. Lavinia galt als perfekt proportionierte Miniaturfrau, und die Hochzeit war in New York ein großes Gesellschaftsereignis.

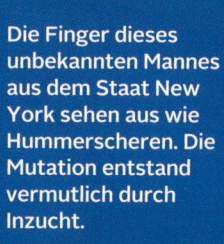

Die Finger dieses unbekannten Mannes aus dem Staat New York sehen aus wie Hummerscheren. Die Mutation entstand vermutlich durch Inzucht.

Untrennbare Zwillinge

Die „Tocci"-Zwillinge wurden mit einem Körper, aber zwei Köpfen und vier Armen geboren. Das Foto entstand 1892, als sie 12 Jahre alt waren.

Klein und groß

Der Riese George Auger aus Wales und der Zwerg Tom Sordie traten beide im Barnum and Bailey Circus auf. Auger war unfassbare 2,60 Meter groß, Sordie mit 74 Zentimetern winzig.

Miss Agnes Schmidt aus Cincinnati, Ohio, hatte durch das Ehlers-Danlos-Syndrom extrem elastische Haut. Das Foto stammt von 1934.

DAS MÄDCHEN MIT DER BLUTEGELNASE

In der Nase der 24-jährigen Daniela Liverani aus Edinburgh lebte über einen Monat lang ein 7,5 cm langer Blutegel! Nach einer Reise durch Südostasien litt Liverani regelmäßig an Nasenbluten, weswegen sie den dunklen Flecken, der hin und wieder aus ihrer Nase ragte, zunächst für geronnenes Blut hielt – bis sie bemerkte, dass er sich bewegte! Ein Arzt konnte ihren unerwünschten Mitbewohner problemlos entfernen, der sich mit der Zeit vermutlich in ihrem Gehirn eingenistet hätte.

Iiiiiih! 7,5-cm-Blutegel

SCHACHTSTURZ Ein Achtjähriger überlebte einen 18 m tiefen Sturz durch einen sechs Stockwerke hohen Abfallschacht in einem Gebäude in Honolulu. Ein Nachbarn zog ihn mithilfe eines Feuerwehrschlauchs wieder nach oben.

KANNIBALENMEDIZIN Im Mittelalter verkauften deutsche Henker das frische Körperfett ihrer Opfer als Heilmittel gegen verschiedene Leiden von Zahnschmerzen bis hin zu Arthritis. Noch im 17. Jahrhundert war in Apotheken Menschenfett erhältlich.

SUPERZÄPFCHEN

Diese irren Fotos stammen von Sam Ireland aus Colorado, der sein Gaumenzäpfchen auf eine Länge von fast 8,5 cm dehnen kann, sodass es bis unter sein Kinn reicht!

HAARSÜCHTIG Der 18-jährigen Ayperi Alekseeva aus Kirgisistan musste ein vier Kilogramm schweres Haarknäuel aus dem Magen entfernt werden, das verhinderte, dass sie Nahrung oder Flüssigkeit zu sich nehmen konnte! Sie litt schon jahrelang an Trichophagie – der krankhaften Sucht, das eigene Haar zu essen.

TRAUMPFADE Die vierjährige Thea Leinan Robertson spazierte im Schlaf 4,8 km weit vom Haus ihrer Tante im norwegischen Honningsvag weg – und das nur in Unterwäsche und alten Stiefeln! Später konnte sie sich nur noch erinnern, sie habe geträumt, das Haus würde in Flammen stehen.

SAMURAI-BARBIER Nguyen Hoang Hung, Barbier aus dem vietnamesischen Da Nang, schneidet das Haar seiner Kunden mit einem rasiermesserscharfen traditionellen Samuraischwert, wie es japanische Krieger früher zur Enthauptung ihrer Gegner benutzten! Zur Sicherheit hat er vorher aber vier Jahre lang mit Perücken geübt, und heute braucht er für eine Schwertfrisur nur wenige Minuten.

SCHLAGARTIG TALENTIERT Nachdem der Chiropraktiker Jon Sarkin aus Massachusetts 1989 einen Schlaganfall erlitt, war er plötzlich mit künstlerischem Talent gesegnet. Vorher hatte er sich kein bisschen für Kunst interessiert – heute verkaufen sich seine Gemälde für bis zu € 9.000!

BLUTLOS Die Irin Maisy Vignes kam 2009 sechs Wochen zu früh zur Welt – und zwar ohne einen einzigen Tropfen Blut im Leib! Stattdessen waren ihre Gefäße mit einer dünnflüssigen Plasmasubstanz gefüllt. Maisys Überlebenschancen gingen gegen Null – doch vier Jahre später war sie wie durch ein Wunder wohlauf und ging zum ersten Mal in den Kindergarten!

SCHNÄUZERPFLICHT Soldaten der britischen Armee mussten bis 1916 Schnauzbärte tragen – wer sich die Oberlippe rasierte, riskierte eine Vorladung vors Militärgericht.

AUGAPFELLECKERIN Die 77-jährige Bosnierin Hava Cebic behauptet, dass sie verschiedene Augenleiden heilen kann, indem sie ihren Patienten die Augäpfel ableckt! Ihrer Meinung nach verfügt ihre Zunge über Heilkräfte und kann Allergien, trockene und ermüdete Augen, Bindehautentzündung und erhöhten Augeninnendruck kurieren. Vor den Behandlungen desinfiziert sie ihre Zunge mit Alkohol.

HELFENDE HAND Der 16-jährige Mason Wilde aus Kansas erstellte an einem 3D-Drucker in einer Leihbücherei eine Handprothese für seinen neunjährigen Bekannten Matthew Shields, der ohne Finger an der rechten Hand auf die Welt kam! Acht Stunden lang arbeitete Mason an den 20 Teilen, aus denen er danach mit Schrauben, Nylonfäden, Bohrer und Zange die Prothese zusammensetzte. Diese kann sich öffnen und schließen, einen Stift halten und sogar Gegenstände fangen!

Ripley's Einfach unglaublich!®
www.ripleys.com
KRASSE KÖRPER

GANZ OHR! Kala Kaiwi, ein Tattoo-Künstler aus dem hawaiianischen Hilo, hat sich seine Ohrlöcher mithilfe von Tunnels so stark dehnen lassen, dass seine Faust hindurchpasst! Inzwischen haben sie einen Durchmesser von 10,9 cm und passen perfekt zu den kleineren Tunnels in seinen Nasenlöchern und der Unterlippe, den implantierten Silikonhörnern auf seinem Kopf, den angeschraubten Metallnieten in seiner Stirn, den Gesichtstätowierungen und der gespaltenen Schlangenzunge.

MELODIENMANIE Susan Root aus dem englischen Essex leidet an Tinnitus und hörte in ihrem Kopf vier Jahre lang ununterbrochen Patti Pages Interpretation des Lieds „How Much Is That Doggie In the Window" – bis ihr Ohrwurm auf einmal ohne erkennbaren Grund durch Judy Garlands „Somewhere Over the Rainbow" ersetzt wurde!

GEHIRNKLANG Der in London lebende litauische Künstler Aiste Noreikaite hat einen High-Tech-Helm entwickelt, der es dem Träger erlaubt, seine eigenen Gedanken zu hören! Der „Experience Helmet" übersetzt mithilfe von Elektroenzephalografie Gehirnaktivität in elektrische Klangsignale. Hat man den Kopf frei, sind die Töne hoch; konzentriert man sich auf ein bestimmtes Thema, werden sie schneller und rhythmischer.

KOSTSPIELIGE KACKE Ein Labor in Medford, Massachusetts, bot Probanden umgerechnet € 35 am Tag für ihre Kacke an! Der Stuhlgang wurde Patienten transplantiert, die an dem Darmbakterium C. difficile leiden.

DIE SPINNT DOCH! Sängerin Katie Melua lebte eine Woche lang mit einer Spinne im Ohr, die sich unbemerkt dort eingenistet hatte! Als sie ein seltsames Rascheln im Ohr hörte, ging sie schließlich zum Arzt, der das Tier mithilfe eines Mikrostaubsaugers entfernte.

LAMPENFUß Nachdem Leo Bonten aus den Niederlanden sein Bein bei einem Unfall verlor, ließ er seinen amputierten Körperteil zu einer Lampe umfunktionieren! 2014 bot er sie für über € 100.000 auf eBay an, allerdings wurde die Auktion unterbunden, da die Onlineplattform den Verkauf von Körperteilen untersagt.

FARBENFROH Die Künstlerin Concetta Antico aus San Diego ist Tetrachromatin, hat also vier statt drei Arten von farbempfindlichen Fotorezeptoren auf der Netzhaut, wodurch sie fast 100-mal mehr Farben sehen kann als Durchschnittsmenschen.

HAARLANDSCHAFTEN

Die Pyramiden und die Sphinx.

Der britische Haarstylist Daniel Johnson rasiert berühmte Landschaftsmotive in das Brusthaar seiner Kunden – darunter den Hafen von Sydney und die Skyline New Yorks, die ägyptischen Pyramiden und Stonehenge!

Er nennt seine Kunst „manscaping" – an jedem Design sitzt er über zweieinhalb Stunden und setzt dabei über 170-mal mit dem Rasierer an.

GLEICH UND GLEICH Die eineiigen Zwillinge Anna und Lucy DeCinque aus Perth kamen mit nur einer Minute Abstand zur Welt – und teilen seitdem alles: vom Haus über ihren Job bis hin zu ihrem Auto und früher sogar einmal einem gemeinsamen Partner! Obwohl sie genetisch identisch sind, haben sie außerdem über € 180.000 in Schönheits-OPs investiert, um sich noch ähnlicher zu sehen!

OHRENPFLANZE Ärzte aus Peking entfernten eine Löwenzahnpflanze aus dem Ohr eines 16 Monate alten Mädchens! Da die Kleine vier Monate lang immer wieder an Ohrenentzündungen gelitten hatte, brachten ihre Eltern sie schließlich ins Krankenhaus, wo die Ärzte die bereits zwei Zentimeter große Pflanze in ihrem Gehörgang entdeckten.

BLINZELTICK Wer an Blepharospasmus leidet, muss teils Tausende von Malen am Tag blinzeln, und in Extremfällen können die Betroffenen ihre Augen zeitweise gar nicht mehr öffnen.

TIEFSCHLÄFERIN Morag Fisher aus dem englischen Lincolnshire brach sich acht Knochen – darunter auch den Hals, einen Wirbel, die Nase und den Kiefer – als sie beim Schlafwandeln eine Treppe hinunterstürzte, und wachte dabei nicht einmal auf! Als sie gefunden wurde, lag sie selig schlummernd in einer Blutlache am Fuß der Treppe. Erst auf dem Weg ins Krankenhaus konnten die Sanitäter sie aufwecken.

EIGENEINGRIFF Als der Arzt James Grant beim Angeln bei Invercargill, Neuseeland, von einem Hai angegriffen und dabei schwer am Bein verletzt wurde, schlug er erst den Fisch in die Flucht und nähte sich dann mit dem Inhalt seines Erste-Hilfen-Kastens selbst seine Wunden. Danach spazierte er seelenruhig in die nächste Bar und gönnte sich ein Bier.

KÜHLTRUHENTATTOOS Peter van der Helm hat in Amsterdam eine Tätowierstube der besonderen Art eröffnet – er entfernt Tattoos von Leichnamen und friert sie ein, um sie als Kunstwerke zu erhalten!

STEINERNE TRÄNEN Wenn die zwölfjährige Saadiya Saleh aus dem Jemen weint, kullern steinerne Tränen über ihr Gesicht! Bis heute haben Ärzte nicht erklären können, was genau hinter Saadiyas einzigartiger Fähigkeit steckt.

KEN-DOUBLE Der brasilianische Steward Rodrigo Alves, der heute in Großbritannien lebt, hat in den vergangenen zehn Jahren an die € 140.000 in Schönheits-OPs investiert, um seinem großen Vorbild Ken – Barbies Freund – ähnlicher zu werden! Zu den über 20 Eingriffen, die er vornehmen ließ, zählen Nasen-OPs, Bauchmuskelimplantate und eine Neuformung seiner Waden.

AUGAPFEL-TATTOOS

Der brasilianische Tätowierer Rattoo trägt im ganzen Gesicht Tätowierungen – auch auf den Augäpfeln! Das kann übrigens zu seltsamen Nebenwirkungen führen. Rattoos Landsmann Rodrigo Fernando dos Santos beispielsweise weinte nach seinem Termin im Tattoo-Studio zwei Tage lang schwarze Tränen.

PARASITENWURM Als der Biologe Jonathan D. Allen vom College of William and Mary in Virginia entdeckte, dass er sich einen parasitären Wurm eingefangen hatte, entfernte er ihn sich selbst mit einer Pinzette aus der Wange! Das 2,5 cm lange Tier, das normalerweise Rinder befällt, hatte zuvor bereits monatelang weit hinten in seinem Rachen gelebt, wo es nicht erreichen konnte. Erst als es in seine Lippen und Wangen „umzog", konnte er sich endlich von seinem ungebetenen Gast befreien.

TÖDLICHE SCHÖNHEIT Während der Renaissance-Zeit benutzten die Damen Europas pupillenerweiternde Augentropfen aus Belladonna, das aus hochgiftigem Tollkirschensaft gewonnen wird!

ZWILLING IM BAUCH Dem zweijährigen Xiao Feng aus dem chinesischen Huaxi wurde ein parasitärer Zwilling aus dem Bauch herausoperiert, den er während der Schwangerschaft absorbiert hatte! Der unterentwickelte Fötus, der über Wirbelsäule, Gliedmaßen, Finger und Zehen verfügte, war 20 cm lang und nahm zwei Drittel von Fengs Magen ein. Ohne den Eingriff wäre Feng laut Ärztemeinung früher oder später gestorben.

MITTEN INS HERZ Als Schreiner Eugene Rakow aus Minnesota eine Veranda für einen Nachbarn baute, schoss er sich mit einer Nagelpistole mitten ins Herz! Der Nagel verfehlte aber um Haaresbreite seine Herzarterie, sodass Rakow den Unfall weitgehend unbeschadet überlebte – eine Frage von Millimetern, wie sein Herzchirug später bestätigte.

FINGERLOS Annette Gabbedey aus dem englischen Somerset kam zwar ohne Finger zur Welt, ist aber eine talentierte Goldschmiedin, deren Schmuckstücke für bis zu € 36.500 gehandelt werden! Gabbedey ist so geübt im Umgang mit ihren Handstümpfen, dass sie keinerlei Sonderausstattung benötigt, sondern ihr Werkzeug einfach in Lederarmbändern festklemmt.

SPINNENPHOBIE Um seine Angst vor Spinnen zu überwinden, ließ sich Eric Ortiz aus Florida eine Schwarze Witwe ins Gesicht tätowieren – eine der giftigsten Spinnenarten der Welt!

MILEY-FAN Der 40-jährige Carl McCoid aus dem englischen Bridlington hat sich über 20 Tattoos rund um das Thema Miley Cyrus stechen lassen, darunter ein Porträt der Sängerin und einige ihrer Liedtexte.

PIP and FLIP TWINS from YUCATAN

Pip und Flip, die mit wahrem Namen Elvira und Jenny Lee Snow hießen, waren Schwestern und in den 1920er- und 1930er-Jahren berühmte Freakshow-Artistinnen.

Sie litten an Mikrozephalie, einer Entwicklungsbesonderheit, die einen kleinen Kopf, ein verhältnismäßig großes Gesicht, kleinen Körperwuchs und begrenzte intellektuelle Fähigkeiten mit sich bringt. In der Welt der Freakshows bezeichnete man die Betroffenen früher oft als „Stecknadelköpfe", und Elvira und Jenny traten in verschiedenen Zirkussen als die „Zwillinge" Pip und Flip, Pipo und Zipo oder auch Zippo und Flippo auf. Häufig wurde behauptet, sie würden von der mexikanischen Halbinsel Yucatán oder aus der australischen Wildnis stammen, um sie noch exotischer wirken zu lassen. Tatsächlich kamen sie im US-Bundesstaat Georgia zur Welt, Elvira 1900, Jenny 1912. In den 1930er-Jahren waren sie die großen Stars in Sam Wagner's World Circus Sideshow auf Coney Island in New York und verdienten $75 die Woche – das Vierfache eines damaligen Durchschnittsgehalts! 1932 traten sie gemeinsam mit vielen Kollegen in dem Film *Freaks* auf.

with WORLD CIRCUS SIDE SHOW
CONEY ISLAND

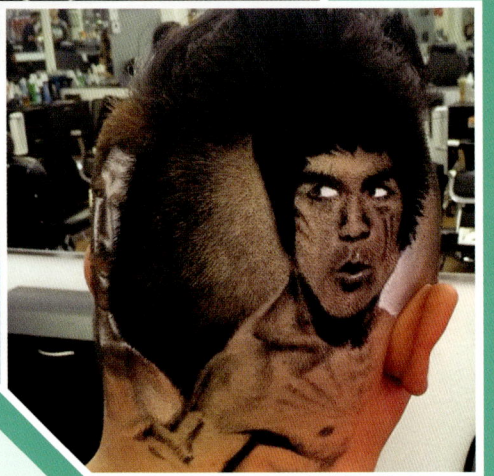

VERRÜCKTE FRISUREN

Wer sich von Rob „The Original" Ferrel die Haare schneiden lässt, bekommt mehr als nur eine Frisur verpasst. Denn Ferrel, der im texanischen San Antonio arbeitet, versteht sich als Haarkünstler und verziert die Köpfe seiner Kunden mit detailverliebten Porträts von deren Lieblings-Promis! Für seine Kunstwerke braucht er nicht mehr als eine gängige Haarschneidemaschine, Rasierklingen und farbigen Eyeliner für den Feinschliff.

BLUTSCHWEISS Wenn Delfina Cedeno aus Veron in der Dominikanischen Republik eine Panikattacke bekommt, steigt ihr Blutdruck manchmal so sehr, dass sie Blut weint und schwitzt! Außerdem kommt es vor, dass ihr Blut aus Fingernägeln, Bauchnabel und Nasenlöchern tropft – einmal sogar 15 Tage lang so stark, dass sie eine Bluttransfusion benötigte.

KETTENSÄGENMASSAKER Nach einem Unfall in 4,60 m Höhe auf einer Waldkiefer wurde Baumpfleger James Valentine mit im Nacken feststeckender Kettensäge in ein Krankenhaus in Pittsburgh eingeliefert! Wie durch ein Wunder hatte das Sägeblatt seine Wirbelsäule und alle wichtigen Arterien verschont, trotzdem waren aber 25 Stiche und zehn medizinische Tackerklammern nötig, um ihn zu verarzten.

ALTHAAR Eine Haarsträhne von Kaiser Franz Joseph I., der zwischen 1848 und 1916 über Österreich-Ungarn herrschte, wurde 2013 bei einer Auktion in Wien für rund € 16.000 verkauft – mehr als das 20-Fache des Schätzwerts!

VIERFACHES GLÜCK Kimberly Fugate aus Jackson, Mississippi, erwartete eigentlich Drillinge – brachte aber eineiige Vierlinge zur Welt! Das vierte Mädchen war bei allen Ultraschalluntersuchungen übersehen worden.

MEGAPARASIT Als der australische Lagerarbeiter Hendrik Helmer aus Darwin eines Nachts durch einen stechenden Schmerz erwachte, musste er feststellen, dass sich eine zwei Zentimeter lange Kakerlake in seinem Ohr eingenistet hatte! Da er sie selbst nicht entfernen konnte, fuhr er ins nächste Krankenhaus, wo das Tier in Olivenöl ertränkt und dann mit einer Pinzette entnommen wurde.

HIRNWURM

Ein Londoner lebte über vier Jahre lang mit einem zehn Zentimeter langen Bandwurm im Gehirn! Der 50-Jährige hatte schon 2008 aufgrund starker Kopfschmerzen, Krämpfe, Gedächtnisverlust und einem veränderten Geruchssinn einen Arzt aufgesucht, aber erst 2012 fand man heraus, was seine Beschwerden verursachte. Nachdem der Parasit mit Medikamenten abgetötet worden war, erholte sich der Patient vollständig.

HAAR AUF HAUT Xiang Renxian, eine pensionierte Lehrerin aus dem chinesischen Chongqing, strickte ihrem Mann elf Jahre lang einen Mantel aus Wolle, die sie aus ihrem eigenen Haar hergestellt hat! Xiang hat jedes Haar einzeln gezählt – der Mantel, der nur 382 g wiegt, besteht aus 116.058 Stück!

BLUTEGELBEHANDLUNG Nachdem Sam Leon aus Illinois bei einem Arbeitsunfall mit einer Walzenpresse schwer an der Hand verletzt worden war, ließ er sich mit 1.482 Blutegeln behandeln, um eine Amputation zu vermeiden! Die Tiere sondern einen starken Blutverdünner ab, wodurch Leons Gefäße weiterbluteten, bis sich die Venen neu ausgebildet hatten.

SCHLAFKRANKHEIT Seit April 2010 sind Dutzende von Einwohnern des kasachischen Dorfes Kalachi von einer mysteriösen Krankheit befallen worden, die sie plötzlich einschlafen lässt – teilweise bis zu sechs Tage lang! Einige Erkrankte schliefen sogar im Stehen ein, und manchmal erwischte es auch mehrere Personen gleichzeitig.

ICHBESESSEN Softwareentwickler Chris Dancy aus Tennessee nutzt 700 Sensoren, Geräte, Dienste und Apps, um jede seiner Bewegungen und Stimmungen aufzuzeichnen. Vier Jahre dauerte es, bis er all die Instrumente zu einem Netzwerk verbunden hatte, das er jetzt stets an seinem Körper trägt – darunter zwei Smartphones, eine Smartwatch, einen Herzmonitor, einen Haltungssensor und ein Gerät, das sein Schlafmuster aufzeichnet. Zudem lässt er seine beiden Hunde via GPS verfolgen.

NAGEL AUF DEN KOPF Bei der Arbeit an einer Schneidemaschine bohrte sich ein acht Zentimeter langer Stahlnagel in den Schädel eines 55-jährigen Chinesen aus Nanjing, der allerdings nichts davon bemerkte, bis er nach einer Weile begann, sich kränklich zu fühlen! Der Nagel war durch die Augenhöhle in den Schädel eingedrungen und konnte operativ entfernt werden, ohne weitere Schäden am Auge zu verursachen.

TEILBLIND Fünf Prozent der Weltbevölkerung – darunter Schauspieler Johnny Depp – sind stereoblind, können also nicht räumlich sehen und deswegen auch keine 3D-Filme anschauen.

SELBSTVERLIEBT Der 20-jährige Tokioter Alan gab € 135.000 für Schönheits-OPs aus, um Michelangelos berühmter Skulptur David so ähnlich wie möglich zu sehen. Er ist so besessen von seinem Äußeren, dass er mindestens 1.500 Selfies im Monat schießt und auf seinem Smartphone 4.000 Fotos von sich selbst gespeichert hat.

NICHT GANZ SO WEISE Der griechische Philosoph Aristoteles (384-322 v. Chr.) benutzte Ziegenurin als Haarwuchsmittel für seinen kahlen Schädel!

TREPPENMASSAGE Der 51-jährige Chinese Li Chia rollt sich jeden Morgen langsam 20 Betonstufen in Xi'an hinauf und hinunter, um sich eine kostenlose Ganzkörpermassage zu verpassen! Er praktiziert seine Technik schon seit drei Jahren und behauptet, sich in all der Zeit nicht einmal einen blauen Fleck geholt zu haben.

SPONTANES SPRACHTALENT Ben McMahon, 22, aus Melbourne erwachte nach einem Autounfall aus einem wochenlangen Koma und musste feststellen, dass er plötzlich nur noch Mandarin sprach! Er hatte die Sprache zwar in der Schule gelernt, sich aber niemals fließend unterhalten können. Erst drei Tage nach seinem Erwachen sprach er wieder Englisch.

Dicke Lippe

DANACH: Kristinas dicke Lippen mögen unpraktisch wirken, aber angeblich kann sie genauso problemlos essen, sprechen und küssen wie vorher!

Die Nageldesignerin Kristina Rei aus St. Petersburg ließ sich über 100-mal Silikon in die Lippen spritzen, weil sie aussehen will wie die Zeichentrickfigur Jessica Rabbit!

„Ich liebe Jessica Rabbits dicke Lippen", verriet sie uns. „So sieht für mich die perfekte Frau aus. Ich will wie eine Zeichentrickfigur aussehen. Ich bin süchtig danach!"

Über € 5.500 hat sie schon in ihre Lippen investiert – groß genug sind sie ihr aber immer noch nicht. Außerdem möchte sie sich auch noch spitze Elfenohren verpassen lassen.

Übrigens fand sie ihre Lippen schon im Alter von vier Jahren zu schmal und beschloss, sie später aufspritzen zu lassen. Sie erklärt, dass sie in der Schule wegen ihres Äußeren gehänselt wurde, aber selbstbewusster wurde, als sie sich mit 17 zum ersten Mal die Lippen vergrößern ließ. Das Ergebnis gefiel ihr so gut, dass sie danach regelmäßig zum Beauty-Doc ging.

VORHER: So sah Kristina mit 15 Jahren aus. Schon damals fand sie ihre Lippen zu schmal.

Körperschmuck-Enthusiast Joel Miggler aus dem baden-württembergischen Küssaberg hat sich zwei riesige Tunnels in die Wangen einsetzen lassen!

Die 3,6 cm großen Plastikringe, die volle Durchsicht auf seine Zähne gewähren, muss er allerdings zustöpseln, wenn er trinkt oder Suppen isst – und große Bissen kann er auch nicht mehr herunterschlingen. Seine ersten Tunnels ließ sich Joel schon mit 13 einsetzen, und zwar in den Ohrläppchen. Heute ist er 23 Jahre alt und trägt 27 Piercings, verschiedene Tattoos und Implantate und ein Branding auf dem Po.

BETTWANZENTATTOO Matt Camper, Insektenforscher an der Colorado State University, ließ sich von 1.000 Bettwanzen ein vergängliches Tattoo „stechen"! Dazu füllte er die Wanzen in ein Glas mit einem Gitterdrahtdeckel, in den ein Hasenmotiv gestanzt ist. Drückt man den Deckel auf die Haut, beißen die Wanzen zu – und Stunden später sind ihre Bisse so geschwollen, dass sich ein roter Hase auf der Haut abzeichnet.

OHRENMADE Eine 48-jährige Taiwanerin suchte mit starken Ohrenschmerzen ein Krankenhaus auf, wo man eine Fruchtfliegenlarve in ihrem Ohr entdeckte! Da die Frau seit Jahren ein Hörgerät trug, hatte es die Larve in ihrem Ohr wohl besonders warm und gemütlich gefunden!

DURCHSCHNITTSLEICHE Im Monroe Moosnick Medical and Science Museum in Lexington, Kentucky, kann man eine weibliche Wachs-figur sezieren, deren Körper und Organe nach dem Vorbild von 200 verschiedenen Leichen angefertigt wurden!

KÖRPERWÄRME Buddhistische Mönche aus Tibet können ihre Körpertemperatur allein durch Gedankenkraft anheben und produzieren dabei genug Wärme, um in einem eiskalten Zimmer kalte, feuchte Laken zu trocknen, die sie sich um die Schultern legen.

BLIND FÜR DIE BLINDHEIT Blinde, die am Anton-Babinski-Syndrom leiden, wollen nicht glauben, dass sie nichts sehen können! Man vermutet, dass das äußerst seltene Syndrom durch Hirnschäden verursacht wird.

LEBENSRETTER-SCHLAGLOCH Ray Lee aus dem englischen Wiltshire wurde gerade mit starken Brustschmerzen und einem lebensgefährlichen Herzrhythmus von 186 Schlägen pro Minute ins Krankenhaus gefahren, als der Krankenwagen durch ein Schlagloch rumpelte – und der Aufprall Lees Herzrhythmus sofort auf 60 Schläge pro Minuten abfallen ließ.

TURMTREND Chinesische Studenten zahlen bis zu € 9.000 für Nasen-OPs, um ihre Nasen wie den Eiffelturm aussehen zu lassen, dessen elegante Kurven unter jungen Chinesen als ideale Profilform betrachtet werden.

DAUERBESCHALLUNG Rich Lee aus St. George, Utah, ließ sich kleine magnetische Kopfhörer in die Ohren implantieren! In Verbindung mit einem Gerät, das er um den Hals trägt, können die Magneten als Lautsprecher dienen. Die von außen unsichtbaren Implantate befinden sich im Tragus, der kleinen Knorpelmasse in der Ohrmuschel. Wenn Lee seinen MP3-Player an das Gerät an seinem Hals anschließt, kann er Musik hören, ohne dass andere Geräusche überdeckt werden. Übrigens ließ er sich auch einen Magneten in den Finger einpflanzen und hört nun immer Musik, wenn er sich den Finger ins Ohr steckt! Da er auf einem Auge sehr schlecht sieht, möchte er die Implantate außerdem an einen Ultraschallmesser anschließen, sodass er wie eine Fledermaus Echoortung nutzen kann.

BATTERIEGEHIRN Andrew „Cyber AJ" Johnson aus Neuseeland hat sich im Kampf gegen die Parkinsonkrankheit ein batteriebetriebenes Gehirn einsetzen lassen! Im Rahmen eines Prozesses, der als „tiefe Hirnstimulation" bezeichnet wird, haben Ärzte Elektroden in sein Gehirn eingesetzt, um die Neuronen zu bekämpfen, die für Johnsons Ticks und Zittern verantwortlich sind. Setzen die Symptome ein, drückt er einfach auf einen Knopf und sie legen sich wieder.

PROTHESENSCHNÄPPCHEN Paul McCarthy aus Massachusetts baute mithilfe des 3D-Druckers eines Freundes eine voll funktionsfähige Handprothese für seinen zwölfjährigen Sohn Leon, der mit einer Hand ohne Finger auf die Welt kam – und das nur anhand der Erklärungen aus einem Online-Video! Das Material kostete ihn gerade mal € 4,50 – ein Schnäppchen im Vergleich zu den über € 25.000, die eine handelsübliche Prothese gekostet hätte!

PANIKATTACKE Im Juni 2014 verfielen 26 Schülerinnen einer Mädchenschule im japanischen Yanagawa in eine so schwere Massenhysterie, dass die Schule einen Tag lang geschlossen werden musste. Die Mädchen hatten sich gegenseitig mit ihrer Panik angesteckt, nachdem eines von ihnen mitten im Unterricht zusammengebrochen war.

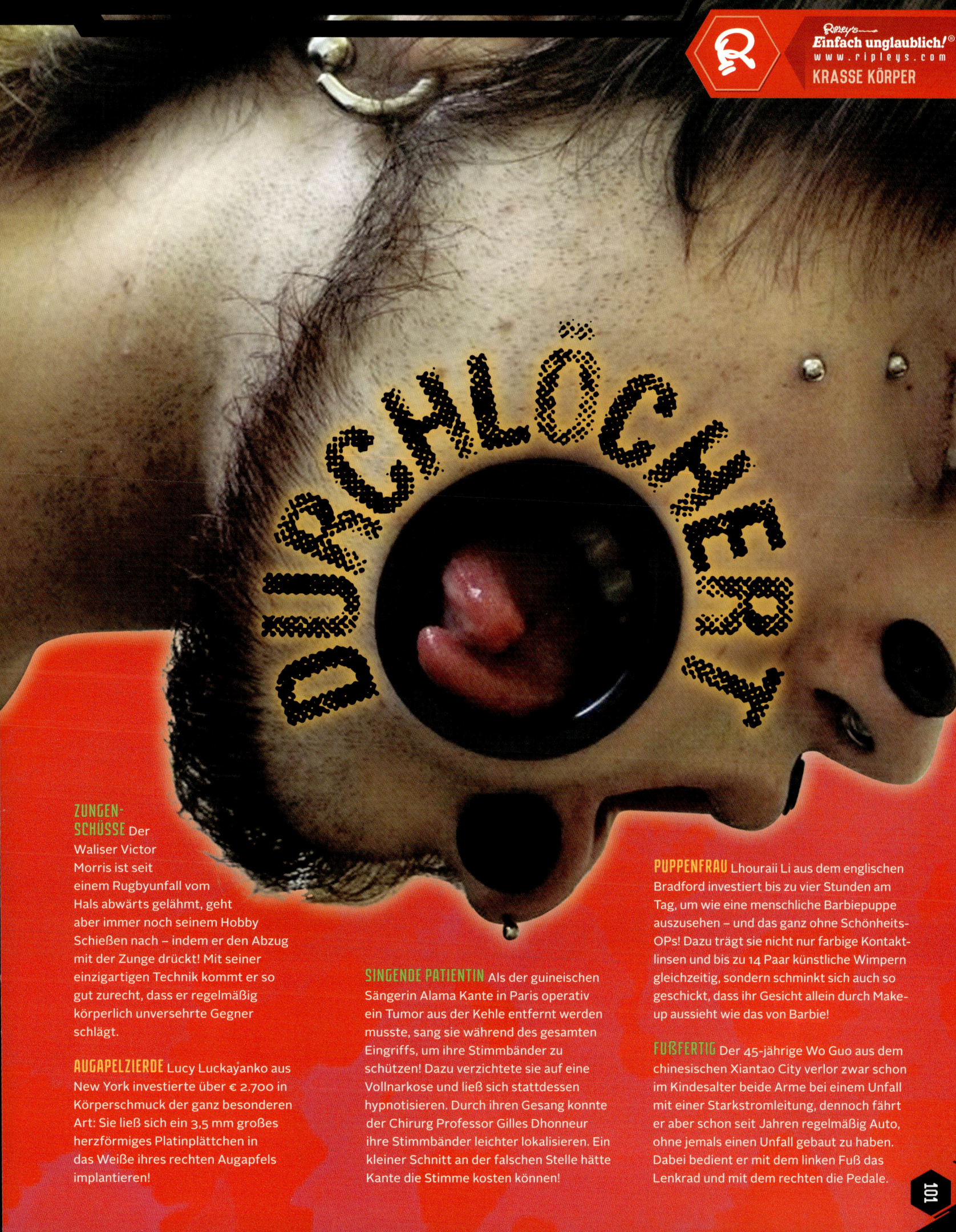

DURCHLÖCHERT

ZUNGEN-SCHÜSSE Der Waliser Victor Morris ist seit einem Rugbyunfall vom Hals abwärts gelähmt, geht aber immer noch seinem Hobby Schießen nach – indem er den Abzug mit der Zunge drückt! Mit seiner einzigartigen Technik kommt er so gut zurecht, dass er regelmäßig körperlich unversehrte Gegner schlägt.

AUGAPFELZIERDE Lucy Luckayanko aus New York investierte über € 2.700 in Körperschmuck der ganz besonderen Art: Sie ließ sich ein 3,5 mm großes herzförmiges Platinplättchen in das Weiße ihres rechten Augapfels implantieren!

SINGENDE PATIENTIN Als der guineischen Sängerin Alama Kante in Paris operativ ein Tumor aus der Kehle entfernt werden musste, sang sie während des gesamten Eingriffs, um ihre Stimmbänder zu schützen! Dazu verzichtete sie auf eine Vollnarkose und ließ sich stattdessen hypnotisieren. Durch ihren Gesang konnte der Chirurg Professor Gilles Dhonneur ihre Stimmbänder leichter lokalisieren. Ein kleiner Schnitt an der falschen Stelle hätte Kante die Stimme kosten können!

PUPPENFRAU Lhouraii Li aus dem englischen Bradford investiert bis zu vier Stunden am Tag, um wie eine menschliche Barbiepuppe auszusehen – und das ganz ohne Schönheits-OPs! Dazu trägt sie nicht nur farbige Kontaktlinsen und bis zu 14 Paar künstliche Wimpern gleichzeitig, sondern schminkt sich auch so geschickt, dass ihr Gesicht allein durch Make-up aussieht wie das von Barbie!

FUSSFERTIG Der 45-jährige Wo Guo aus dem chinesischen Xiantao City verlor zwar schon im Kindesalter beide Arme bei einem Unfall mit einer Starkstromleitung, dennoch fährt er aber schon seit Jahren regelmäßig Auto, ohne jemals einen Unfall gebaut zu haben. Dabei bedient er mit dem linken Fuß das Lenkrad und mit dem rechten die Pedale.

Die heilige
BEHAARTE FAMILIE
AUS BIRMA

Moung-Phoset (links), seine Mutter Mah-Phoon und seine Schwester Mah-Me.

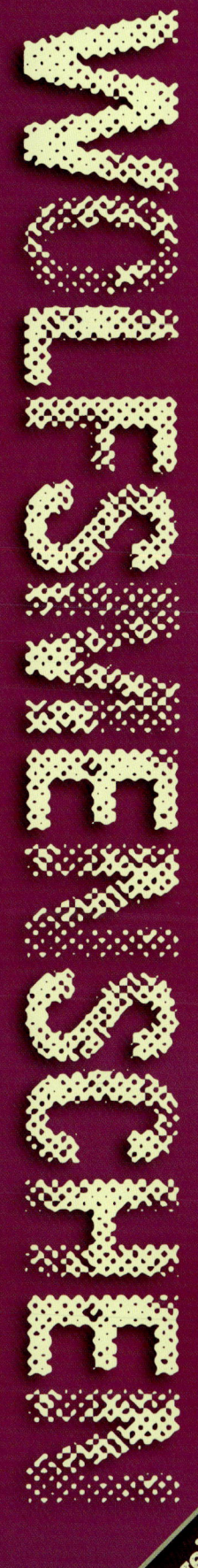

„Die heilige behaarte Familie aus Birma", wie man sie nannte, litt an Hypertrichose, die dazu führt, dass die Gesichter der Betroffenen vollständig mit dichtem Haar bedeckt sind. Mehrere Generationen der Familie, deren Oberhaupt Shwe-Maong war, lebten am burmesischen Königshof, wo sie regelmäßig auftraten, bis sie im Zuge einer Revolution vertrieben wurden.

Danach wurden sie von einem italienischen Soldaten entdeckt, der ihnen vorschlug, doch in Europa ihr Glück als Schausteller zu versuchen. 1886 traten Shwe-Maongs Tochter Mah-Phoon sowie deren Sohn und Enkel – allesamt stark behaart – in London auf, wo sie auf großes öffentliches Interesse stießen. Später reisten sie nach Frankreich weiter, und in den 1890er-Jahren wurden sie durch die reisende Freakshow des legendären Schaustellers P. T. Barnum berühmt, für den sie ein Jahr lang als „unirdische Geschöpfe" auf der Bühne standen.

RIPLEY'S ERKLÄRT

Hypertrichose ist ein extrem seltenes Phänomen, das nur ein Milliardstel der Erdbevölkerung betrifft. In Laufe der Geschichte sind keine 100 Fälle bekanntgeworden, und im Augenblick gibt es weltweit nur eine Handvoll Betroffene. Hypertrichose, die häufig auch als „Werwolfsyndrom" bezeichnet wird, zeigt sich erstmals in der Kindheit durch dichten, langen Haarwuchs, der sich auf dem gesamten Gesicht und fallweise auch auf dem ganzen Körper ausbreitet. Bei einigen Betroffenen sind nur Handflächen und Fußsohlen frei von Haaren. Da es sich um eine Erbkrankheit handelt, wird Hypertrichose über Generationen hinweg von den Eltern an ihre Kinder weitergegeben. Derzeit sind weder die Ursache noch eine wirksame Heilmethode bekannt.

WOLFSMENSCHEN

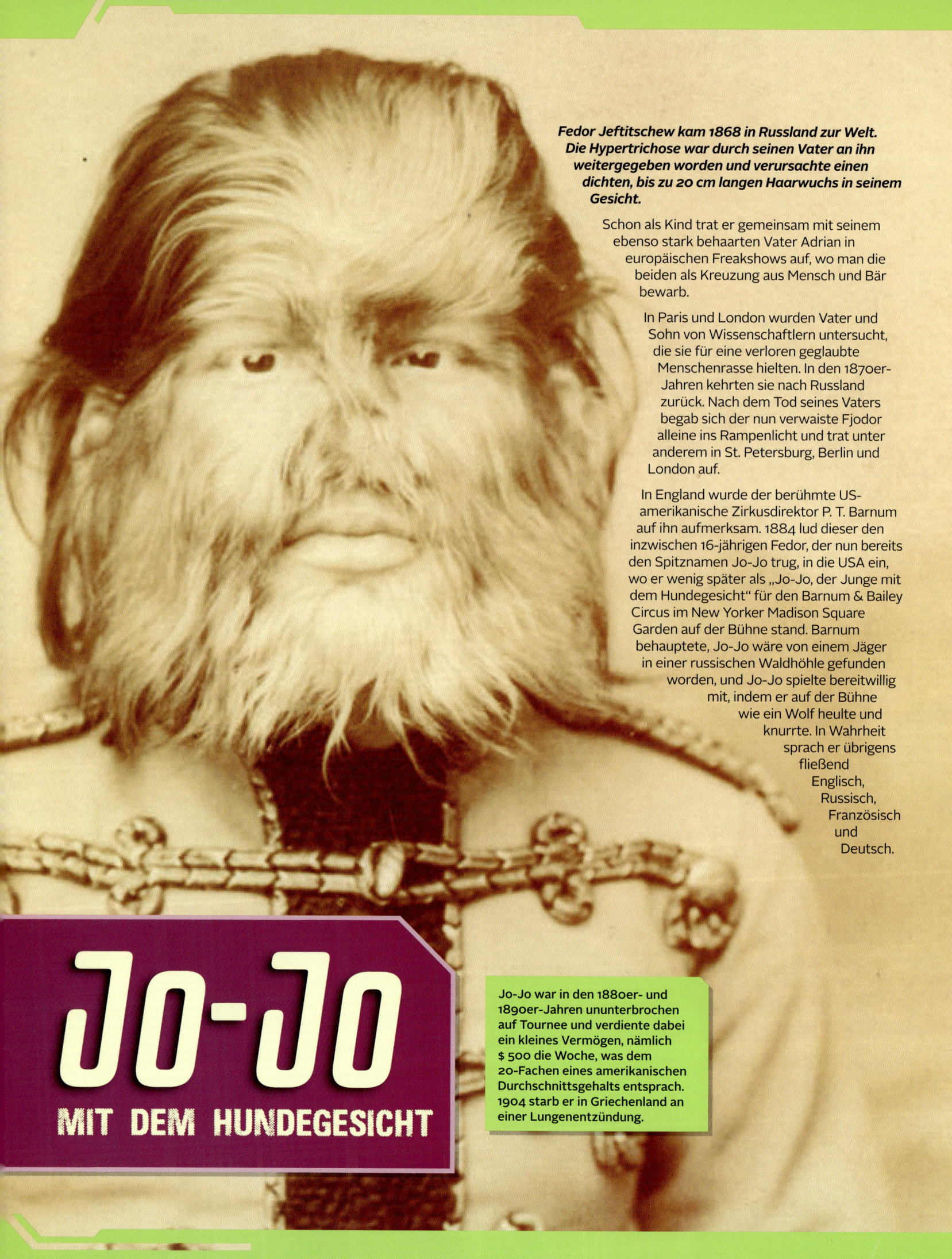

Fedor Jeftitschew kam 1868 in Russland zur Welt. Die Hypertrichose war durch seinen Vater an ihn weitergegeben worden und verursachte einen dichten, bis zu 20 cm langen Haarwuchs in seinem Gesicht.

Schon als Kind trat er gemeinsam mit seinem ebenso stark behaarten Vater Adrian in europäischen Freakshows auf, wo man die beiden als Kreuzung aus Mensch und Bär bewarb.

In Paris und London wurden Vater und Sohn von Wissenschaftlern untersucht, die sie für eine verloren geglaubte Menschenrasse hielten. In den 1870er-Jahren kehrten sie nach Russland zurück. Nach dem Tod seines Vaters begab sich der nun verwaiste Fjodor alleine ins Rampenlicht und trat unter anderem in St. Petersburg, Berlin und London auf.

In England wurde der berühmte US-amerikanische Zirkusdirektor P. T. Barnum auf ihn aufmerksam. 1884 lud dieser den inzwischen 16-jährigen Fedor, der nun bereits den Spitznamen Jo-Jo trug, in die USA ein, wo er wenig später als „Jo-Jo, der Junge mit dem Hundegesicht" für den Barnum & Bailey Circus im New Yorker Madison Square Garden auf der Bühne stand. Barnum behauptete, Jo-Jo wäre von einem Jäger in einer russischen Waldhöhle gefunden worden, und Jo-Jo spielte bereitwillig mit, indem er auf der Bühne wie ein Wolf heulte und knurrte. In Wahrheit sprach er übrigens fließend Englisch, Russisch, Französisch und Deutsch.

Jo-Jo
MIT DEM HUNDEGESICHT

Jo-Jo war in den 1880er- und 1890er-Jahren ununterbrochen auf Tournee und verdiente dabei ein kleines Vermögen, nämlich $ 500 die Woche, was dem 20-Fachen eines amerikanischen Durchschnittsgehalts entsprach. 1904 starb er in Griechenland an einer Lungenentzündung.

DAS WHO'S WHO
DER P. T. BARNUM-ARTISTEN
(VON LINKS NACH RECHTS)

LALOO
hatte acht Gliedmaßen

YOUNG HERMAN
konnte seine Brust aufblähen

J.K. COFFEY
Skelettmann

JAMES MORRIS
dehnbare Haut

JO-JO
mit dem Hundegesicht

P. T. BARNUM'S
Greatest Show on Earth Perpetually United to the ever Popular and Favorite
GREAT LONDON CIRCUS
Sanger's Royal British Double Menageries and Great International Allied Shows.

P. T. BARNUM, JAMES A. BAILEY & JAS. L. HUTCHINSON, Sole and only Owners.

DOG FACE BOY BEFORE THE CZAR

Diese Werbung für P. T. Barnums Zirkus zeigt einen Cartoon von Jo-Jo vor dem russischen Zaren mit einem von Barnums Agenten in der Tür. Um das Publikum zu beeindrucken, behauptete man, Jo-Jo würde dem russischen Zaren gehören und bald von diesem zurückbeordert werden.

BÄRTIGE DAME

Harnaam Kaur aus dem englischen Slough leidet am Polyzystischen Ovar-Syndrom, durch das ihr im Alter von elf Jahren dunkles Barthaar zu wachsen begann, das sich nach und nach auch auf Arme und Brust ausbreitete. Als Teenager arbeitete sie noch mit Waxing, Rasuren und Bleichmittel gegen ihre Gesichtsbehaarung an. Doch mit 16 – dem Zeitpunkt ihrer sikhistischen Taufe – fand sie sich mit ihrem Aussehen ab. Die Religion der Sikhs verbietet nämlich die Entfernung von Körperbehaarung! Heute ist sie 23 Jahre alt und stolz auf ihren Bart.

ULTIMATIVES OPFER Dr. Jesse Lazear aus Baltimore starb im Jahr 1900 im Alter von 34 Jahren, nachdem er sich absichtlich von Moskitos hatte beißen lassen, die mit Gelbfieber infiziert waren. Durch sein tödliches Experiment wurde wissenschaftlich bestätigt, dass die Insekten Krankheiten verbreiten können.

GEHEIMSKELETT Ärzte aus dem indischen Nagpur entfernten das Skelett eines Babys aus dem Körper einer Frau – 36 Jahre nach der Zeugung! 1978 war Kantabai Thakre im Alter von 24 Jahren schwanger geworden, aber da das Baby außerhalb ihrer Gebärmutter wuchs, hatte es keine Überlebenschance und sollte entfernt werden. Doch Thakre fürchtete eine Operation und floh aus dem Krankenhaus zurück in ihr Dorf Paipariya. Über dreieinhalb Jahrzehnte später stellten sich starke Schmerzen ein und ein Ultraschallbild zeigte, dass das Skelett in einer verkalkten Blase die ganze Zeit über in ihrem Körper verblieben war.

PAPIERPHOBIE Diane Freelove aus dem englischen Rochester leidet seit 25 Jahren an panischer Angst vor Zeitungen. Sie hasst deren Aussehen, Geruch und Haptik und rastet aus, wenn man sich ihr mit einer Zeitung nähert.

UNTERWASSERSICHT Das südostasiatische Volk der Moken taucht schon seit Jahrhunderten in den Tiefen des Meeres nach Nahrung und hat eine Unterwassersicht entwickelt, die doppelt so scharf ist wie bei Durchschnittspersonen! Ihre Pupillen können sich besonders stark zusammenziehen, wodurch sie unter Wasser auch winzige Schalentiere erkennen können, ohne Taucherbrillen verwenden zu müssen.

TIEF GEFALLEN Der 20-jährige Brite Tom Stilwell stürzte in Auckland von einem 15 Stockwerke hohen Gebäude auf das Dach des zweistöckigen Nachbargebäudes und brach sich zwar mehrere Knochen, überlebte den Unfall aber wie durch ein Wunder ohne bleibende Schäden!

KLEINE HELDIN Als Coy Jumper aus South Carolina einen Schlaganfall erlitt und in ein tiefes Gewässer stürzte, sprang ihm seine zehnjährige Enkelin Cara hinterher und rettete ihn vor dem Ertrinken! Danach schleifte sie den 104 kg schweren Mann 400 m weit durch den Wald, hievte ihn in sein Auto und fuhr ihn knapp fünf Kilometer weit in die nächste Ortschaft.

Nur echt mit 232 Zähnen

Eigentlich haben Erwachsene nur 32 Zähne – doch dem 17-jährigen Inder Ashik Gavai wurden im Rahmen einer siebenstündigen OP unfassbare 232 Zähne aus dem Mund entfernt! Ursache für die Wucherungen war ein Tumor in seinem Unterkiefer, in dem sich Hunderte winziger, perlenartiger Zähnchen gebildet hatten. Nach Entfernung des Tumors mit den überschüssigen Beißerchen hatte Ashik immer noch 28 ganz gewöhnliche Zähne im Mund.

ANTIKE ANATOMIE

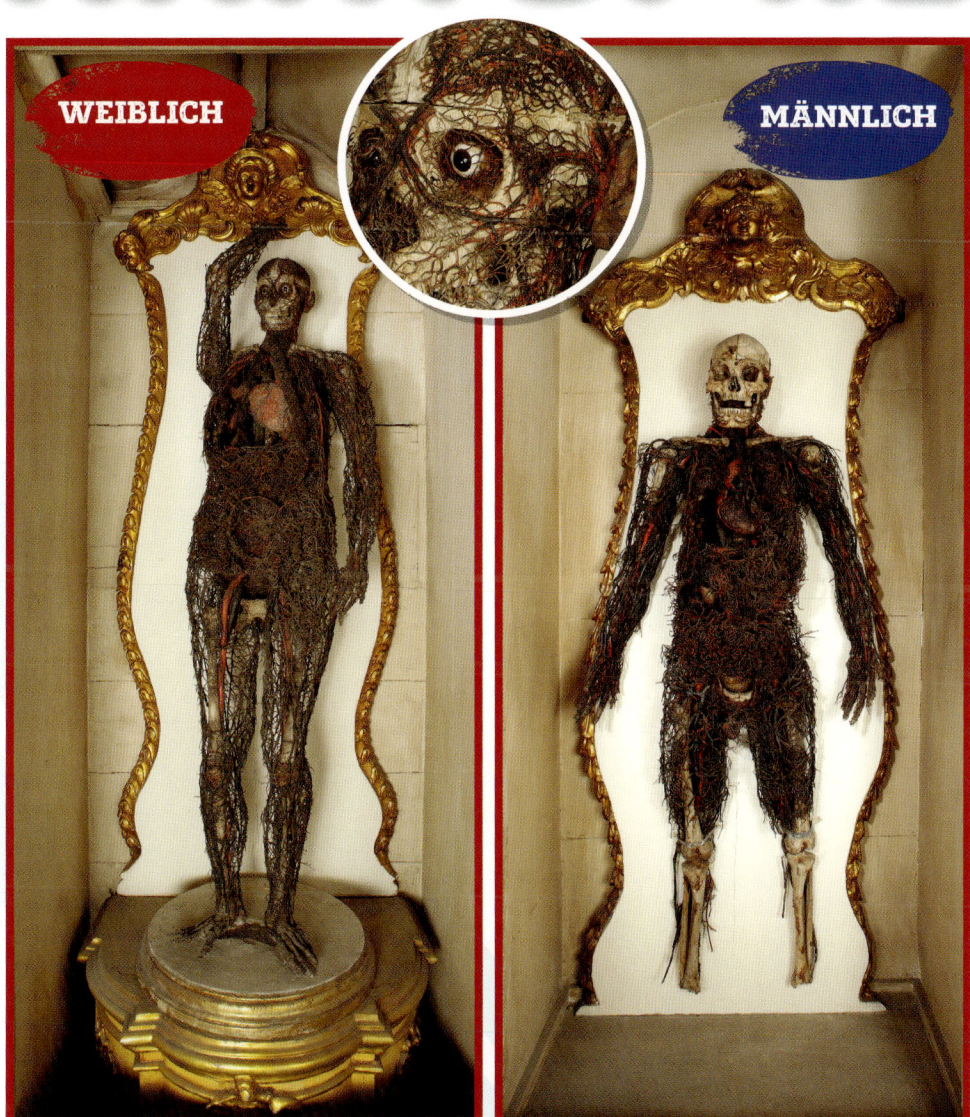

WEIBLICH

MÄNNLICH

In der Krypta des Museo Cappella Sansevero in Neapel werden diese beiden echten Skelette eines Mannes und einer schwangeren Frau samt perfekt konserviertem Arterien- und Venensystem ausgestellt.

Die beiden „anatomischen Maschinen" wurden zwischen 1763 und 1764 von Giuseppe Salerno präpariert, der die Leichname mit Materialen wie Bienenwachs, Eisendraht und Seide in faszinierendem Detailreichtum konservierte. Den Auftrag zu diesem Meisterwerk der Anatomie erhielt der Arzt aus Palermo vom Prinzen von Sansevero.

VERDAMMTE AXT! Sheldon Mpofu aus dem englischen West Yorkshire entkam um Haaresbreite dem Tod, als er sich bei einem Gartenunfall selbst die Spitze einer Pickelaxt in die Stirn rammte! Wie durch ein Wunder glitt die Axt um Haaresbreite an seinem Gehirn vorbei und blieb in einer Stirnhöhle stecken, in der sie wenig Schaden anrichten konnte.

SONIC-GEN Im menschlichen Körper befindet sich ein Gen, das den Namen „Sonic Hedgehog" trägt – wie der Igel aus der kultigen Computerspielreihe!

BÖSES BLUT In Indien verweigern sich Tausende von Menschen der modernen Medizin und setzen auf die uralte Praxis des Aderlasses, die dem Volksglauben nach Leiden wie Arthritis und Herzerkrankungen heilen kann. In den Freiluftkliniken bindet man die Patienten mit Seilen fest und lässt sie eine halbe Stunde lang in der Hitze stehen, damit das „böse Blut" leichter aus den kleinen Wunden fließt, die der Heiler mit einer Rasierklinge in die erkrankte Körperregion schneidet.

3D-HERZ Als der 14 Monate alte Roland Lian Cung Bawi aus Kentucky umgehend am Herzen operiert werden musste, rettete ihm ein 3D-Druck seines Herzens das Leben! Die aus drei Teilen zusammengesetzte Reproduktion war 1,5-mal größer als Rolands echtes Herz und ermöglichte es den Ärzten im Kosair Children's Hospital, den Eingriff genau zu planen.

TOTAL VERHIRNT *Cutis verticis gyrata* ist eine seltene Hauterkrankung, die dem Schädel das Aussehen eines Gehirns verleiht! Dabei verdickt sich die Kopfhaut so sehr, dass sie Wulste und Furchen ausbildet. Die Wucherungen sind zwar weich und schwammartig, können aber nur durch einen operativen Eingriff wieder geglättet werden.

RIESENMÄDCHEN Rumeysa Gelgi aus dem türkischen Safranbolu war im Alter von 17 Jahren schon 2,10 m groß! Ihre Hände sind 24,5 cm lang, die Füße 30 cm – und fortbewegen kann sie sich nur mit einer Gehhilfe, weil es ihr aufgrund ihrer Größe schwerfällt, das Gleichgewicht zu halten. Grund für ihr starkes Wachstum ist das seltene Weaver-Syndrom, eine Genmutation. Inzwischen ist Rumeysa mit 2,13 m übrigens ausgewachsen.

WALTER HUDSON

Walter Hudson aus Hempstead, New York, zählt zu den schwersten Männern, die jemals gelebt haben. 1987 – damals war er 42 Jahre alt – wog er mindestens 544 kg, also mehr als ein durchschnittliches Pferd, und war damit mit Abstand der schwerste Mann seiner Zeit.

Hudsons unersättlicher Appetit führte dazu, dass er schon mit sechs Jahren 57 kg wog. Mit 15 hatte er das Gewicht zweier ausgewachsener Männer erreicht und verließ nur noch selten das Haus. In den 1980er-Jahren hatte er bereits einen Taillenumfang von 261 cm und einen Beinumfang von 140 cm – mehr als die Taillen der meisten Menschen!

Er verbrachte fast sein ganzes Leben im Bett und konnte nicht ohne Hilfe aufstehen, weswegen es auch nur schwer möglich war, sein genaues Gewicht zu bestimmen. 1987 versuchte man mithilfe einiger Gewichtheber, ihn auf eine Industriewaage zu hieven, doch bei einem Messwert von 454 kg ging die Waage kaputt. Da es keine Kleidung in seiner Größe gab, hüllte er sich stets in Bettlaken.

Walters täglich Brot

Walter aß 20.000 Kalorien am Tag – mehr als die empfohlene Wochenration für eine Durchschnittsperson! Meist sah das ungefähr so aus:

- 2 Packungen Würstchen
- 12 Eier
- 8 Hamburger
- 18 Cupcakes
- 8 Portionen Pommes
- 8 Ofenkartoffeln
- 1 Laib Brot
- 2 Hühnchen
- 500 g Speck
- 3 Steaks
- 6 l Limo

Walter Hudson starb am 24.12.1991 im Alter von 46 Jahren an einem Herzinfarkt. Damals wog er 510 kg.

Walter beim Baum-schmücken zu Weihnachten 1987. Es war das erste Mal seit 16 Jahren, dass er sein Zimmer verließ.

Mitte des Jahres 1988 hatte Walter mindestens 272 kg abgenommen. Gegen Jahresende setzte er zum ersten Mal seit 18 Jahren einen Fuß vor die Haustür. Damals wog er 236 kg – und gründete sogar ein Modelabel für Übergewichtige!

Im Juli 1988 brachte Walter es auf „nur" 255 kg.

Walter wurde in einem 1,40 m breiten Sarg beerdigt, der aus 363 kg ver-stärktem Stahl bestand und nur mithilfe eines Krans bewegt werden konnte.

ZWEITSKELETT Schülerin Seanie Nammock aus Birmingham leidet an *Fibrodysplasia ossificans progressiva*, einer seltenen Erkrankung, durch die sich ein zweites Skelett über ihr erstes legt! Muskeln, Bänder und Sehnen der Betroffenen verknöchern nach und nach, was zu zunehmender Unbeweglichkeit führt. Seanie erkrankte bereits vor über sechs Jahren und kann Rücken und Hals nicht mehr bewegen. Weltweit sind nur 600 Menschen von dem Syndrom betroffen.

HAARHANDEL Der südindische Tempelkomplex Tirumala Tirupati nimmt jährlich rund 30 Millionen Euro durch den Verkauf von Menschenhaar ein! Bis zu 20.000 Pilger pro Tag lassen sich in dem Tempel die Haare abrasieren – pro Jahr werden so bis zu 500 t an Perückenmacher verkauft.

SKELETTERSATZ Ein durchschnittlicher 70-Jähriger hat im Lauf seines Lebens siebenmal sein gesamtes Skelett ersetzt!

ZUM TOTLACHEN Wer an der Persönlichkeitsstörung Witzelsucht leidet, kann nicht anders, als ständig unpassende Witze zu erzählen.

DUFTMARKE Mit Ausnahme von Zwillingen hat jeder Mensch auf der Welt einen absolut einzigartigen Körpergeruch.

NASENZAHN
Meredith Cahill aus New Jersey schickte uns dieses Foto von dem Zahn, der ihr beim Naseputzen aus einem Nasenloch purzelte! Ihr Zahnarzt hatte den Eckzahn fünf Jahre zuvor in ihrem Zahnfleisch entdeckt, von wo aus er langsam weiter in Richtung Nase gewandert sein muss.

RIESENTUMOR In Peking führten neun Ärzte gemeinsam eine 16-stündige Operation an dem 37-jährigen Yang Jianbin durch, um einen 110 kg schweren Tumor aus dessen unterem Rücken zu entfernen! Yang war mit einem Muttermal zur Welt gekommen, das so stark zu wuchern begann, dass er schließlich nicht einmal mehr aufstehen konnte.

DÜNNHÄUTER Graf Orloff, der im 19. Jahrhundert unter dem Spitznamen „Der transparente Mann" zu einem berühmten US-amerikanischen Freakshow-Artisten wurde, hatte so dünne Haut, dass man das Blut durch seine Adern fließen sehen konnte und sein Körper lichtdurchlässig war! Geboren wurde er 1864 unter dem Namen Ivannow Wladislaus von Dziarski-Orloff in Ungarn. Schon als Jugendlicher litt er unter Muskelschwund, der sich so stark ausprägte, dass Orloff schließlich nicht mehr stehen konnte.

WANDELNDE WERBEFLÄCHE Edson Aparecido Borim aus dem brasilianischen São Paolo verdient sich Geld, indem er seine Haut als Werbefläche verkauft! 2006 ließ er sich seine ersten Werbetattoos stechen, inzwischen sind seine Brust, sein Rücken und die Arme schon mit 50 Anzeigen bedeckt, die er zeigt, indem er oben ohne durch die Gegend läuft. Pro Monat kostet eine solche Anzeige bis zu € 135. Zieht eine Firma den Auftrag zurück, streicht Borim das entsprechende Motiv einfach durch.

ZURÜCK VON DEN TOTEN Zwei Stunden nachdem der 54-jährige Valdelucio Goncalves im brasilianischen Salvador von Ärzten für tot erklärt wurde, erwachte er in seinem Leichensack plötzlich wieder zum Leben! Entdeckt wurde er von seinen trauernden Verwandten, die ins Leichenschauhaus gekommen waren, um ihn für die Beerdigung am selben Tag zurechtzumachen.

Biegsames Sternchen

Little Verlie war eines der bekanntesten Schlangenmädchen Australiens. #Schon 1911 stand sie im Alter von nur sechs Jahren erstmals auf der Bühne und beeindruckte das Publikum mit ihrer unfassbaren Gelenkigkeit. Ihre Spezialität war Seilspringen auf einem Bein, wobei sie sich das andere Bein um den Hals schlang. Sie wurde von der Varieté-Trainerin Lilian Ross adoptiert, die später auch noch den kleinen Wee Darrell bei sich aufnahm, um die beiden Schlangenkinder als Paar auftreten zu lassen. 1922 hatte Little Verlie allerdings das Leben als Schaustellerin satt, lief davon und kehrte niemals wieder auf die Bühne zurück.

VERWILDERT

Seitdem der ehemalige Marinesoldat Mick Dodge Ende der 1990er-Jahre seinen Job als Schwermaschinenmechaniker aufgab, lebt er wie ein Wilder im Hoh Rain Forest im US-Bundesstaat Washington, wo er sich mit Tauschhandel über Wasser hält und in hohlen Baumstämmen Unterschlupf findet.

Barfuß erklimmt er die Berge in der Gegend, und um seine Liebe zur Natur unter Beweis zu stellen, hat er sich sogar Baumwurzeln auf die Fußrücken tätowieren lassen! Er isst, was er in der Natur findet – auch Maden, einen Elch, der von einem Berglöwen erlegt wurde, und einen Seelöwen, der tot an den Strand gespült wurde.

NUDELBAD In dem japanischen Spa Hakone Kowakien Yunessun kann man Alterserscheinungen mit einem Bad in Wein, Schokolade oder Nudelsuppe bekämpfen! In der Suppe ist neben Ramennudeln übrigens auch das Protein Kollagen aus Paprika enthalten, das die Haut reinigt und verjüngende Wirkung hat.

FREUDLOS Die 50-jährige Londonerin Tess Christian verbietet sich seit 40 Jahren jedes Lachen und lächelt nicht einmal – nur, damit sie keine Falten bekommt! Tatsächlich hat sie ihre Gesichtsmuskulatur so vollständig unter Kontrolle, dass ihr nicht einmal die Geburt ihrer Tochter ein Lächeln abringen konnte.

HANDIMPLANTATE Wer in dem hochtechnologisierten Stockholmer Bürokomplex Epicenter arbeitet, dem wird ein reiskorngroßer Mikrochip in die Hand implantiert, der ihm – ähnlich wie gängige ID-Karten – über einen Scanner Zugang zu dem Gebäude gewährt.

GEMEINSCHAFTSARBEIT 50 Jahre nach einer schweren Augenverletzung in seiner Kindheit, bei der sich die linke Iris des New Yorkers William Watson dauerhaft verschleierte, ließ er sich ein Augapfeltattoo stechen, um den Schaden wenigstens optisch zu reparieren. Durchgeführt wurde der Eingriff in Gemeinschaftsarbeit von einem Arzt und einem Tätowierer, der zuvor an einer Weintraube geübt hatte.

HÄNDE RUNTER! Der Londoner Akrobat Conor Kenny hat Tausende von Handständen an den verrücktesten – und gefährlichsten – Orten gemacht, darunter Autobahnbrücken und Bahnsteige, der Meeresboden in Griechenland und sogar die Brüstung der London Bridge.

LUFTANGRIFF Loon Singh wurde im Januar 2015 beim Motorradfahren von einem MiG-27-Kampfflieger getroffen, als dieser über einem Feld im indischen Rajasthan abstürzte – und überlebte ebenso wie der Pilot! Singh zog sich bei dem spektakulären Unfall nichts weiter als eine gebrochene Hand und leichte Verbrennungen zu.

EINGEBILDETE PROMIS Wer am Truman-Syndrom leidet, das nach dem Film Truman Show mit Jim Carrey aus dem Jahr 1998 benannt wurde, der glaubt, er sei der Star einer imaginären Fernsehsendung und würde ununterbrochen gefilmt. Weltweit gibt es mehr als 40 Betroffene.

EXPLOSIVE AUGEN

Liz Hodgkinson aus dem nordwalisischen Mold leidet an der seltenen degenerativen Krankheit *Keratoconus*, wegen der ihre Augäpfel explodieren! Die Augenhornhaut, die Pupille und Iris bedeckt, wird bei den Betroffenen immer dünner und verformt sich, bis sie in seltenen Fällen sogar zerreißt. Hodgkinsons Augäpfel sind bereits dreimal explodiert – das erste Mal in der Fahrstunde mitten auf der Autobahn, wo ihr Fahrlehrer zum Glück gerade noch das Lenkrad packen konnte. Inzwischen hat sich Hodgkinson neue Augenhornhaut transplantieren lassen und sieht zwar schlechter als früher, geht aber immer noch ihrer Arbeit als Künstlerin nach.

STURZGEBURT Während Vicki McAteer mit Wehen von ihrem Mann ins Krankenhaus im englischen Plymouth gefahren wurde, brachte sie ihre Tochter Niamh im Auto zur Welt – und zwar im Hosenbein ihrer Jogginghose!

WAHRER FORSCHUNGSDRANG Als Insektenforscher Piotr Naskrecki aus Harvard auf einer Reise nach Belize dreimal von Moskitos gestochen wurde, infizierte er sich mit jeweils einer Larve der Dasselfliege. Eine davon entfernte er selbst, die beiden anderen ließ er zwei Monate auswachsen, um später zu filmen, wie sie aus seiner Haut „schlüpften".

MENSCHLICHE BOJE Die 67-jährige Schwimmlehrerin Libby Tucker aus dem englischen Kent kann reglos aufrecht im Wasser stehen, ohne den Boden zu berühren und ohne dabei unterzugehen! Ihr Kunststück führte sie im Rahmen einer Spendenaktion sogar neuneinhalb Stunden am Stück auf.

STOLZER PAPA Keith Anderson aus dem kanadischen Peterborough hat sich Kopien der Zeichnungen seines kleinen Söhnchens Kai auf die Arme tätowieren lassen! 2008 – damals war Kai vier Jahre alt – verewigte der stolze Papa das erste Werk seines Sprösslings auf seiner Haut, danach folgte jedes Jahr ein weiteres Bild.

LINCOLNS HAAR Eine Haarsträhne, die Abraham Lincolns Chirurg General Joseph K. Barnes kurz nach dem tödlichen Attentat auf den US-Präsidenten am 14.4.1865 von dessen Kopf entfernte, wurde bei einer Auktion in Dallas 2015 für knapp € 23.000 verkauft!

FUSSFERTIG Bai Aixiang aus dem chinesischen Heyuan erkrankte als Kind an Polio und kann ihre Hände kaum noch benutzen. Darum nutzt sie heute ihre Füße, um zu kochen, zu stricken – und sogar, um ihrem Mann den Kopf zu rasieren!

URINKUR Nachdem der 28-jährige Yang Hsieh 20 m tief von einer Baustelle in der chinesischen Provinz Hunan stürzte, sich dabei Arme und Beine brach und sein Handy zerstörte, überlebte er die sechs Tage, die bis zu seiner Rettung vergingen, indem er seinen Urin trank! Seine Hilferufe waren vorher nicht gehört worden.

TANZEPIDEMIE Im Juli 1518 begannen in Straßburg über 400 Menschen aus unerklärlichen Gründen tagelang ohne Unterbrechung zu tanzen, wobei viele an Herzinfarkten, Schlaganfällen und Erschöpfung starben. Bis heute gibt es keine endgültige Erklärung für die sogenannte Tanzwut, die nach einem Monat plötzlich wieder endete.

Julia Pastrana war im 19. Jahrhundert eine berühmte Artistin, die als „Die hässlichste Frau der Welt" angepriesen wurde. Sie kam 1834 im mexikanischen Sinaloa zur Welt und war von Kopf bis Fuß mit dichtem schwarzem Haar bedeckt – ein Phänomen, das als Hypertrichose bezeichnet wird. Außerdem hatte sie hervorstehende Lippen und litt an Zahnfleischwucherung.

1854 konnte der Amerikaner M. Rates sie davon überzeugen, dass sich ihr ungewöhnliches Aussehen zu Geld machen ließ. Er nahm sie mit nach New York, wo man sie als „bärengleich" oder „Orang-Utan-artig" sowie als „Halbmenschen" bewarb. Sie sang und tanzte vor zahlendem Publikum und vor Wissenschaftlern, die sie unbedingt untersuchen wollten. Ein Arzt aus Cleveland klassifizierte sie sogar als völlig neue Spezies! Doch Julia war alles andere als eine Wilde: Sie tanzte anmutig und sprach drei Sprachen.

In New York begegnete sie dem Schausteller Theodore Lent und machte ihn zu ihrem neuen Manager – und ihrem Ehemann. Lent ging mit Julia auf Europatournee, wo er sie als mysteriöses „undefinierbares Geschöpf" bewarb.

1859 wurde Julia schwanger und brachte in Moskau einen Jungen zur Welt, Theodore, der ebenfalls dicht behaart war. Doch er überlebte nicht, und wenig später starb auch Julia. Damit war die Geschichte der beiden aber noch nicht zu Ende: Lent verkaufte die Leichen an die Universität von St. Petersburg, wo sie mumifiziert wurden. Mit den konservierten Kadavern ging er dann wieder auf Tournee.

Die nächsten Jahrzehnte wurden Mutter und Sohn in Freakshows in ganz Europa ausgestellt. In den 1920ern landeten sie in Norwegen, wo sie bis in die 1970er-Jahre ausgestellt wurden. Dann wurden sie gestohlen. Theodore tauchte nie wieder auf, Julia aber konnte geborgen werden und wurde bis 2013 im Osloer Universitätskrankenhaus gelagert. Durch den beharrlichen Kampf einer mexikanischen Künstlerin wurde Julias Leichnam schließlich in ihre Heimatstadt Sinaloa überführt und 150 Jahre nach ihrem Tod nach katholischem Brauch beerdigt.

BEWORBEN ALS: DIE HÄSSLICHSTE FRAU DER WELT

STATISCHES HAAR Die Mutter von Kimberly Gordon aus Albuquerque wurde während der Schwangerschaft vom Blitz getroffen – und ein Jahr nach der Geburt war das Haar ihres Töchterchens immer noch so stark statisch aufgeladen, dass es schnurgerade in die Höhe stand! Dass Kimberly den Blitzschlag überlebte, glich einem Wunder – danach musste sie per Notkaiserschnitt entbunden werden.

TRÄUM WEITER! Die meisten zehnjährigen Kinder haben vier bis sechs Träume pro Nacht, was mehr als 1.000 Träume im Jahr ergibt – erinnern können sie sich aber nur an fünf Prozent. Über Sechzigjährige träumen vorwiegend – nämlich zu 80 Prozent – in Schwarzweiß, unter Dreißigjährige dagegen zu 80 Prozent in Farbe.

MATHEGENIE Nachdem der 31-jährige Möbelverkäufer Jason Padgett aus Washington State in einer Bar einen schweren Schlag auf den Kopf bekam, entwickelte er sich plötzlich zum Mathe- und Physikgenie! Zuvor hatte er kaum Interesse an beidem gezeigt, doch durch seine Kopfverletzung wurde ein Teil seines Gehirns freigeschaltet, der ihn seine Umwelt in Form mathematischer Strukturen sehen lässt!

HIRNWURM Ärzte aus dem chinesischen Chengdu fanden im Gehirn eines 60-jährigen Patienten, der Hilfe wegen starker Kopfschmerzen suchte, einen 15 cm langen parasitären Wurm, den er sich vermutlich eingefangen hatte, weil rohe Frösche und Aale zu seinen Leibspeisen zählten.

GLÜCKSPILZ Darryle See, 22, wurde nahe Michigan mit 177 Sachen von einem Amtrak-Zug getroffen, dabei sechs Meter weit von den Schienen weggeschleudert – und erlitt nicht mehr als ein paar Knochenbrüche!

FAIRER DEAL Paul Warburton, Fan der Fußballmannschaft Manchester City, erhielt von seinem Bruder Martin 2003 eine lebensrettende Stammzellenspende – musste sich dafür aber verpflichten, loyaler Anhänger des Erzrivalen Manchester United zu werden.

ECHTE DRITTE Kristian Vollick aus Arizona berichtete uns, dass seiner 1911 geborenen Großmutter Edith West im Alter von 102 ein drittes Mal echte Zähne wuchsen! Normalerweise bekommen Menschen nur zweimal ein neues Gebiss.

FINGERFAMILIE

Die 14 Mitglieder der Familie Silva aus dem brasilianischen Brasilia kamen mit sechs Fingern an jeder Hand auf die Welt! Grund dafür ist eine genetische Besonderheit, die Ärzte als „Polydaktylie" bezeichnen.

Die vier Generationen Silvas empfinden ihre „Superhände" nicht etwa als Problem, sondern nutzen sie zu ihrem Vorteil. Der 14-jährige Joao beispielsweise ist ein talentierter Gitarrist.

Ripley's Einfach unglaublich!®
www.ripleys.com
KRASSE KÖRPER

DRASTISCHE BEHANDLUNG Das südafrikanische Volk der San glaubte bis vor kurzem, dass die Amputation der Fingerspitzen Krankheiten kurieren kann.

SOLDATENZÄHNE Im 19. Jahrhundert bezeichnete man Zahnprothesen als „Waterloo-Zähne", da sie häufig aus den Zähnen von Soldaten hergestellt wurden, die in Kämpfen wie der berühmten Schlacht bei Waterloo 1815 ums Leben gekommen waren.

ABDRUCKSLOS Die seltene genetische Störung Adermatoglyphie verhindert, dass man Fingerabdrücke hinterlässt. Weltweit sind nur vier betroffene Familie bekannt.

ZWEITES LEBEN 1936 wurde der damals 30-jährige Samuel Ledward aus Nordwales nach einem Motorradunfall für tot erklärt, auf dem Weg ins Leichenschauhaus aber erwachte er wieder zum Leben – und 2014 feierte er seinen 108. Geburtstag!

FREMDE FREUNDE Wer am Capgras-Syndrom leidet, hält all seine Freunde und Verwandten für verkleidete Fremde, wer am Fregoli-Syndrom leidet, hält dagegen Wildfremde für verkleidete Freunde und Familienmitglieder. Eine Frau aus Pittsburgh, die nach einem Autounfall am Fregoli-Syndrom litt, hielt beispielsweise einen Mitpatienten für ihren Freund, eine Sozialarbeiterin für ihre Schwester und eine der Krankenschwestern für ihre Mutter.

FESTER SCHLAF Als ein 42-Jähriger aus New Jersey durch stechende Schmerzen erwachte, teilte man ihm mit, dass er zehn Stunden lang mit einem Messer im Rücken geschlafen hatte!

KAMPFGEIST Der georgische Korporal Temur Dadiani verlor 2011 bei einer Explosion in Afghanistan beide Beine, kann aber immer noch 36 Push-ups in nur 38 Sekunden machen!

BART-ALPHABET Der New Yorker Grafikdesigner Mike Allen hat mit seiner Gesichtsbehaarung eine neue Schriftart gestaltet, die er „Alphabeard" taufte. Innerhalb von zwei Jahren rasierte er seinen Bart zu jedem Buchstaben aus dem Alphabet zurecht!

WELTKARTE Der pensionierte Anwalt Bill Passman aus Louisiana hat sich die Umrisse einer Weltkarte auf den Rücken tätowieren lassen. Besucht er ein neues Land, lässt er die entsprechende Fläche ausfüllen. Er begann erst 2006 zu reisen, hat aber bereits alle sieben Kontinente besucht und mehr als 70 Länder eingefärbt.

Jorge Iván Latorre Robles verfügt über ein paar ziemlich außergewöhnliche Talente – er kann nämlich nicht nur seine Haut bis zum Äußersten dehnen, sondern auch seine Gelenke auskugeln und mit den Augen ploppen!

Der 24-Jährige Puerto Ricaner, der von seinen Freunden „Chicle" (Deutsch: „Kaugummi") genannt wird, entdeckte seine Begabung erst mit 18, als er begann, sich für Breakdance zu interessieren, und feststellte, dass er Moves auf Lager hatte, die sonst keiner hinbekam.

Jorge ist vom sogenannten Ehlers-Danlos-Syndrom betroffen, das die Kollagenproduktion des Körpers beeinflusst, wodurch die Haut locker wird – denn Kollagen trägt zur Stärkung und Strukturierung der Haut bei.

Am liebsten nutzt er sein Talent, um anderen Menschen zu unterhalten, zum Beispiel im Theater, als Straßenkünstler oder als freiwilliger Helfer auf der Kinderstation im Krankenhaus. Viele der kleinen Patienten halten ihn übrigens für eine Art Superheld!

Jorge ist schon seit seiner Kindheit ein Ripley's-Fan und verriet uns, dass er am liebsten in einem unserer Odditorien wohnen würde!

DEHNBARER TYP!

RIPLEY'S ERKLÄRT

Jorges ungewöhnliches Talent ist auf das sogenannte Ehlers-Danlos-Syndrom zurückzuführen, eine angeborene Bindegewebsstörung. Das Bindegewebe stützt Haut und Knochen und enthält nur wenige Zellen, dafür aber viel Zwischenzellmasse und Kollagenfasern, die wie eine Art „Körperklebstoff" fungieren. Über 80% der Haut bestehen aus Kollagen. In Deutschland gibt es derzeit an die 5.000 bekannte Fälle von Ehlers-Danlos-Syndrom, allerdings wird davon ausgegangen, dass es eine hohe Dunkelziffer gibt.

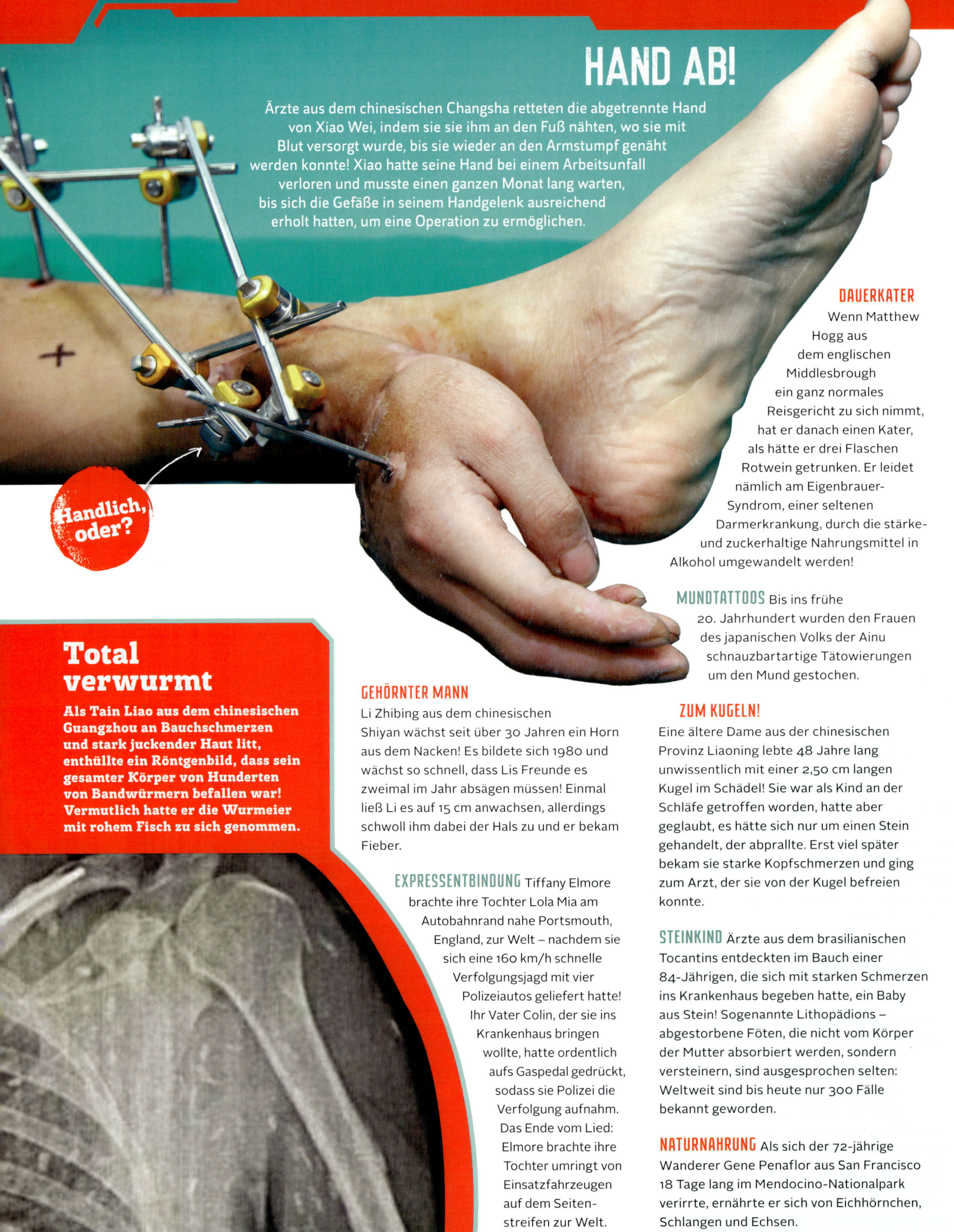

HAND AB!

Ärzte aus dem chinesischen Changsha retteten die abgetrennte Hand von Xiao Wei, indem sie sie ihm an den Fuß nähten, wo sie mit Blut versorgt wurde, bis sie wieder an den Armstumpf genäht werden konnte! Xiao hatte seine Hand bei einem Arbeitsunfall verloren und musste einen ganzen Monat lang warten, bis sich die Gefäße in seinem Handgelenk ausreichend erholt hatten, um eine Operation zu ermöglichen.

Handlich, oder?

Total verwurmt

Als Tain Liao aus dem chinesischen Guangzhou an Bauchschmerzen und stark juckender Haut litt, enthüllte ein Röntgenbild, dass sein gesamter Körper von Hunderten von Bandwürmern befallen war! Vermutlich hatte er die Wurmeier mit rohem Fisch zu sich genommen.

GEHÖRNTER MANN

Li Zhibing aus dem chinesischen Shiyan wächst seit über 30 Jahren ein Horn aus dem Nacken! Es bildete sich 1980 und wächst so schnell, dass Lis Freunde es zweimal im Jahr absägen müssen! Einmal ließ Li es auf 15 cm anwachsen, allerdings schwoll ihm dabei der Hals zu und er bekam Fieber.

EXPRESSENTBINDUNG Tiffany Elmore brachte ihre Tochter Lola Mia am Autobahnrand nahe Portsmouth, England, zur Welt – nachdem sie sich eine 160 km/h schnelle Verfolgungsjagd mit vier Polizeiautos geliefert hatte! Ihr Vater Colin, der sie ins Krankenhaus bringen wollte, hatte ordentlich aufs Gaspedal gedrückt, sodass sie Polizei die Verfolgung aufnahm. Das Ende vom Lied: Elmore brachte ihre Tochter umringt von Einsatzfahrzeugen auf dem Seitenstreifen zur Welt.

DAUERKATER

Wenn Matthew Hogg aus dem englischen Middlesbrough ein ganz normales Reisgericht zu sich nimmt, hat er danach einen Kater, als hätte er drei Flaschen Rotwein getrunken. Er leidet nämlich am Eigenbrauer-Syndrom, einer seltenen Darmerkrankung, durch die stärke- und zuckerhaltige Nahrungsmittel in Alkohol umgewandelt werden!

MUNDTATTOOS Bis ins frühe 20. Jahrhundert wurden den Frauen des japanischen Volks der Ainu schnauzbartartige Tätowierungen um den Mund gestochen.

ZUM KUGELN!

Eine ältere Dame aus der chinesischen Provinz Liaoning lebte 48 Jahre lang unwissentlich mit einer 2,50 cm langen Kugel im Schädel! Sie war als Kind an der Schläfe getroffen worden, hatte aber geglaubt, es hätte sich nur um einen Stein gehandelt, der abprallte. Erst viel später bekam sie starke Kopfschmerzen und ging zum Arzt, der sie von der Kugel befreien konnte.

STEINKIND Ärzte aus dem brasilianischen Tocantins entdeckten im Bauch einer 84-Jährigen, die sich mit starken Schmerzen ins Krankenhaus begeben hatte, ein Baby aus Stein! Sogenannte Lithopädions – abgestorbene Föten, die nicht vom Körper der Mutter absorbiert werden, sondern versteinern, sind ausgesprochen selten: Weltweit sind bis heute nur 300 Fälle bekannt geworden.

NATURNAHRUNG Als sich der 72-jährige Wanderer Gene Penaflor aus San Francisco 18 Tage lang im Mendocino-Nationalpark verirrte, ernährte er sich von Eichhörnchen, Schlangen und Echsen.

CLOWNS GESICHT

NEUER LOOK Rene Koiter, ein 29-jähriger Grafikdesigner aus dem kalifornischen Lake Forest, verwandelte sich über zehn Monate hinweg in die Serienfigur Khal Drogo aus *Game of Thrones*! Durch einen strengen Trainingsplan baute er die nötigen Muskeln auf, gleichzeitig ließ er sich die Haare wachsen und übte, Sprache und Gesten seines Vorbilds nachzuahmen. Rene sprach übrigens schon fünf Sprachen fließend, ehe er Khal Drogos fiktionale Stammessprache Dothraki dazulernte.

NASENZECKE Tony Goldberg, Biologieprofessor an der University of Wisconsin-Madison, hat eine neue Insektenart entdeckt – und zwar in seiner Nase! Drei Tage nach seiner Rückkehr von einer Forschungsreise nach Uganda bekam er Nasenschmerzen und beförderte mithilfe einer Pinzette eine bis dato unbekannte afrikanische Zeckenart ans Tageslicht, die sich angeblich in 2,5 cm Tiefe in seinem Nasenloch festgebissen haben soll.

NIEMALS AUFGEBEN! Jamie Andrew aus Glasgow wurden nach einem Bergsport-unfall im Jahr 1999 beide Arme und Füße amputiert – trotzdem erklimmt er aber noch bis zu 5.800 m hohe Berge und hat sich Jonglieren beigebracht!

Richie the Barber – das ist übrigens sein echter Name – aus West Hollywood hat sich ein Clownsgesicht tätowieren lassen!

Dicke rote Augenbrauen, eine Clownsnase und ein lachender Mund unter einem echten Schnurrbart, dazu eine blaue Hautfarbe im ganzen Gesicht – Richie the Barber wäre ganz klar der Star auf jedem Kindergeburtstag! Sein großes Vorbild? Der US-amerikanische Kultclown Bozo, dessen Gesicht er sich sogar auf den Hinterkopf tätowieren ließ! Auf seinen Augenlidern stehen übrigens die Worte „Good" und „Luck", was zusammen „Viel Glück" bedeutet.

119

05

POPKULTUR PUR

HOLLYWOODS PAPPKAMERADEN

Ein australisches Paar hat Dutzende seiner Lieblingsfilmszenen aus Pappkartons und Gebrauchsgegenständen nachgestellt!

Als Leon Mackie, Lilly Lang und ihr kleiner Sohn Orson von Neuseeland nach Sydney zogen, hatten sie eine Menge Umzugskartons übrig. Also gründeten die Filmfreaks ihr „Cardboard Box Office", in dem sie jede Woche eine Szene aus den Kartons, alten Haushaltsgegenständen und Orsons Spielzeug nachstellen – meist mit Baby Orson als Hauptfigur! Als sie die Ergebnisse ihrer Fotoshootings im Internet veröffentlichten, mauserten sie sich schnell zum neusten Online-Hype!

Von *König der Löwen* bis zu *Pulp Fiction* ist kaum ein Film vor ihren Persiflagen sicher. Für *Apollo 13* haben sie eine Papprakete gebaut, für *Der weiße Hai* sogar einen Riesenfisch. Bei der Kreatur aus *Alien* handelt es sich um eine Sockenpuppe mit Plastikzähnen – das Blut stellten sie mit roter Wolle nach.

Da Orson der Star ihrer Show ist, haben alle Bilder Babytitel, beispielsweise *Kid Kong* („Kind-Kong"), *Parents of the Caribbean* („Eltern der Karibik") oder *The Lord of the Teething Rings* („Der Herr der Beißringe").

Kid Kong

The Little Lebowski

The Dark Knighty-Knight

Bubbalien

Wah Wars

fragt

Nach welchen Kriterien wählen Sie die Szenen aus? Wenn uns ein Film gefällt und eine Szene unseren Anforderungen entspricht, versuchen wir es einfach. In der Regel sind die Filme sehr bekannt. Es ist wichtig, dass es eine Kultszene oder eine berühmte Figur gibt.

Wo stellen Sie die Szenen nach? In unserem Haus, wo sich die Beleuchtung aber nicht so gut für Fotos eignet, weil sie schummrig ist und von oben kommt. Deswegen benutzen wir zusätzliche Lampen zum Ausleuchten. Inzwischen haben wir einen Haufen Lampen.

Ist Baby Orson ein angenehmer Mitarbeiter? Klar, er ist toll und meckert nie. **Star Wars** war echt eine Herausforderung, weil Orson ernst gucken sollte, aber immer gelacht hat.

Wie lange dauert der Aufbau einer Szene? Das kommt drauf an. Zwischen einer und fünf Stunden, je nachdem, wie viele Requisiten wir brauchen und wie aufwendig der Rest ist. Bislang mit am längsten hat **The Dark Knight** gedauert, weil wir jedes Gebäude aus Gotham City von Hand busteln mussten.

Welche Szene gefällt Ihnen am besten? Wahrscheinlich **Lord of the Rings**. Set, Kostüme und Requisiten passen einfach toll zusammen. Und die Ausleuchtung ist besonders gut gelungen.

Lord of the Teething Rings

"Houston, We have a poopy..."

E. TED

The Lion Kid

Walk, Forrest, Walk!

"You're Gonna Need a Bigger Baby..."

The Birdies

Castababy

Parents of the Caribbean

Goonies Never Say Cry!

Vader-Ofen

Der *Star Wars*-Fan Alex Dodson aus dem englischen Barnsley baut Kaminöfen mit Filmmotiven aus Altmetall! Sein erster Versuch war dieser Darth Vader-Ofen, den er mit solchem Erfolg im Internet präsentierte, dass er inzwischen auf Auftrag arbeitet. Als Baumaterial dienen ihm 19 kg schwere Metallgasflaschen. Neben Darth Vaders kultiger Maske hat Dodson auch schon Stormtrooper- und Minions-Öfen hergestellt.

AUTOGRAMMJÄGER Paul Schmelzer aus Minneapolis sammelt Autogramme der etwas anderen Art – er bittet die Stars nämlich, nicht mit ihrem, sondern mit seinem Namen zu unterschreiben! Über 70 Berühmtheiten sind seinem seltsamen Wunsch schon nachgekommen, darunter Yoko Ono, der Architekt Frank Gehry und Dan Castellaneta, die Originalstimme von Homer Simpson.

BERÜHMTE VORBILDER Als der japanische Videospielproduzent Sega 1991 das Spiel *Sonic the Hedgehog* herausbrachte, trug Sonic rotweiße Turnschuhe, die denen ähnelten, die Michael Jackson gerne trug – und als Vorlage für Sonics Charakter diente der spätere US-Präsident Bill Clinton!

NATIONALSTOLZ Seit über 20 Jahren trägt der brasilianische Anwalt Nelson Paviotti ausschließlich Kleidung in Gelb, Grün, Blau und Weiß – den Farben der Fußballnationalmannschaft des Landes. 1994 hatte er nämlich geschworen, sich in dieser Form erkenntlich zu zeigen, sollte Brasilien die damalige Weltmeisterschaft gewinnen.

JACKSON-TRIBUT Die 225-köpfige Blaskapelle der Ohio State University zollte bei einem Footballspiel im Oktober 2013 Musiklegende Michael Jackson Tribut, indem alle Bandmitglieder in der Halbzeitpause im Moonwalk über das Spielfeld glitten, dabei ein Medley aus Jacksons Hits spielten und sich am Ende in Form eines Michael Jackson-Porträts aufstellten.

PROMIJÄGERIN Vanessa Sky Ellis aus New York jagt bis zu zwölf Stunden am Tag Stars hinterher und hat sich schon zusammen mit über 10.000 Berühmtheiten fotografiert, darunter Brad Pitt, Johnny Depp und Lady Gaga.

MUSIKTHERAPIE US-Musiker R. Kelly, der 1996 den Mega-Hit „I Believe I Can Fly" (deutsch: „Ich glaube, dass ich fliegen kann") landete, leidet unter schrecklicher Flugangst!

ECHTER HINGUCKER Motorradfahrern, die Eindruck schinden wollen, kann die thailändische Firma World Moto jetzt weiterhelfen: Sie hat eine Technologie entwickelt, mit der sich Motorradreifen in knallbunte LED-Fernsehbildschirme verwandeln lassen! Die „Wheelies" bestehen aus 424 LED-Lampen, die über einen Computer auf verschiedene bewegliche Bilder programmiert werden können.

QUASI INVENTAR Martha Godwin wurde 1940 im Alter von 13 Jahren Pianistin der Macedonia United Methodist Church in Southmont, North Carolina – und hält dort nun schon seit über 75 Jahren die Stellung!

FUTURISTISCHER FUMMEL Der niederländische Designer Daan Roosegaarde hat ein Kleid entwickelt, das teilweise transparent wird, sobald die Trägerin jemandem begegnet, den sie attraktiv findet! Die Innenseite des Kleids ist mit winzigen Sensoren versehen, die Körperwärme und Herzschlag aufzeichnen. Steigt beides an, ändert sich die Farbe einiger Elemente im Kleid, die aus intelligenter E-Folie bestehen, von Grau zu Transparent.

PSEUDO-AMIS Das Rap-Duo Silibil N' Brains, bestehend aus den Schotten Billy Boyd und Gavin Bain, gab sich viereinhalb Jahre als kalifornisch aus – auch gegenüber Plattenfirmen. Erst viele Partys mit Madonna und eine Tour mit Eminem später gaben die beiden den Schwindel zu.

GAR NICHT FARBLOS

Drag-Queen Detox sorgte für so manche heruntergeklappte Kinnlade, als sie im Mai 2013 bei einem Event in Hollywood im Ganzkörper-Schwarzweiß-Look auflief! Durch das bis ins kleinste Detail perfekte Make-up und Styling sah sie aus wie direkt einem Schwarzweißfilm entsprungen.

Alles nur **gemalt!**

SPONTANE JAM-SESSION Als ein Berliner Straßen-musiker 2013 den 80er-Jahre-Hit „Smalltown Boy" von Bronski Beat zum Besten gab, traute er seinen Augen kaum, als sich plötzlich der Schotte Jimmy Somerville, ehemals Frontmann der Band, zu ihm gesellte und mitzusingen begann. Somerville war zufällig beim Gassi gehen mit seinem Hund vorbeispaziert.

SEITENWECHSEL Schauspieler Tom Hanks hat früher als Page im Hilton Hotel in seiner Heimatstadt Oakland gearbeitet und das Gepäck von Stars wie Cher, Bill Withers und Sidney Poitier getragen.

SPIELERISCHER ANTRAG Robert Fink aus Oregon City hat gemeinsam mit zwei Freunden ein ganzes Videospiel entwickelt, nur um seiner Freundin Angel White damit einen Antrag zu machen! In *Knight Man, A Quest For Love* macht sich ein Ritter auf die Suche nach einem Ring, mit dem er dann um die Hand einer Prinzessin anhält.

BANDSHIRTS Zwischen Juli 2011 und Januar 2015 trug Isac Walter aus Los Angeles 1.290 Tage hintereinander verschiedene Band-T-Shirts – und dabei kam keine Musik-gruppe doppelt vor!

FingerFertig

Mel Brooks
SEPT. 8 2014

Der Comedian Mel Brooks hinterließ im September 2014 seine Hand- und Schuhabdrücke vor dem TCL Chinese Theater in Hollywood, wo sich schon viele berühmte Stars im Beton verewigt haben.

Scherzkeks Brooks allerdings machte sich einen Spaß aus der Sache und klebte sich einen sechsten Finger an die linke Hand, der erst jemandem auffiel, als der Schauspieler und Regisseur seine Hände bereits unwiderruflich und mit großem Tamtam in den Boden gedrückt hatte.

Knochenklunker

Kim Kowalski aus Colorado hat diesen hübschen Kettenanhänger aus dem Hüftknochen eines Erdhörnchens hergestellt, das ein Wiesel in ihrem Garten erlegt hatte! Ihre Kollektion umfasst noch viele weitere Schmuckstücke, in denen sie Fundstücke aus der Natur verarbeitet, beispielsweise getrocknete Pflanzen, Schmetterlingsflügel und tote Käfer.

FACEBOOK-MEILENSTEIN Die kolumbianische Sängerin Shakira war der erste Mensch der Welt mit hundert Millionen Facebook-Fans! Hand in Hand würden diese eine Schlange bilden, die viermal um die Welt reicht! Übrigens heißen 17 Prozent ihrer Fans Maria und vier Prozent José.

BEEINDRUCKENDE BIBLIOTHEK Die Kongressbibliothek der USA enthält auf über 1.300 km Regalreihen mehr als 151 Millionen Gegenstände.

TEDDYSUCHE Als die zwölfjährige Jessica Malcolm am Flughafen von Sydney ihren Lieblingsteddy verlor, machten sich 2,5 Millionen australische Social Media-Nutzer – darunter auch Schauspieler Russell Crowe – auf die Suche nach dem Plüschtier, indem sie das Hashtag #findteddy twitterten. Neun Tage später wurde Teddy von Zollbeamten gefunden und Jessica bekam ihn zurück.

BELESENER ROBOTER Der japanische Robotikprofessor Hiroshi Ishiguro hat den ersten zeitungslesenden Androiden der Welt erschaffen! Sein Roboter Kodomoroid konnte Journalisten bei einem Termin im Tokioter Nationalmuseum überzeugen, in dem er mehrere Artikel über ein Erdbeben und eine Razzia des FBI perfekt zusammenfasste.

BÜHNEN-METHUSALEM Im Dezember 2013 trat der rumänische Schauspieler Radu Beligan im Metropolis-Theater in Bukarest in einem Stück von Jean Anouilh auf – mit 95 Jahren! Sein Debüt gab er 1937, und spielte in knapp 100 Produktionen mit.

AUTOFRIEDHOF Während der Produktion von *Transformers 3 – Die dunkle Seite des Mondes* (2011) wurden über 500 Autos verschrottet, die allerdings schon zuvor durch eine Überflutung fahrtuntüchtig geworden waren.

TROLL DICH! Ray Dyson aus Alberta hat über 1.750 Trollpuppen zusammengesammelt – darunter auch Wikingertrolle und Elefantentrolle.

ROYALER TREKKIE 1996, als König Abdullah bin al-Hussein von Jordanien noch Prinz war, trat er als Komparse in einer Folge von *Star Trek: Raumschiff Voyager* auf! Er war ein so großer Fan der Serie, dass er seine Mitarbeiter darum gebeten hatte, ihm einen kurzen Gastauftritt als Leutnant zu organisieren.

UNZERSTÖRBAR Die in Deutschland hergestellte bronzene Armbanduhr Triggerfish von Kaventsmann kann dem Explosionsdruck von bis zu 4,5 kg Plastiksprengstoff standhalten!

TOTENSPIELER Chuck Lamb aus Ohio arbeitete früher als IT-Ingenieur, verdient seit 2005 aber € 1.350 am Tag, indem er in Filmen und Serien die Leiche spielt! Buchen kann man ihn über seine Website deadbodyguy.com.

WELTUMTANZUNG Chris McGrath, Kevin Cobbe und Iain McNamara aus Dublin tanzten ein Jahr lang im Stil des Irish Dance um die ganze Welt und besuchten dabei 23 Länder! Unter anderem tanzten sie auf ihrer Reise, die Anfang 2013 begann, an so exotischen Orten wie dem Amazonas-Regenwald, Machu Picchu in Peru und vor dem Opernhaus in Sydney.

ÜBERLEBENSGEMEINSCHAFT Die englischen Fantasy-Autoren und engen Freunde C. S. Lewis (*Die Chroniken von Narnia*) und J. R. R. Tolkien (*Der Herr der Ringe*) überlebten beide die Schlacht an der Somme, eines der blutigsten Gefechte des Ersten Weltkriegs.

SIMPSONS-TATTOO

Gefängniswärter Michael Baxter aus Melbourne hat sich über 200 Simpsons-Figuren auf den Rücken tätowieren lassen. Der 52-Jährige hat an die € 9.000 für seine Tattoos ausgegeben und über einen Zeitraum von einem Jahr hinweg insgesamt 130 Stunden unter der Nadel gelegen!

DUFTE APP Dr. David Edwards, Biomedizintechniker aus Harvard, hat das oPhone entwickelt, ein Gerät, mit dem man Gerüche statt Textnachrichten versenden kann! Mithilfe einer App können die Nutzer einen Duft aus über 300 verschiedenen Aromen zusammenstellen, darunter Kaffee, Schokolade und Pizza, die alle in dem Gerät gespeichert sind.

ANTIKES BUCH Eine Ausgabe des *Bay Psalm Book* aus dem Jahr 1640 – das erste in Amerika gedruckte Buch überhaupt – wurde im November 2013 bei einer Auktion von Sotheby's für knapp 13 Millionen Euro versteigert. Weltweit existieren nur noch elf Exemplare.

PENNYPOPO Der britische Schauspieler David Suchet trainierte die affektierte, trippelnde Gangart von Agatha Christies Romanfigur Hercule Poirot, indem er sich eine Penny-Münze zwischen die Pobacken klemmte und versuchte, sie beim Gehen nicht zu verlieren.

VERBOTEN SCHLAU Die Essener Hochschule für Ökonomie und Management verklagte den Studenten Marcel Pohl, weil er zu schnell seinen Abschluss machte! Der Grund: Da Pohl nur ein Viertel der Regelstudienzeit für sein Studium benötigte, befand die Hochschule, sie habe zu wenig an ihm verdient.

PEACE, LOVE UND KARTOFFELSALAT Zack „Danger" Brown aus Ohio eroberte die Internetgemeinde für sich, als er auf dem Crowdfunding-Dienst Kickstarter um zehn Dollar für seinen Erstversuch in Sachen Kartoffelsalatzubereitung bat – und plötzlich um $ 55.000 reicher war! Mit dem Geld finanzierte er nicht nur seinen Kartoffelsalat, sondern schmiss auch eine riesige öffentliche Party zugunsten wohltätiger Organisationen, die Hunger bekämpfen und Obdachlosen helfen.

KUSCHELZONE

In einem Moskauer Kino konnten es sich die Besucher zwei Wochen lang statt auf Sesseln im Bett bequem machen!

Im Dezember 2014 entfernte der Möbelhersteller IKEA in einem der Kinosäle des Kinostar De Lux Multiplex in der Vorstadt Chimki alle Sessel und ersetzte sie durch 17 Betten aus ihrer aktuellen Kollektion. Die Bettwäsche wurde übrigens nach jeder Vorstellung gewechselt.

KONGRESS DER
FREAKS

CONGRESS of FREAKS with RINGLING BRO

In den 1920er- und 1930er-Jahren führte der Ringling Brothers and Barnum & Bailey Circus eine äußerst erfolgreiche Freakshow, in der einige der berühmtesten Artisten der damaligen Zeit zu sehen waren.

Jedes Jahr versammelte der bekannte New Yorker Fotograf Edward J. Kelty, der sich auf die Dokumentation des Zirkus spezialisiert hatte, alle Freaks der Show im New Yorker Madison Square Garden zum sogenannten „Freak-Kongress" für ein Foto. Hier zu sehen ist das Ensemble aus dem Jahr 1927, das 36 schräge Typen von Zirkuslegenden wie dem Zwerg Major Mite über den Riesen Jack Earle bis hin zu Lionel, dem Jungen mit dem Hundegesicht, umfasste.

Courtesy of Derin Bray American Art and Antiques

HERS AND BARNUM & BAILEY COMBINED CIRCUS.
SEASON – 1927

Hier geht's weiter!
129

1. Lady Olga, „Die bärtige Dame"

Lady Olga kam 1871 als Jane Barnell in North Carolina zur Welt und hatte schon damals ein behaartes Gesicht. Ihre Mutter verkaufte sie früh an einen Schausteller, und von da an war Olga in insgesamt mindestens 25 Zirkussen zu sehen. 1932 trat sie mit vielen ihrer Kollegen in dem Film *Freaks* auf. Trotz ihres ungewöhnlichen Äußeren war sie übrigens viermal verheiratet!

2. Daisy Earles, „Die Tanzende Puppenfamilie"

Harry, Gracie, Daisy und Tiny, in Wahrheit Kurt, Frieda, Hilda und Elly Schneider, kamen alle Anfang des 20. Jahrhunderts in Deutschland zur Welt. Gracie und Harry wurden von Bert W. Earles nach Kalifornien mitgenommen, wo sie 1916 Earles Nachnamen annahmen und in einer Wildwestshow auftraten. Später kam der Rest ihrer Familie dazu und sie schlossen sich 30 Jahre lang dem Ringling Brothers and Barnum & Bailey Circus an, wo sie auf Pferden ritten, sangen und tanzten. Alle vier sind als Munchkins im Film *Der Zauberer von Oz* (1939) zu sehen, Harry und Gracie spielten wichtige Rollen in *Freaks*. Tiny starb 2004 als letzte aus der Gruppe im Alter von 90 Jahren.

3. Jim Tarver, Riese

Tarver kam 1885 in Texas zur Welt und war angeblich 2,60 m groß – 2,20 m trifft es wohl eher. Er galt als „größter Mann der Welt" – bis er Jack Earle begegnete (vgl. 17), der noch größer war.

4. Baron Paucci, Kleinwüchsiger

Baron Paucci kam 1894 auf Sizilien zur Welt und wurde nur 69 cm groß. Er trat 15 Jahre lang auf Coney Island in Lilliputania – einer ganzen Stadt voller Kleinwüchsiger – auf und war berüchtigt für seine Trinkerei und seine Wutanfälle. Später schloss er sich dem Ringling Circus an.

5. & 15. Carlson Sisters, „Die fetten Boxerinnen"

Flo und Dot Carlson stiegen auf der Bühne gegeneinander in den Ring.

6. „Twisto, der menschliche Knoten", Schlangenmensch

7. Lillian „Fairy Airy" Maloney, Albino

Die Irin Lillian Maloney hatte Albinismus und deswegen leuchtend weißes Haar und schneeweiße Haut – damals ein Kuriosum, da es noch kaum bekannte Fälle gab.

8. Clico, „Der wilde tanzende Buschmann aus Südafrika"

Clico war tatsächlich ein südafrikanischer Stammesangehöriger, hieß aber eigentlich Franz Taibosh. Seinen Bühnennamen verdankte er den Klicklauten, die in seiner Stammessprache verwendet werden. Er war in Südafrika dem irischen Siedler Paddy Hepston aufgrund seiner Tanzkünste aufgefallen. 1915 brachte Hepston ihn nach England, wo schnell auch amerikanische Impresarios auf ihn aufmerksam wurden. So landete er erst auf Coney Island und dann bei den Ringling Brothers. 1940 starb Clico im Alter von 83 Jahren in New York.

9. Tiny Earles (vgl. 2)

10. Miss Londy, Riesin

Eleanor Wagner war über 2,10 m groß, auch wenn manchmal behauptet wurde, es seien sogar 2,40 m. Sie war auf Coney Island zu sehen und trug verschiedene Spitznamen, darunter „Die deutsche Riesin".

11. Major Mite, Kleinwüchsiger

Major Mite war nur 70 cm groß und neun Kilo schwer und einer der berühmtesten Kleinwüchsigen seiner Zeit. 1923 wurde er mit nur zehn Jahren vom Ringling Brothers and Barnum & Bailey Circus unter Vertrag genommen und war über 25 Jahre lang in deren Freakshow zu sehen. Außerdem trat er in verschiedenen Hollywoodfilmen auf, darunter *Der Zauberer von Oz*. Er starb 1975 im Alter von 62 Jahren.

12. Koo-Koo, das Vogelmädchen

Koo-Koo hieß eigentlich Minnie Woolsey und kam 1880 in Georgia zur Welt. Mehr über Koo-Koo erfahrt ihr auf S. 19!

13. Haig, Mann mit elastischer Haut

14. The Mighty Ajax, Schwertschlucker
Joseph Milana kam 1886 in Washington zur Welt und tourte schon als junger Mann mit Buffalo Bill's Wild West Show. Einmal durfte er sogar vor König Georg V. von Großbritannien auftreten. Mit dem Ringling Circus verbrachte er aber nur das Jahr 1927.

15. Carlson Sister (vgl. 5)

16. Harry Earles (vgl. 2)

17. Jack Earle, Riese
Jack Earle kam 1906 zur Welt und wuchs auf eine Größe von 2,30 m. Er durchlebte eine interessante Filmkarriere, bis der Tumor, der für sein starkes Wachstum verantwortlich war, sein Augenlicht rapide verschlechterte. Ab den 1920er-Jahren bis 1940 war er in verschiedenen Freakshows zu sehen.

18. Gracie Earles (vgl. 2)

19. Miss Kitty, „Das Wunder ohne Arme"
Kitty Smit kam 1882 in Chicago in ärmlichen Verhältnissen zur Welt. Als sie neun war, wurden ihr aufgrund schwerer Verbrennungen beide Arme amputiert. Die kleine Kitty hielt sich selbst über Wasser, indem sie ohne Hände Zeichnungen anfertigte und diese verkaufte. Schließlich schloss sie sich der Welt der Freakshows an und stand auf Coney Island und im Ringling Circus auf der Bühne.

20. Professor Henri, Gummimann
Professor Henri hieß eigentlich Clarence H. Alexander. Er konnte seinen Hals angeblich um 18 cm und seine Arme und Beine um je 30 cm dehnen. Aus unerwiderter Liebe zu Miss Mae Vandermark (vgl. 23) nahm er sich letztendlich auf der Bühne das Leben.

21. Freddie Esele, „Das Wunder ohne Arme"
Freddie kam 1888 ohne Arme in New York zur Welt und war eine feste Größe in der Freakshow-Welt.

22. Jolly Irene, „fette Dame"
Irene wog angeblich über 300 kg und stand auf Coney Island auf der Bühne.

23. Miss Mae Vandermark, tätowierte Frau
Mae Vandermark Patton stammte aus Pennsylvania und arbeitete dort als Stenografin, zog aus Abenteuerlust aber nach New York um. Sie freundete sich mit der tätowierten Dame Miss Pictoria (vgl. 33) an, die sie überredete, denselben Beruf zu ergreifen. Kaum ein Jahr später hatte der New Yorker Tätowierer „Professor" Wagner ihren gesamten Körper verziert. Vandermark arbeitete erst auf Coney Island und dann bei den Ringling Brothers. Sie verbrachte über 30 Jahre auf Tournee.

24. Unbekannt

25. & 26. Sadie und Rosie Anderson, „Die gefleckten Frauen"
Die beiden Afroamerikanerinnen litten an der Weißfleckenkrankheit, die ihre Haut an vielen Stellen weiß verfärbte. Die beiden Mädchen standen schon als Kinder mit anderen betroffenen Mitgliedern ihrer Familie als „Leopardenmenschen" oder „Fleckenmenschen" auf verschiedenen Bühnen.

27. Lionel, der Junge mit dem Hundegesicht
Lionel, auch bekannt als „Mann mit dem Hundegesicht" oder „Junge mit dem Hundegesicht", kam 1891 als Stephan Bibrowski in Polen zur Welt. Sein gesamter Körper war von dickem, langem Haar bedeckt – angeblich, weil seine Mutter während der Schwangerschaft mitangesehen hatte, wie sein Vater von einem Löwen gefressen wurde. Tatsächlich litt er an der „Werwolfkrankheit" Hypertrichose. Lionel war in den 1920ern eine Berühmtheit auf Coney Island.

28. Tom Ton
Tom Ton wog mit 21 Jahren 293 kg.

29. Ho-Jo, der Bärenjunge

30. Madame Adrienne, bärtige Dame
Madame Adrienne hieß eigentlich Adele Kis und kam 1884 in Ungarn zur Welt. Eine ihrer größten Konkurrentinnen schnitt Kis eines Nachts, als diese schlief, den Bart ab. Kis verklagte sie daraufhin erfolgreich auf mehrere tausend Dollar.

31. & 32. Eko und Iko, Albinozwillinge
Die afroamerikanischen Albinozwillinge Eko und Iko wurden 1899 aufgrund ihres einzigartigen Äußeren von Freakshow-Kopfjägern entführt. Man kannte sie unter anderem als die „Ecuadorianischen Kannibalen", die „Männer mit den Schafsköpfen" und die „Botschafter vom Mars". Bis 1927 mussten sie aufgrund der Entführung unbezahlt auftreten, dann wurden sie von ihrer Mutter aufgespürt und befreit. Eko und Iko kehrten wenig später wieder in die Welt der Freakshows zurück – nun aber mit einem äußerst einträglichen Vertrag. Unter anderem traten sie im Madison Square Garden vor 10.000 Menschen auf. In den 1930er-Jahren bereisten sie auch Europa, wo sie vor der Queen performten.

33. Miss Pictoria
Victoria „Die menschliche Kunstgalerie" James zählte zu den berühmtesten tätowierten Damen der 1920er- und 1930er-Jahre. Ihre Tattoos wurden – wie die von Mae Vandermark – von dem bekannten New Yorker Tätowierer „Professor" Charles Wagner gestochen.

34. Baby Bunny, „fette Dame"
Helen „Baby Bunny" Smith behauptete, 227 kg zu wiegen, und schloss sich als „fette Dame" dem Freakshow-Kosmos an. Sie heiratete den „Skelettmann" Peter Robinson (vgl. 35).

35. Peter „Skeleton Man" Robinson, Skelettmann
Der 1874 geborene Peter „Skeleton Man" Robinson soll nur 26,7 kg gewogen haben. 1919 begegnete er seiner zukünftigen Frau „Baby Bunny" (vgl. 34), die als „fette Dame" arbeitete, und die beiden tanzten gemeinsam auf der Bühne. Eine Zeitung aus dem Jahr 1924 beschrieb ihn als „einen der Großverdiener im Business", da „menschliche Skelette" so selten seien. Er arbeitete über ein Vierteljahrhundert lang im Zirkus.

36. King Roy, der schottische Albino
King Roy, der auch als Schlangenmensch arbeitete, war der Sohn des berühmten Albinos Rob Roy, der schon im 19. Jahrhundert für den Barnum and Bailey Circus auf der Bühne gestanden hatte. Seine Mutter war die Schwertschluckerin Annie Roy. Er soll sechs Albinokinder gezeugt haben.

KONGRESS DER FREAKS

McDONALD'S-MANIE

Mike Fountaine hat beinahe ein halbes Jahrhundert lang über 75.000 Sammelgegenstände rund um das Thema McDonald's zusammengetragen – darunter Tassen, Uniformen, Happy Meal-Spielzeug und eine riesige Ronald McDonald-Figur! Den Grundstein für seine Sammlung legte er 1969 im Alter von 16 mit einem ansteckbaren Namensschild. Inzwischen sind neun Zimmer seines Hauses in Pennsylvania mit seinen Sammelstücken vollgestopft.

FASHION-VICTIM Mahbub Ali Khan (1866–1911), Herrscher über das indische Hyderabad, trug niemals zweimal dieselbe Kleidung und hatte einen über 36 m langen begehbaren Kleiderschrank.

KREATIVE PAUSE XXL Im August 2014 gab die englische Sängerin Kate Bush ihr erstes Konzert nach 35 Jahren. Ihre erste und einzige Tour hatte 1979 geendet. Danach war sie nie wieder live zu hören gewesen, nahm in der Zwischenzeit aber acht Studioalben auf.

STILLER METAL Die britische Death Metal-Band Unfathomable Ruination trat 2014 mehrfach in London in einer 1,80 m großen luft- und schalldichten Stahlkiste auf, sodass sie weder zu sehen noch zu hören war! Die Auftritte – eine Idee des portugiesischen Künstlers João Onofre – endeten aber nach rund 15 Minuten wegen Sauerstoffmagels.

MODERNE HIRTEN Die Hirten aus den Dörfern im türkischen Izmir sind auf ihren langen Überlandwanderungen stets online, indem sie Solarzellenplatten auf die Rücken ihrer Esel schnallen, die sie als Auflademöglichkeiten für ihre Handys und Laptops nutzen!

KURZTOUR Der US-amerikanische Countrymusiker Hunter Hayes spielte innerhalb von nur 24 Stunden zehn Konzerte in zehn verschiedenen Städten! Los ging es in New York um 8:17 Uhr am 9.5.2014, dann zog er weiter nach Boston und Worcester, Providence, New London, New Haven und Stamford, South Orange und Asbury Park sowie – als Schlussakt – nach Philadelphia, wo er am 10.5. im Morgengrauen spielte.

HAARSTRÄUBEND Die litauische Geigerin Eimantas Belickas spielte auf einer Geige, die mit Saiten aus Menschenhaar bespannt war – und der Mensch hing noch dran! Dazu wurde das lange Haar von Tadas Maksimova in Strähnen unterteilt, mit Harz gehärtet und dann über die Violine gelegt.

4100 M-BRAUTKLEID

Dieser unfassbare 4.100 m lange Brautschleier musste auf einem Blumenfeld nahe dem chinesischen Chengdu ausgelegt werden, um ihn in seiner ganzen Pracht sichtbar zu machen. Er wurde über einen Zeitraum von einem Monat angefertigt und kostete – inklusive Mini-Brautkleid – knapp € 6.500.

JEDIKLINGE Der Kommunikator, den Liam Neeson in *Star Wars: Episode I – Die dunkle Bedrohung* in der Rolle des Jedi-Meisters Qui-Gon Jinn benutzt, wurde aus einem Gillette Sensor Excel-Damenrasierer gebastelt.

TWINSIES Alle Welt liebt Onesies – eine Firma aus dem englischen Lancashire setzt aber noch einen obendrauf: Statt Ganzkörperanzügen für eine Person stellt sie Twinsies her, in die zwei Personen passen. Der Twinsie hat drei Beine, vier Ärmel und zwei Kapuzen.

ÜBERRASCHENDES ENDE Bei einer Vorführung des Musicals *Peter Pan* in Glasgow kam es 2014 zu einem überraschenden Ende, als der Peter Pan-Darsteller Sandor Sturbl der Wendy-Darstellerin Lilly-Jane Young einen echten Heiratsantrag machte! Unter donnerndem Applaus des Publikums sagte sie Ja.

HÜHNERSCHMUCK Die Schmuckdesignerin Meg C aus Lexington, Kentucky, hat eine Kollektion von Halsketten aus alten Kentucky Fried Chicken-Hühnerknochen entworfen! Diese werden gereinigt, lackiert, mit Kupfer überzogen und dann mit Gold galvanisiert.

FLIEGENDES QUARTETT Der deutsche Komponist Karlheinz Stockhausen schrieb ein Stück für ein Streicherquartett, das in vier schwebenden Hubschraubern gespielt werden soll. Erstmals aufgeführt wurde das Stück 1995 über Amsterdam.

FLOWER POWER Britische Gartenbaustudenten konnten experimentell beweisen, dass Pflanzen besser wachsen, wenn sie mit Heavy Metal-Musik beschallt werden – besonders, wenn diese von Black Sabbath stammt. Die Blüten werden größer und die Pflanzen widerstandsfähiger.

SCHOKOSCHEIBE Der kroatische Rockstar Gibonni hat sein Album 20th Century Man aus dem Jahr 2013 in einer Sonderauflage herausgebracht, die komplett aus Schokolade bestand! Sowohl Platte als auch Etikett sind essbar – trotzdem kann man den Tonträger aber ganz normal abspielen.

NIX NE-YO Zoe Fennessy aus dem englischen Nottinghamshire bekommt einen epileptischen Anfall, sobald sie die Musik von US-Star Ne-Yo hört! Wenn sie einkaufen geht, trägt sie stets Kopfhörer, um zu verhindern, dass sie zufällig mit einem seiner Songs konfrontiert wird.

EISSCHLOSS Drei Wochen lang arbeiteten 60 Eisbildhauer aus zwölf Ländern auf dem Disney Dreams Ice Festival in Belgien 2014 mit Schaufel, Axt, Säge und 600 t Wasser bewaffnet an einem Eispark voller Disneyfiguren, darunter Peter Pan, Schneewittchen, Alice im Wunderland und Dornröschens gesamtes Schloss!

EISKONZERT

Die britische Rockband The Defiled gab das erste Konzert aller Zeiten auf einem schwimmenden Eisberg!

30 Minuten lang spielten sie inmitten der Grönlandsee vor einem Publikum, das ihnen von einer Fischerbootflotte aus lauschte. Es hatte mehrere Tage gedauert, einen ausreichend großen und stabilen Eisberg für die vierköpfige Band samt Ausrüstung und Stromgenerator zu finden.

ZUM PIEPEN! Die Weltbevölkerung hat insgesamt über 200.000 Jahre damit verbracht, *Angry Birds* zu spielen – ungefähr so lange, wie der Homo Sapiens existiert!

IMAGEWECHSEL Der 1865 gegründete finnische Handyhersteller Nokia war bis in die 1980er-Jahre vor allem als Klopapierproduzent bekannt.

SCHUHSTIFTER Der US-Schauspieler Conrad Cantzen (1867–1945) hat sein Vermögen in eine Stiftung gesteckt, die bis heute Schauspielern, die am Hungertuch nagen, neue Schuhe für Vorsprechtermine bezahlt! Alleine in den ersten zehn Jahren kam der Conrad Cantzen Show Fund mehr als 7.000 Bitten um neue Treter nach.

MINI-ME Um die Aufmerksamkeit potentieller Kunden zu erregen, verschickte der freiberufliche Fotograf Jens Lennartson aus Malmö zusammen mit seinem Lebenslauf mehrere Hundert 25 cm hohe Plastikpuppen von sich selbst.

SELFIE-SUCHT Mark E. Miller und Ethan Hethcote schossen in Miami innerhalb von einer Stunde 355 Selfies, auf denen jeweils noch eine dritte Person zu sehen war.

Schöne Stifte

Der kalifornische Künstler Hoang Tran schnitzt von Hand wunderschöne Motive von Figuren aus *Star Wars*, *Game of Thrones*, *Doctor Who* oder *Breaking Bad* aus ganz normalen Wachsmalstiften. Der ehemalige Zahnarzt arbeitet dabei mit den Werkzeugen aus seinem alten Beruf.

TANZBANANE Mit 15 Jahren arbeitete Schauspielerin Megan Fox – damals noch kein Star – als Promoterin für eine Smoothie-Bar in Florida, wobei sie im Bananenkostüm auf der Straße tanzen musste!

TIERISCH COOLE JEANS Der Kamine Zoo im japanischen Hitachi ließ sich eine stylische PR-Aktion einfallen, um sich etwas Geld dazuzuverdienen: Man kann dort Jeans-Stoff kaufen, mit dem die Löwen, Tiger und Bären im Zoo vorher gespielt haben, um ihm den perfekten Used-Look zu verpassen!

LIEBLINGSFILM Nelson Vergara aus Santiago de Chile liebt den Disney-Film *101 Dalmatiner* so sehr, dass er inzwischen schon über 40 echte Dalmatiner bei sich aufgenommen hat!

ZUM ANBEISSEN SCHÖN

Der israelische Designer Maor Zabar fertigt aus Filz, Plastik und Draht beeindruckend realistische Modelle von Leckereien wie dieser Eistüte an, die man als Hut tragen kann. Zu seiner Kollektion zählen unter anderem auch ein Salat-Sombrero, ein Beerenkuchen-Barett und ein Garnelen-Fascinator.

LEGENDÄRER LUNCH John Lasseter, Pete Docter und Joe Ranft, einige der kreativsten Köpfe bei Pixar, kamen bei einem einzigen Mittagessen im Jahr 1994 auf die Ideen zu *Das große Krabbeln*, *Findet Nemo*, *Monster AG* und *WALL•E*.

MAGNETSCHUHE Inspiriert durch die Comicfigur Magneto erfand Colin Furze aus dem englischen Lincolnshire ein Paar Magnetschuhe, mit denen er metallene Decken entlanglaufen kann! Sie bestehen aus Platten mit Schlaufen für die Füße und einem von einer Autobatterie betriebenen Mikrowellentransformer. Furzes einzige Sorge bei seinem Experiment, bei dem er kopfüber von der Decke hing: ein möglicher Stromausfall! Mehr über Furze erfahrt ihr auf S. 14/15.

HUNDESHOW Jeden Donnerstag um 15 Uhr läuft auf BBC London 94.9 *Barking at the Moon*, die einzige wöchentlich erscheinende Radiosendung weltweit für Hunde! Sie wird von den Hundeliebhaberinnen Jo Good und Anna Webb sowie deren Hunden Matilda und Molly moderiert und hat über eine Million Zuhörer, auch auf Hawaii und in Australien.

DOPPELLEBEN Einen Teil des Jahres verbringt Sonia Gill als Bollywood-Schauspielerin in Indien, wo sie bereits fünf Blockbuster drehte, in zahlreichen Fernsehwerbungen mitspielte und haufenweise Fans hat – den anderen im englischen Oxfordshire, wo sie bei einer Behörde arbeitet und Parkausweise ausstellt!

HOHE HACKEN Unter den Frauen im Venedig des 16. Jahrhunderts galten sogenannte chopines als Statussymbol – Schuhe mit bis zu 45 cm hohen Absätzen! Diese halfen den Damen außerdem, trockene Füße zu behalten, wenn die Kanäle der Stadt wieder einmal überliefen.

SCHLUMPFINE Karen Bell aus dem schottischen Ayrshire sammelt seit über 30 Jahren Schlumpffiguren und -aufkleber und besitzt eine bereits 5.000 Gegenstände umfassende Kollektion!

VADERS GRÖßTER FAN Bill McBride aus Washington hat seit den 1980er-Jahren schon über € 240.000 in seine Darth Vader-Sammlung investiert! Inzwischen besitzt er mehr als 60.000 Sammelstücke – darunter Kunstwerke, Figuren und Lichtschwerter. Seine Sammlung ist so exklusiv, dass ein Fan ihm sogar schon einen Porsche 911 im Gegenzug für einige seiner schönsten Stücke bot, was McBride aber ablehnte.

ZUVERLÄSSIG Der kanadische Musiker Bruce Rickerd spielte zwischen 1993 und 2014 in 10.000 aufeinanderfolgenden Aufführungen von *Mystère* in Las Vegas Gitarre, ohne ein einziges Mal zu fehlen!

→ DA ALLE SCHNEEFLOCKEN EINZIGARTIG SIND, ENTWICKELTE DAS TEAM FÜR DEN DISNEY-FILM *DIE EISKÖNIGIN – VÖLLIG UNVERFROREN* EINE SOFTWARE, DIE 2.000 VERSCHIEDENE FILMSCHNEEFLOCKEN BERECHNETE.

ZWEITONSÄNGERIN Die deutsche Sängerin Anna-Marie Hefele kann zwei Töne gleichzeitig singen! Die gespenstische Technik wird als polyphoner Obertongesang bezeichnet und ermöglicht es ihr, einen tiefen, gleichbleibenden Ton sowie einen darüberliegenden Ton zu singen.

BABYSELFIE Ein neues Mobile fürs Kinderbettchen ermöglicht es Babys, Selfies zu schießen und diese auf Facebook und Twitter zu veröffentlichen! New Born Fame wurde von der niederländischen Designerin Laura Cornet entwickelt und besteht aus weichen Plüschlogos von Twitter und Facebook, die automatisch ein Bild machen, wenn das Baby mit ihnen spielt.

SPITZENSPIELER William Cruz aus Provo, Utah, hatte auf dem 5.660 m hohen Gipfel des Berges Kala Patthar bei -8°C nichts Besseres zu tun, als 79 Minuten lang das Videospiel *Far Cry 4* zu spielen!

Der japanische Schuh-designer Masaya Kushino hat sich bei einer High Heel-Kollektion von einem Hahn inspirieren lassen.

Mit ihren Absätzen aus Metallhühnerfüßen, den schnabelartigen Spitzen und dem schimmernden Federbesatz fällt man in den „Bird-Witched"-Stilettos garantiert auf!

FLUGKOTELETT Als PR-Maßnahme für sein Buch *Meatspace* schickte der Autor Nikesh Shukla von einem Feld im englischen Gloucestershire aus ein Lammkotelett ins Weltall! Es hing an einer Gabel, die wiederum an einem Wetterballon befestigt war, der es in 25.000 m Höhe trug und anschließend platzte.

BLINDE KRITIK Seit 2011 hat Tommy Edison aus Milford, Connecticut, Dutzende von YouTube-Videos mit Filmkritiken veröffentlicht, obwohl er die Filme gar nicht ansehen kann, da er blind zur Welt kam! Er bewertet sie nur nach dem, was er hören kann, und hat es damit insgesamt schon auf über eine Million Klicks gebracht.

STRANDGEFÜHL Brian Wilson, wichtigstes Mitglied der Band The Beach Boys, ließ um das Klavier in seinem Haus herum eine riesige Sandkiste aufbauen, damit er sich beim Komponieren einbilden konnte, er sei am Strand.

HAHNENTRETER

FANTASIE-HOCHZEIT

Kerry Ford und Darren Prew feierten ihre Hochzeit auf Eastnor Castle im englischen Herefordshire ganz im Flair ihrer Lieblingsserie *Game of Thrones*! Ihre Hochzeitsgäste: Wölfe, Weiße Wanderer und Wildlinge! Die Braut kam hoch zu Ross zur Hochzeit, und die Hochzeitstorte wurde mit einem 1,20 m langen Breitschwert angeschnitten.

KISS-KAUGUMMI Ein Stück Kaugummi, das Kiss-Sänger Gene Simmons im September 2013 bei einem Auftritt in der britischen Sportsendung *Soccer AM* kaute, brachte es bei einer eBay-Auktion auf 29 Gebote und wurde für € 382 verkauft!

TOTALER TREKKIE Die kanadische Sozialarbeiterin Line Rainville ist ein solcher *Star Trek*-Fan, dass sie fast € 27.000 in den Umbau ihres Kellers in eine Replik eines Enterprise-Sternenschiffs investiert hat! Zuvor hatte sie über ein Jahr lang das Internet nach der passenden Einrichtung durchforstet.

BERÜHMTES LOGO Nike bezahlte der Designerin Carolyn Davidson, Studentin an der Portland State University, 1971 schlappe $ 35 für den Entwurf des berühmten Logos, über das Nike-Mitgründer Phil Knight damals sagte: „Es gefällt mir nicht wirklich, aber vielleicht wächst es mir ja noch ans Herz."

HOBBIT-DORF *Herr der Ringe*-Fan Svatoslav Hofman, Student aus dem tschechischen Orlickych Horach, hat sich sein eigenes, detailverliebtes Hobbitdorf gebaut – und das nur aus dem Gedächtnis!

LITERARISCHER ZUFALL 1881 wurde dem Seemann Cornelius Fudge ein mit seinem Namen gravierter Narwalstoßzahn geschenkt. Über 100 Jahre später trägt der Zaubereiminister in den *Harry Potter*-Romanen denselben Namen! John Jeffries aus dem englischen Cornwall, heute stolzer Besitzer des Stoßzahns, war stets davon ausgegangen, dass die Autorin J.K. Rowling von dem Matrosen gehört hatte, doch sie sagt, es handle sich um reinen Zufall, da sie den Namen erfunden habe. 2013 wurde der Stoßzahn bei einer Auktion trotzdem für stolze € 53.500 verkauft!

RÜCKWÄRTS Im französischen Fernsehen wurde neun Stunden lang gezeigt, wie der Pariser Regisseur Ludovic Zuili rückwärts durch die Straßen von Tokio lief! Der Film *Tokyo Reverse* wurde aber rückwärts abgespielt, sodass es so wirkte, als wäre Zuili der einzige Passant, der geradeaus läuft.

HOCHKULTUR Am 23.4.2014 führten die britischen Schauspieler Simon Cole, Gary Fannin und William Meredith, alle Mitglieder der Reduced Shakespeare Company, auf einem Flug von Gatwick ins italienische Verona eine Stunde lang eine Auswahl von Szenen aus Stücken des berühmten Dramatikers in 11.000 m Höhe auf, wobei sie den Flugzeuggang als Bühne nutzten. Anlass war der 450. Jahrestag von Shakespeares Geburt.

KONFETTIPARADE Als der Astronaut John Glenn 1962 von der Mercury-Atlas 6-Mission zurückkehrte, wurden bei einer Parade durch New York zu seinen Ehren 3.474 t Konfetti verstreut.

Pringles-Spinne

Die asiatische Spinnenart *Araneus mitificus* trägt auf dem Rücken eine Musterung, die verdächtig an das Männchen aus dem Pringles-Logo erinnert! Kartoffelchips finden die Spinnen allerdings nicht so lecker – sie ernähren sich von Fliegen und Käfern.

HEISSER WEIHNACHTSHIT Sammy Cahn und Jule Styne schrieben den Song „Let It Snow! Let It Snow! Let It Snow!" an einem der heißesten Tage des Jahres 1945 in Los Angeles.

BUNTE TELLER

Künstlerin Angela Rossi aus Los Angeles kauft gebrauchte, „verwaiste und ungeliebte" Zierteller auf und verwandelt sie in witzige, zeitgemäße Kunstwerke, indem sie Porträts bekannter Fernseh- und Kinofiguren einfügt.

Mithilfe ihrer speziellen Wärmetechnik hat sie schon Yoda und R2-D2 aus Star Wars, Mr T aus dem A-Team und das Raumschiff Enterprise zwischen die originalen Tellerbemalungen gemogelt.

137

Diese Paare nahmen an einem Tanzmarathon auf einem Schiff vor der kalifornischen Küste teil, der schließlich behördlich unterbunden wurde, weil man um die Gesundheit der Teilnehmer fürchtete.

Die erschöpften Teilnehmer eines Tanz-marathons in Washington, D.C., im Jahr 1924.

Einige der Tanzwettbewerbe, die auch „Walkathons" genannt wurden, erinnerten an moderne Marathonläufe, da die Tänzer kilometerweite Wege bewältigen mussten. 1927 tanzten Hunderte von Paaren in Begleitung eines Orchesters auf einem Wagen 32 km weit um Los Angeles herum.

TANZ-MARATHONS

Am 1.4.1931 konnten sich die Tänzer Mike Ritof und Edith Boudreaux nach ihrem Sieg bei einem Tanzmarathon in Chicago vor Erschöpfung kaum noch auf den Beinen halten!

Der Wettbewerb hatte bereits am 29.8.1930 begonnen. In der Zwischenzeit hatten Ritof und Boudreaux unfassbare 5.154 Stunden und 48 Minuten – also 214 Tage oder sieben Monate lang – fast ohne Unterlass getanzt. Die Bedingungen: Jedes teilnehmende Paar musste mindestens 45 Minuten pro Stunde auf den Beinen sein. Während der 15-minütigen Pausen durften Frauen und Männer in getrennten Unterkünften kurze Nickerchen machen.

PHOTOS SOLD HERE MADE BY *'Rdm' Studio* OPEN DAY & NIGHT.

Ein Tänzer stützt auf dem Tanzmarathon 1930 in Chicago seine schlafende Tanzpartnerin. Sobald die Knie eines Teilnehmers den Boden berührten, wurde das Paar disqualifiziert. Die Tänzer hielten sich mit verschiedenen Tricks auf den Beinen, beispielsweise mit Riechsalz, Eispackungen und Nadelstichen. Einige der Paare ketteten sich sogar eng aneinander, um nicht umzukippen!

SUPER-IGEL

Der japanische Star-Igel Marutaro hat seinen eigenen Blog, auf dem sein Besitzer täglich Selfies aus Marutaros Igel-Dasein postet. Auf Twitter ist der kleine Vierbeiner eine absolute Sensation und hat schon 78.000 Follower. Neben Marutaros „Gesichtsausdrücken" gibt es dort auch Videos zu sehen, in denen er anderen Igeln und igelähnlichen Gegenständen wie Klobürsten begegnet.

ECHT E-LOS Rapper Andrew Thomas Huang aus Los Angeles hat einen Song herausgebracht, der übersetzt „Rap ohne den Buchstaben E" heißt. Er ist zwei Minuten und 39 Sekunden lang und kommt tatsächlich ohne ein einziges E aus!

FONDUEFÜSSE Der japanische Designer Satsuki Ohata ließ sich von dem schweizerischen Gericht Fondue, bei dem man Brot in Schmelzkäse taucht, zu einer Schuhkollektion inspirieren, für die man seine Füße in buntes geschmolzenes PVC taucht, das danach fest wird, aber so dehnbar bleibt, dass man es ab- und wieder überstreifen kann.

BÄRENSTARKER FAN Glenn Timmerman ist ein so großer Fan der Footballmannschaft Chicago Bears, dass er sich die Autogramme von 126 Spielern von heute und aus der Vergangenheit auf den Rücken tätowieren ließ! Sein erstes Tattoo ließ er sich 2005 nach einer Begegnung mit dem ehemaligen Spieler Otis Wilson stechen.

KING-PONG Frank Lee, Professor an der Drexel University in Philadelphia, spielte eine Riesenversion des Videospielklasskers *Pong* aus dem Jahr 1972 auf der über 5.500 m² großen Hauswand eines Wolkenkratzers! Mithilfe von LED-Lichtern baute er das 29-stöckige Cira Centre zu einem gigantischen Bildschirm um. Den Joystick konnte man auch aus über 1,5 km Entfernung bedienen.

VIRTUELLE FREUNDIN Matt Homann aus Missouri hat die App „Invisible Girlfriend" entwickelt, mit der Singles ihre Freunde und Familie davon überzeugen können, dass sie eine Freundin haben, indem unter anderem Anrufe, Mailboxnachrichten und ein Facebook-Kontakt simuliert werden.

TRAKTORENORCHESTER Im spanischen Valencia wurde ein Festival für zeitgemäße Musik durch ein 30-minütiges, von dem Schweden Sven-Ake Johansson dirigiertes Stück eröffnet, bei dem das Rumpeln, Röhren und Quietschen von zwölf Traktoren zu hören war!

HISTORISCHE GEIGE Die Geige, die 1912 auf der *Titanic* in der Nacht ihres Untergangs gespielt wurde, erzielte 2013 bei einer Auktion im englischen Wiltshire stolze 1,3 Millionen Euro! Kapellmeister Wallace Hartley, der gemeinsam mit 1.517 weiteren Menschen im Nordatlantik ertrank, hatte zur Beruhigung der Passagiere bis zum bitteren Ende weitergespielt. Die Geige wurde später geborgen und seiner Verlobten Maria Robinson überlassen.

ENGAGIERTE FINDERIN Als die kleine Phoebe Simpson aus dem englischen Yorkshire ihren Teddy Roar in einem Londoner Zug vergaß, erbarmte sich Lauren Bishop Vranch des Stofftiers und startete eine riesige Suchaktion auf Twitter und Facebook, um ihn wieder mit seiner Besitzerin zu vereinen.

KLOAKENKONZERT Im Kölner Abwassersystem werden regelmäßig Jazz- und Klassikkonzerte veranstaltet! Der dortige Kronleuchtersaal wurde im 1. Jahrhundert n. Chr. von den alten Römern errichtet und inzwischen zu einem Konzertsaal mit Platz für 50 Personen umgebaut.

Kollisionsgefahr

Da es im chinesischen Chongqing zu so vielen Zusammenstößen zwischen Passanten kam, die mit ihren Handys beschäftigt waren, hat man dort nun eine eigene Fußgängerspur für Handynutzer eingerichtet.

Ripley's Einfach unglaublich!®
www.ripleys.com
POPKULTUR PUR

FACEBOOK-RETTUNG Als der 44-jährige John All, Geografie- und Umweltkundeprofessor von der Western Kentucky University, auf einem Gletscher in 6.000 m Höhe im Himalaya in eine Eisspalte fiel, konnte er nur gerettet werden, weil er via Facebook seine Freunde über seine Lage informierte! All hatte sich eine Schulter ausgekugelt und sich fünf Rippen, ein Knie und eine Elle gebrochen – dennoch gelang es ihm aber, einen Notruf auf der Seite des American Climber Science Program zu posten. Die Gruppenmitglieder informierten umgehend die Bergrettung, und 19 Stunden später – inzwischen hatte All zwei weitere Posts veröffentlicht und war zu seinem Zelt zurückgekrabbelt – brachte man ihn in ein Krankenhaus in Katmandu.

SCHLAUE SCHUHE Anirudh Sharma und Krispian Lawrence haben im indischen Hyderabad eine Kollektion von GPS-Schuhen entwickelt, die dem Träger helfen, wieder nach Hause zu finden! Sie sind mit einer Bluetooth-Funktion ausgestattet, die sich mit einem Kartenlesesystem auf dem Handy verbindet, die kürzeste Route auswählt und den Träger durch unauffällige Vibrationen in die richtige Richtung lenkt. Die „Lechal"-Technik, wie ihre Schöpfer die Erfindung tauften, kann man als ganzen Schuh oder als Einlegesohle kaufen.

WIKINGERTECHNOLOGIE Die Drahtlos-technologie Bluetooth wurde nach Harald Blauzahn benannt, der zwischen 940 und 981 König von Dänemark war und die Kommunikation mit seinen norwegischen Nachbarn förderte.

TELEFONABHÄNGIG Über die Hälfte der Briten leiden unter Nomophobie – der Angst, nicht auf dem Handy erreichbar zu sein! Für die Betroffenen reicht es schon, wenig Batterie oder kaum Netz zu haben, um sich unwohl zu fühlen.

PFEIFENMUSIK Straßenmusiker Jake Clark aus Adelaide spielt verschiedene Musikrichtungen von Techno bis zu Iggy Azalea-Covers, indem er mit seinen Flip-Flops auf Abflussrohren herumtrommelt! Seine avantgardistische Musik ist so beliebt, dass er als „Pipe Guy" auf YouTube schon eine riesige Fangemeinde hat!

MENSCHLICHES WÖRTERBUCH

Vin Los, ein 24-jähriges Model aus Montreal, hat sich 24 Worte ins Gesicht tätowieren lassen, darunter die englischen Begriffe für „Ruhm", „Spielen" und „Schuldig":

Vin sieht sich als Kunstwerk und will sich in die personifizierte Popkultur verwandeln, indem er der berühmteste Mann der Welt wird. Sein erstes Tattoo ließ er sich schon mit 16 Jahren stechen. Den Großteil der Worte hat er ausgesucht, indem er auf YouTube die wichtigsten Begriffe aus Videos herauspickte. Er ließ sich außerdem weitere Worte auf die Arme, seinen eigenen Namen auf den Bauch und falsche Brusthaare tätowieren.

IMMER IN BEWEGUNG

FLAUSCH-FIAT

SA · 637733

Die Italienerin Maria Mugno hat 150 Stunden damit verbracht, ihren Fiat 500 in 120 kg Menschenhaar einzupacken!

Das aus Indien importierte, in verschiedenen Schattierungen eingefärbte Haar bedeckt nicht nur das Äußere des Autos – auch Sitze, Armaturenbrett und Lenkrad sind vollbehaart! Den Fiat, der inzwischen einen Wert von rund € 90.000 hat, fährt sie immer noch – allerdings muss sie ihn natürlich vor jeder Fahrt kämmen!

Ripley's— Einfach unglaublich!®
www.ripleys.com
IMMER IN BEWEGUNG

KACKBUS →

Zwischen den englischen Städten Bristol und Bath verkehrt ein öffentlicher Bus mit 40 Sitzplätzen, der mit menschlichen Fäkalien betrieben wird! Der umweltfreundliche Bio-Bus tankt nämlich Gas, das aus Abwasser und Lebensmittelabfällen gewonnen wird! Der Abfall, den eine Fuhre Passagiere pro Jahr produziert, würde genug Treibstoff generieren, um den Bus einmal durch Großbritannien und wieder zurück zu befördern – das sind 2.832 km!

KÜRBISBOOT Der Londoner Künstler Dmitri Galitzine fuhr 6,4 km weit von Hampshire zur Isle of Wight – und zwar in einem 363 kg schweren ausgehöhlten Kürbis, den er zum Boot umfunktioniert hatte.

LUXUSTRAMPERIN Seit Juli 2012 „trampt" die New Yorker Reiseschriftstellerin Amber Nolan in Privatflugzeugen quer durch die USA. Dabei hat sie schon fast alle 50 US-Bundesstaaten besucht und über 250 Städte gesehen.

ELCH BEWAHRE! In jeden fünften Verkehrsunfall in Schweden ist ein Elch involviert! Meist ereignen sich die Unfälle, wenn es dämmert. Elche können bis zu 48 km/h schnell laufen – da lässt sich so mancher Zusammenstoß nicht vermeiden.

FERRARIFIASKO Auf einen Tipp hin grub die Polizei von Los Angeles in dem Stadtteil West Athens 1978 einen dunkelgrünen Ferrari Dino 246 GTS aus, der vollständig im Erdreich versenkt worden war. Der Wagen befand sich in erstaunlich gutem Zustand und wäre heute an die € 265.000 wert. Er war 1974 im Zuge eines ausgeklügelten Versicherungsbetrugs gestohlen worden.

SCHWER VERDRECKT Die Autos, die beim 24-Stunden-Rennen von Le Mans eingesetzt werden, sind nach dem Rennen durchschnittlich fünf Kilo schwerer als vorher, weil sich so viel Schmutz und tote Insekten ansammeln.

FAULE FAHRRADFAHRER Im norwegischen Trondheim können sich erschöpfte Radfahrer vom CycloCable einen steilen, 130 m hohen Hügel hochschieben lassen, ohne in die Pedale treten zu müssen. Der Fahrradlift ist in die Straße integriert und funktioniert nach demselben Prinzip wie ein Skilift.

XXL-KUNDE Auf einer Autobahn in der chinesischen Provinz Sichuan legte ein Flugzeugpilot eine Zwischenlandung ein, rollte langsam zur nächsten Tankstelle und füllte dort seinen Benzinvorrat auf!

PIZZAKOPTER Der Hamburger Dirk Reich hat einen ferngesteuerten „Pizzakopter" entwickelt, indem er vier Motoren und eine Steuereinheit an einem handelsüblichen Pizzakarton befestigte. Sein nächstes Ziel: Die fliegende Schachtel so ausbauen, dass sich der Deckel bei der Landung automatisch öffnet.

VOLLGAS HECK VORAUS! Der indische Taxifahrer Harpreet Dev aus Bhatinda ist der Meister der Rückwärtsfahrer. Wenn man ihn lässt, befördert er seine Fahrgäste ausschließlich mit dem Heck voran! Inzwischen hat ihm die indische Regierung sogar eine Sondererlaubnis ausgestellt, mit der er sich in allen nordindischen Bundesstaaten rückwärts durch den Straßenverkehr bewegen darf.

SUPERAUTO John Anthony aus dem walisischen Neath fährt einen Morris Minor, der bereits seit drei Generationen und über einem halben Jahrhundert in Familienbesitz ist! Gekauft wurde das unkaputtbare Auto 1956 von Anthonys Großvater Idris Evans.

WELLENWUNDER Leidenschaftliche Wellenreiter müssen dank des € 10.500 teuren Jet Surfs jetzt nicht mehr auf die perfekte Welle warten. Denn die Mischung aus Jetski und Surfbrett kann ihren Nutzer mit ihrem benzinbetriebenen Minimotor mit knapp 57 km/h übers Wasser transportieren!

PUNKTLANDUNG Der Engländer Matthew Winstone mietete für einen Tag ein Fahrrad, transportierte es in einem Lieferwagen in die französischen Alpen – das sind mehr als 1.125 km! – fuhr damit auf den 1.912 m hohen Gipfel des Mont Ventoux und transportierte es dann mit Hilfe einiger Freunde wieder zu der Londoner Verleihstation zurück – 22 Sekunden, ehe die 24-stündige Mietfrist auslief!

RUDERROMANTIK Der Londoner Harry Martin-Dreyer ruderte 4.800 km weit über den Atlantik nach Barbados, nur damit er seiner Freundin Lucy Plant einen Antrag machen konnte! Er und sein Ruderpartner Alex Brand brauchten 50 Tage für die Reise, auf der sie gegen bis zu 15 m hohe Wellen ankämpften. Den Verlobungsring trug Martin-Dreyer dabei die ganze Zeit über in einer wasserfesten Tüte bei sich. Bei so viel Engagement sagte seine Liebste natürlich Ja!

STRASSENDECKEN

Damit dieser 200 m lange, 16 m breite Straßenabschnitt im chinesischen Jinan während der Bauphase im kalten Winter keine Risse bekam, wurde er mit tausenden von Baumwollsteppdecken zudeckt!

ZUSAMMEN STARK

Als sich im August 2014 ein Passagier während der morgendlichen Rushhour sein Bein zwischen Bahnsteig und Türschwelle eines Pendlerzugs im australischen Perth einklemmte, eilten ihm seine Mitfahrer zur Hilfe, indem sie den 40 t schweren Zug mit vereinten Kräften so weit zur Seite stemmten, dass der Mann sich aus seiner misslichen Lage befreien konnte. Unglaublich: Er war unverletzt und fuhr einfach weiter!

PRIVATFLUGHAFEN Pilot Mike Clark baute eine funktionsfähige Replik eines Fokker Eindeckers – eines Kampffliegers aus dem Ersten Weltkrieg – und errichtete danach eine Landebahn in seinem Garten im englischen West Sussex, damit er das Flugzeug auch bequem benutzen konnte.

MASSENPRODUKTION In China werden jährlich über 18 Millionen Autos hergestellt – alle 1,7 Sekunden rollt dort ein neuer Wagen vom Fließband!

WUCHERPREIS 2014 wurde ein unterirdischer Parkplatz nahe der Royal Albert Hall in London für unfassbare € 605.000 verkauft – mehr als der zweieinhalbfache Durchschnittspreis eines britischen Einfamilienhauses und das 15-Fache eines britischen Durchschnittsgehalts. Für denselben Preis könnte man auf einem nur 800 m weit entfernten Parkplatz 31 Jahre lang sein Auto abstellen!

AXT-ATTACKE Auf einer Autobahn nördlich von Boston kamen ein Autofahrer und sein Beifahrer, die mit über hundert Sachen unterwegs waren, knapp mit dem Leben davon, als eine Axt von der Ladefläche eines vor ihnen fahrenden Trucks flog, durch ihre Windschutzscheibe krachte und sich ins Armaturenbrett bohrte.

DREIFACHDUSEL Als die 22-jährige Mary Downey in der New Yorker U-Bahn-Station 49th Street auf die Bahngleise stürzte, wurde sie von drei Zügen überrollt – überlebte aber mit nichts weiter als einer gebrochenen Schulter!

PANZER MARKE EIGENBAU Li Guojun aus der chinesischen Provinz Liaoning hat zu Hause zwei sechs Meter lange, voll funktionsfähige Panzer gebaut, die es auf bis zu 19 km/h bringen!

→ **AUTOFAHRER AUS WASHINGTON, D.C., STEHEN PRO JAHR DURCHSCHNITTLICH 67 STUNDEN IM STAU!**

UNKUHLE AKTION Ein koreanischer Boeing 747-Jumbojet musste auf dem Londoner Flughafen Heathrow notlanden, da die 390 Kühe an Bord bei einem Flug über der Irischen See die Kabine überhitzt und den Feueralarm ausgelöst hatten! Kühe sondern viel Methangas ab und haben eine höhere Körpertemperatur als Menschen.

GRUSEL-GIMMICK Kindergärtnerin Charlie Wise aus dem englischen Berkshire putzte gerade den VW Golf, den sie kurz zuvor gebraucht gekauft hatte, als sie im Kofferraum eine lebendige 90 cm lange Königsboa entdeckte!

MEGAMODELBAHN Todd Miller aus Portland hat mehrere funktionsfähige Mini-Dampfloks mit Platz für bis zu 40 Passagiere gebaut, die er auf 3.353 m langen Schienen über sein Grundstück fahren lässt, unter anderem auch durch einen 122 m langen Tunnel!

Gesegnet sei der Porsche

Normalerweise geben diese buddhistischen Mönche aus dem Xinquian-Tempel im chinesischen Xiaogan ihren Segen bei Geburten und Hochzeiten – doch als der Besitzer dieses neuen Porsche sie im August 2014 bat, ein „gutes Wort" für seinen Wagen einzulegen, sagten sie nicht Nein!

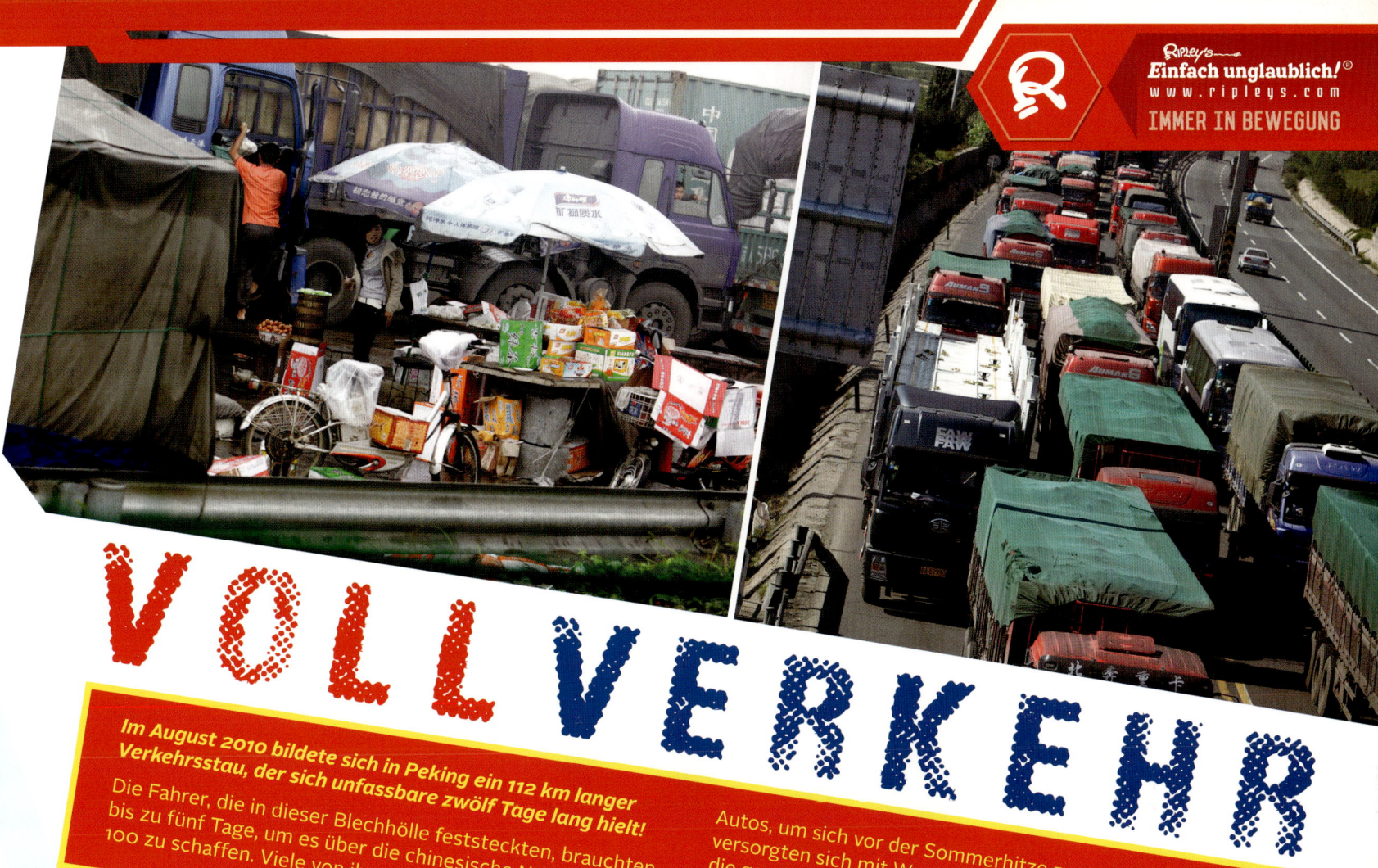

Ripley's Einfach unglaublich!®
www.ripleys.com
IMMER IN BEWEGUNG

VOLLVERKEHR

Im August 2010 bildete sich in Peking ein 112 km langer Verkehrsstau, der sich unfassbare zwölf Tage lang hielt! Die Fahrer, die in dieser Blechhölle feststeckten, brauchten bis zu fünf Tage, um es über die chinesische Nationalstraße 100 zu schaffen. Viele von ihnen schliefen unter ihren Autos, um sich vor der Sommerhitze zu schützen, und versorgten sich mit Wasser und Nudeln aus den Buden, die geschäftstüchtige Anwohner spontan am Straßenrand aufgebaut hatten. Grund für den Superstau war das Aufeinandertreffen von Feiertagsverkehr, einer Baustelle und ungewöhnlich vielen Kohletransportern.

ROBOCOPS Um mit dem zunehmenden Verkehr auf den Straßen von Kinshasa in der Demokratischen Republik Kongo zurechtzukommen, wurden die dortigen Ampeln durch Roboter-Verkehrspolizisten ersetzt! Die 2,40 m großen, mit Solarenergie betriebenen Humanoiden bestehen aus Aluminium und Edelstahl, tragen die für Polizisten typischen Sonnenbrillen und können per Videokamera in ihrer drehbaren Brust den Verkehrsfluss aufzeichnen.

DÜSEN-LKW Neal Darnell aus Missouri hat einen düsenbetriebenen LKW entwickelt, der bis zu 610 km/h schnell fahren kann! Der vier Tonnen schwere „Shockwave" enthält drei Strahltriebwerke, die von einem Ausbildungsflugzeug der US-Navy stammen und es gemeinsam auf 36.000 PS bringen. Gestoppt wird der Super-LKW von zwei Militärfallschirmen.

SUPERBANANE Steve Braithwaite aus Michigan investierte zwei Jahre Arbeit und € 22.500 in den Bau eines knallgelben, bananenförmigen Autos, das es auf bis zu 140 km/h bringt!

OLYMPIA-ODYSSEE Der Bauer Chen Guanming fuhr zwei Jahre lang auf seiner Rikscha von seinem abgelegenen Dorf in China aus bis nach London, um rechtzeitig zur Olympiade 2012 dort einzutreffen! Seine 60.000 km weite Reise führte ihn durch 16 Länder, Überflutungen, Kriegsgebiete und über Bergpässe mit bis zu -30°C!

LIEGEREISE Der 48-jährige Bruce Gordon aus British Columbia fuhr auf einem Liegerad in 153 Tagen 29.000 km weit um die Welt.

FÜNF WEITERE MEGA-STAUS

- **New York, USA, August 1969:** Woodstock-Fans bildeten auf dem Weg zu dem legendären Festival einen 32 km langen Stau auf dem New York Thruway.

- **Tokio, Japan, August 1990:** Feiertagsverkehr und ein Taifun verursachten einen 135 km langen Stau aus 15.000 Autos zwischen Hyogo und Shiga.

- **Deutschland, April 1990:** Während der ersten Osterfeiertage nach dem Fall der Berliner Mauer sammelten sich an der Grenze zwischen Ost- und Westdeutschland 18 Millionen Autos an!

- **Frankreich, Februar 1980:** Die Verbindung zwischen Lyon und Paris lag durch einen 175 km langen Stau lahm, den Skiurlauber verursachten, die wegen des schlechten Wetters nach Paris zurückkehren wollten.

- **England, April 1985:** Am Karfreitag kam es auf der M6 in Lancashire zu einem Stau aus 50.000 Fahrzeugen.

MANN FÄHRT OHNE LENKRAD

Als ein 38-jähriger Australier bei Adelaide von der Polizei kontrolliert wurde, mussten die Beamten feststellen, dass er ohne Lenkrad unterwegs war! Stattdessen hatte er behelfsmäßig eine Klemmzange an der Lenksäule befestigt.

TRUTHAHNBULLE In Las Vegas zieht an Thanksgiving ein als Truthahn verkleideter Verkehrspolizist durch die Straßen und kräht Autofahrer an, die an Zebrastreifen nicht für die Passanten halten wollen. Wer auf seine Aufforderung hin nicht stoppt, muss eine Strafe von € 180 bezahlen.

PILOTENHERAUSFORDERUNG Auf der Karibikinsel Saba gibt es nur eine Landebahn, die direkt am Rand einer Klippe liegt und gerade mal 400 m lang ist!

ULTRA-AUTO Studenten aus dem französischen Nantes haben das Microjoule entwickelt, ein Ultraleichtauto, in dem man mit Benzin im Wert von nur € 23 einmal um die Welt fahren könnte! Es passt zwar nur ein Fahrer hinein, und dieser muss liegen – dafür schafft es das Microjoule aber mit nur einem Liter Benzin 3.200 km weit. Es hat einen Verbrennungsmotor und bietet aufgrund seiner aerodynamischen Form kaum Luftwiderstand.

COOLER KOFFER He Liangcai aus dem chinesischen Changsha hat einen fahrbaren Koffer entwickelt, der mit einem kleinen Elektromotor betrieben wird und zwei Erwachsene mit bis zu 20 km/h an die 60 km weit transportieren kann.

ACHTRAD Das von dem US-Amerikaner Milton Reeves im Jahr 1911 erfundene Overland Octo-Auto war sechs Meter lang und hatte acht Räder. Da sich niemand für seine Erfindung interessierte, versuchte er es ein Jahr später mit dem sechsrädrigen Sexto-Auto, das aber ebenfalls floppte.

WASSERFAHRRAD Am 27.9.2013 fuhr Judah Schiller 6,4 km weit auf einem Fahrrad, das auf zwei pedalbetriebenen, aufblasbaren Pontons ruhte, über die Bucht von San Francisco. Eine Woche darauf transportierte er sein Gefährt nach New York, wo er damit den Hudson überquerte.

MONSTERMASCHINE Fabio Reggiani aus der italienischen Provinz Reggio Emilia baute ein fünf Meter hohes, zehn Meter langes funktionsfähiges Motorrad mit einem 5,7 l-V8-Motor. Allein die Reifen haben einen Durchmesser von knapp zwei Metern.

MEGASCHIFF Das in Dänemark registrierte, 2013 vom Stapel gelaufene Frachtschiff Mary Maersk hat Platz für 18.000 Container und wäre 76 m höher als der Eiffelturm, wenn man es vertikal aufrichten würde.

FALSCHES AUTO Ein Australier aus Stansbury fuhr versehentlich im falschen Auto vom Einkaufen zurück! Neben seinem grauen Toyota hatte ein fast identischer grauer Hyundai gestanden – ebenfalls mit offener Tür und Schlüssel im Zündschloss. Der Mann bemerkte den Irrtum erst, als er von der Polizei aufgehalten wurde.

SPIELERISCH FAHREN LERNEN Wer in Sierra Leone seinen Führerschein macht, muss vorher ein Brettspiel spielen! Es heißt „Der Weg des Autofahrers" und die Spieler müssen Fragen über Verkehrsregeln beantworten.

FAHRRADFREUNDE 27 Prozent aller Strecken in den Niederlanden werden auf dem Fahrrad zurückgelegt – in Nordamerika und Großbritannien sind es weniger als zwei Prozent.

FAKE-LANDUNG

1929 verkündete Alfred E. Smith, ehemaliger Gouverneur des Bundesstaates New York, dass das damals in der Planungsphase befindliche Empire State Building statt 320 m 380 m hoch werden müsse, damit man es als öffentliche Station für Passagierzeppeline benutzen könne! Doch aufgrund der durchschnittlichen Windgeschwindigkeit von 64 km/h, die dort oben herrscht, erwies sich sein Plan als nicht durchführbar. 1937, sechs Jahre nach Eröffnung des Empire State Buildings, endete zudem der Traum vom Zeppelin als gängigem Verkehrsmittel mit der Explosion der *Hindenburg*. Diese Fotomontage zeigt das Luftschiff *Los Angeles* in den 1930er-Jahren über dem Empire State Building.

R Ripley's **Einfach unglaublich!**®
www.ripleys.com
IMMER IN BEWEGUNG

KNOCHEN TRUCK

Der indische Künstler Jitish Kallar stellt aus Harz, Stahl und Farbe gigantische Gruselfahrzeuge her, die so aussehen, als würden sie aus Dinosaurierknochen bestehen!

Seine Kunstwerke – größtenteils in Form von LKWs, Bussen, Autos und Motorrädern – gestaltet er ganz bewusst so, dass sie an seltsame prähistorische Skelette erinnern.

MINIROLLER George Mabey, Student der Ingenieurswissenschaften aus dem englischen Southampton, hat einen Tretroller erfunden, den man auf die Größe eines Blatts Papier zusammenfalten kann! Der Leichtgewichtroller besteht aus Aluminiumteilen, die durch ein Kabel verbunden sind, das man nur straffziehen muss, damit sich der Roller zusammensetzt.

FISCHUNFALL Pilot Nick Toth musste einen Startversuch auf der McDill Air Force Base in Florida abbrechen, weil sein Gulfstream IV mit einem Fisch kollidierte! Der Kampfflieger hatte bereits die halbe Startbahn überquert, als Toth vor sich einen großen Fischadler bemerkte, der etwas in den Klauen hielt. Als der Vogel unter dem Flugzeug verschwand, war ein lauter Knall zu hören, woraufhin Toth anhielt und zurücksetzte, nur um einen 23 cm langen Fisch zu entdecken, den der Vogel vermutlich fallengelassen hatte.

FLUGPOST Der Postweg zwischen den australischen Städten Cairns und Cape York ist 1.440 km lang – und wird trotzdem innerhalb eines Tages bedient! Der Postbote fliegt nämlich per Flugzeug und landet in neun Stunden in zehn Orten.

➜ IM JAPANISCHEN YOKOHAMA GIBT ES ZEHN SOGENANNTE „SCHILDKRÖTENTAXIS", DIE DEN PASSAGIEREN EINE BESONDERS LANGSAME FAHRT VERSPRECHEN!

PORSCHE MIT PEDALEN Johannes Langeder aus Linz hat € 18.000 und ein halbes Jahr Arbeit in den Nachbau eines originalgroßen goldenen Porsche investiert, der es nur auf acht Stundenkilometer bringt – er wird nämlich per Pedalkraft bedient!

FALSCHER KONTINENT Edward Gamson und Lowell Canaday aus Washington wollten eigentlich Urlaub im spanischen Granada machen – allerdings unterlief ihnen bei der Flugbuchung ein Fehler und sie landeten stattdessen auf der Karibikinsel Grenada!

STARKE SCHIFFE Containerschiffe des Typs CSCL Globe zählen zu den größten Schiffen der Welt: Sie sind 400 m lang und könnten wahlweise 156 Millionen Paar Schuhe, 300 Millionen Tablets oder 900 Millionen Konservendosen fassen.

Parkgenie

Der Chinese Chen Zhongliang ist der vielleicht begabteste Einparker aller Zeiten. Denn es gelang ihm, seinen Wagen in diese winzige Parklücke vor seinem Haus in Quanzhou zu quetschen – und das angeblich in nur einem Zug!

FLUGZEUGSCHWUND Auf einem Flughafen im angolanischen Luanda wurde am 25.5.2003 eine Boeing 727 gestohlen, die niemals wieder aufgetaucht ist.

EINFACH MAL ABTAUCHEN Das britische Unternehmen Oliver's Travels empfängt Urlauber auf einem zu einem Luxushotel umgebauten U-Boot – in 200 m Meerestiefe! Eine dreiköpfige Crew betreut die Gäste der Lover's Deep ab € 240.000 pro Nacht.

FLIEGENDER SCHÄFERHUND Marty Todd nutzt zum Schafe hüten auf seiner Farm in Nelson, Neuseeland, keinen Hund, sondern einen ferngesteuerten Minihelikopter, dessen Bewegung und Klang den Schafen den Weg weist.

NOT MACHT ERFINDERISCH Automechaniker Spyros Droulias aus dem griechischen Elis baut verwaiste Familienautos in landwirtschaftliche Maschinen um. In Griechenland wurden im Zuge der Wirtschaftskrise über eine Million Fahrzeuge aufgegeben, da sich die Besitzer den Unterhalt nicht mehr leisten konnten. Kfz-Werkstattbesitzer Droulias hat sich das zum Vorteil gemacht – denn seine zu Melkmaschinen und Pflügen umgebauten Fords und Toyotas sind äußerst beliebt.

BALLREGEN Ein Pilot, der im Rahmen einer Werbeaktion 3.000 Tischtennisbälle über einer Menschenmenge in Blackfoot, Idaho, hatte abwerfen sollen, verpasste leider sein Ziel und ließ die Bälle über einer vielbefahrenen Autobahn nicht weit von Blackfoot auf den Verkehr herabregnen. Zum Glück kam es dabei nicht zu einem einzigen Unfall!

ZÄHNE ZEIGEN Rex Rosenberg aus Kansas hat seinen Subaru über und über mit künstlichen Gebissen, Gebissabdrücken, Zahnpastatuben und Zahnarztgeräten bedeckt. Das Ergebnis? Ein Chewbaru – „to chew" bedeutet auf Deutsch nämlich „kauen"!

PRIVATACHTERBAHN Nach einem Ausflug in einen Vergnügungspark baute Will Pemble aus San Francisco für seine Kinder Lyle und Ellie in seinem Garten eine 55 m lange Achterbahn nach! 300 Stunden Arbeitszeit investierte der 50-Jährige in sein Heimwerker-Meisterstück, das ihn nicht mehr als € 3.200 kostete. Bei den Kindern aus der Nachbarschaft ist kein Garten so beliebt wie der der Pembles!

SCHWERE BROCKEN Die spanische Marine investierte 2,9 Milliarden Euro in vier neue U-Boote – nur um festzustellen, dass sie viel zu schwer waren und nach dem Stapellauf umgehend wie Steine im Meer versunken wären!

SCHÄFERAUTO

Der Bauer Dave Isaac aus dem englischen Sussex hat seinem Peugeot ein flauschiges Äußeres verpasst, das starke Ähnlichkeit mit seiner Hütehündin Floss hat! Trotz der ungleichen Größe und der höheren Laufgeschwindigkeit – Floss bringt es im Gegensatz zum Auto nämlich nicht auf 65 km/h – scheinen die Schafe keinen Unterschied zu bemerken – sie hören auf das Auto genauso gut wie auf den Hund.

TRAM AUF STELZEN

Fuhr wirklich durchs Meer!

A SEA VOYAGE ON WHEELS AT BRIGHTON.

The **BRIGHTON & ROTTINGDEAN** **SEASHORE ELECTRIC RAILWAY**

FREQUENT SERVICES DAILY.

Cars Start From the **KEMPTOWN STATION** *of* **VOLK'S** *Electric Railway.*

SALOON
HIGH TIDE.
NIGHT.
LOW TIDE.

FARE 6D EACH WAY.

BRUMBY & CLARKE LTD HULL & LONDON.

1896 eröffnete der Ingenieur Magnus Volk eine elektrische Straßenbahn, die die englischen Städte Brighton und Rottingdean verband – und zwar über eine 4,5 km lange Strecke quer durchs Meer!

Die „Seereise auf Schienen" – so der Slogan des Unternehmens – bestand aus einem einzigen Waggon, der auf vier sieben Meter hohen Beinen ruhte. Am unteren Ende der Beine waren Rollen sowie Schaber montiert, die Seegras, Krebse und Geröll von den Schienen kratzten. Die Schienen waren auf Zementblöcken befestigt, die in 80-cm-Abständen in den Meeresboden entlang der Küste eingelassen waren. Die Pioneer, auch als „Daddy Long-Legs" bekannt, konnte 160 Passagiere aufnehmen und verfügte über ein Rettungsboot und Schwimmwesten. Leider war sie aber nur in flachem Wasser funktionsfähig – bei Flut kam sie fast zum Stillstand. Nur eine Woche nach der Eröffnung wurde sie durch einen Sturm schwer beschädigt, geschlossen wurde sie aber erst 1901.

151

Harley-Grab

2014 wurde der im Alter von 82 Jahren verstorbene Motorradfan Bill Standley aus Mechanicsburg, Ohio, in einem durchsichtigen Sarg beerdigt, in dem er aufrecht auf seiner geliebten 1967er Harley Davidson Electra Glide saß. Er hatte zuvor drei Grabstellen angemietet, damit der Sarg, den er von seinen beiden Söhnen bauen ließ, genug Platz hatte. Standleys Körper war von fünf Leichenbestattern einbalsamiert und mit einer Metallschiene und Riemen auf dem Motorrad fixiert worden.

KUSCHELREISEN Die japanische Firma Unagi Travel ermöglicht es Kunden, die selbst keinen Urlaub machen können, zumindest ihre Stofftiere auf Reisen zu schicken. Je nach Ziel und Größe des Kuscheltiers kostet ein Ausflug zwischen € 18 und € 48.

HOLZKÄFER Das Ehepaar Momir und Nada Bojic aus Čelinac in Bosnien-Herzegowina baute einen 1975er VW Käfer zu einem fahrbaren Untersatz aus Holz um! Innerhalb von zwei Jahren schnitzten sie von Hand 50.000 Teile zurecht, darunter die gesamte Karosserie, die Pedale, das Lenkrad, die Scheibenwischer, die Radkappen, die Stoßstangen, die Rücklichter, den Schaltknüppel, das Armaturenbrett, die Uhr und sogar die Antenne! Von außen ist der Holzkäfer mit Tausenden winziger Holzschindeln besetzt.

TROSTPIZZA Als ein Flugzeug, das von Washington, D.C., nach Denver unterwegs war, wegen Schlechtwetters auf dem Provinzflughafen Cheyenne zwischenlanden musste, bestellte der Pilot Gerhard Bradner für die 160 gestrandeten, hungrigen Passagiere 35 riesige Lieferpizzen.

RETRO-REPLIK Der Engländer Gordon Grant baute zwölf Jahre lang an einer exakten Replik von Tschitti Tschitti Bäng Bäng, Dick Van Dykes Auto aus dem gleichnamigen Film aus dem Jahr 1968.

SCHLAUTO Forscher von der englischen Nottingham Trent University haben einen Autositz entwickelt, der registriert, wenn der Fahrer im Verkehr einnickt. In den Sitz ist ein Elektrokardiogramm-Sensorensystem eingebaut, dass den Herzrhythmus aufzeichnet und bei drohender Ermüdung eine Warnung abgibt. Ignoriert der Fahrer das Signal, drosselt der Tempomat automatisch die Geschwindigkeit.

STEINERNES SCHIFF 1803 erklärte die britische Marine einen 175 m hohen Felsen vor Martinique zum britischen Kriegsschiff – die *H.M.S. Diamond Rock* – und installierte Kanonen auf dem Felsgipfel.

RADKAPPEN-SKULPTUREN

Der Künstler Ptolemy Elrington aus dem englischen Brighton gestaltet detailreiche Tierskulpturen aus alten Radkappen. Sein Arbeitsmaterial findet er am Straßenrand. Zu seinen Werken zählen nicht nur diese Hühner, sondern auch Eulen, Hunde, Wölfe, Echsen und Meeresbewohner. Einmal baute er außerdem einen zehn Meter langen Drachen aus über 200 Radkappen, den er für etwa € 4.500 verkaufen konnte.

Ripley's Einfach unglaublich!®
www.ripleys.com
IMMER IN BEWEGUNG

PRIVATLÖSUNG Als Bauarbeiten an einer Autobahn im englischen Bath Autofahrer zu einem einstündigen Umweg zwangen, investierte der örtliche Unternehmer Mike Watts € 220.000 in den Bau einer Mautstraße über ein Feld – die erste private Mautstraße in Großbritannien seit über 100 Jahren! Die 365 m lange Straße konnte für umgerechnet nur drei Euro befahren werden. Allein in den ersten fünf Tagen nutzten 4.000 Fahrer das Angebot.

BLINDE HATZ Malazum Hussain aus dem englischen Sheffield wurde festgenommen, nachdem er sich spätnachts eine acht Kilometer lange, 135 km/h schnelle Verfolgungsjagd mit der Polizei geliefert hatte – obwohl er fast blind ist und nur einige Meter weit sehen kann!

ALTES HAUS Bei einem Ausflug mit dem Leichtflugzeug über Northglenn, Colorado, krachte Brian Veatch in ein Haus, das er selbst einmal besessen hatte! Zum Glück kam er – im Gegensatz zu dem Haus – unbeschadet davon.

DOPPELKRAFT Das von Martin Kraiss aus Ulm entworfene Varibike kann sowohl mit den Armen als auch mit den Beinen angetrieben werden! Neben den Fußpedalen verfügt es nämlich auch über mit den Rädern verbundene Handkurbeln, die die Fahrgeschwindigkeit um bis zu 30 Prozent steigern.

→ 2013 WURDEN AN DEN SICHERHEITSKONTROLLEN US-AMERIKANISCHER FLUGHÄFEN ÜBER € 440.000 IN MÜNZEN LIEGENGELASSEN.

FLASCHENBOOT Zur Feier ihres Uniabschlusses bauten vier Naturwissenschafts- und Technikstudenten aus dem chinesischen Chongqing zwei Monate lang an einem Ruderboot aus 1.528 gebrauchten Plastikflaschen. Das fünf Meter lange Schiff kann fünf Erwachsene tragen und ist voll funktionsfähig.

LUXUS-GEDÄCHNISLÜCKE Via Facebook-Aufruf machte sich die schwedische Polizei auf die Suche nach dem Besitzer eines € 95.000 teuren Schiffes, das zwei Jahre lang im Hafen von Stromstad vertäut gewesen war – bis sich schließlich der norwegische Besitzer zu Wort meldete, der das Luxusboot „einfach vergessen" hatte.

KANUKÖNIG Der ungarische Architekt Gabor Rakonczay ist der erste Mensch der Welt, der alleine den Atlantik in einem Kanu durchpaddelte! Im Dezember 2011 brach er in Portugal auf und reiste 5.600 km weit bis ins karibische Antigua – und das in nur 76 Tagen. Sein 7,50 m langes Kanu kenterte aufgrund rauer See zweimal, und zwischendrin befürchtete man, Rakonczay sei ertrunken, da seine Kommunikationsausrüstung sechs Wochen lang den Dienst versagte.

NEON-TRUCKS

Unter japanischen LKW-Fahrern ist es der neuste Trend, ihre Fahrzeuge mit Stahl, Chrom, Gold und grellen Neonbeleuchtungen aufzupimpen!

Viele dieser *Dekotora* (deutsch: „dekorierte LKWs") sind außerdem mit Landschaften, Bildern von Promis oder bekannten japanischen Zeichentrickfiguren bemalt.

Einfach weg!

Der Pariser Künstler Laurent La Gamba bringt Menschen zum Verschwinden, indem er sie mit Acrylfarbe so detailverliebt bemalt, dass sie sich kaum mehr vom Hintergrund unterscheiden lassen. Sein Lieblingsmotiv: schnelle Wagen vor schönen Landschaften. Die Arbeit an einem „Bild" kostet ihn nur rund zwei Stunden.

HOLZ-BIKE Der russische Schreiner Juri Hvtisischwili hat innerhalb von vier Jahren eine originalgroße, bis ins kleinste Detail authentisch wirkende Replik eines sowjetischen IZH-49-Motorrads aus Holz gestaltet!

GROSSE KINDER Der neuste Trend in Portland, Oregon: „Zoobombing", eine Sportart, bei der Erwachsene auf winzigen Kleinkinderfahrrädern mit nur 30 cm großen Rädern einen steilen Berg herunterrasen. Seinen Namen hat der Trend, weil der Startort in Zoonähe liegt.

ZUG AUS 1930ERN FUHR 230KM/H SCHNELL!

In den 1930er-Jahren wurde in Deutschland ein Hochgeschwindigkeitszug getestet, der aussah wie ein Zeppelin und durch einen Flugzeugmotor und einen Heckpropeller betrieben wurde. Der stromlinienförmige Schienenzeppelin war die Erfindung von Ingenieur Franz Kruckenberg, fasste 40 Passagiere und konnte unfassbare 230 km/h schnell fahren, womit er das schnellste gasbetriebene Fahrzeug aller Zeiten war! Er ging jedoch nie in Serie, da er als öffentliches Verkehrsmittel zu gefährlich war. 1939 nahm man ihn zur Materialgewinnung im Zweiten Weltkrieg auseinander.

OHREN AUF! Kristopher Wenberg, 25-jähriger Soldat der US-Army, wurde beim Spazierengehen in Topeka, Kansas, von einem Güterzug angefahren, überlebte aber wie durch ein Wunder mit nichts weiter als leichten Verletzungen an Bein und Schulter. Da er Kopfhörer trug, hatte er den Zug nicht hören können.

WEIT GEGANGEN Das britische Paar Katharine und David Lowrie wanderte 10.300 km weit die gesamte Länge Südamerikas entlang! Auf ihrer mehr als einjährigen Reise, die sie durch Regenwälder, Gebirge und die Pampa führte, ernährten sie sich von toten Tieren, die sie am Straßenrand fanden, und zogen ihre Habseligkeiten in einem 100 kg schweren Handwagen hinter sich her.

NIE BENUTZT 2013 stand im englischen Norfolk ein Triumph Herald Baujahr 1961 zum Verkauf, der in den 52 Jahren seit seinem Bau nur 32 km weit gefahren war – und nach seiner Anlieferung gar nicht mehr! Im Auktionskatalog war er gelistet als „Oldtimer mit nur einer einzigen sorgsamen Vorbesitzerin."

KEIN SPIEL! Ein sechsjähriger Junge aus New York wurde von Autofahrern von einer sechsspurigen Autobahn gerettet, auf die er sich mit einem batteriebetriebenen Mini-Quad verirrt hatte! Drei geistesgegenwärtige Fahrer bildeten mit ihren Wagen einen Schild, um ihn vor den mit 80 km/h vorbeidonnernden übrigen Autos auf dem Bronx River Parkway zu schützen, und geleiteten ihn so in Sicherheit.

FÜR GANZ FAULE Der britische Künstler Solomon Rogers hat aus zwei motorbetriebenen Sonnenliegen einen vierrädrigen Buggy samt Soundsystem, Kühlschrank und Sonnenschirm gebastelt, mit dem man ganz bequem am Strand herumfahren und sich den schönsten Sonnenflecken suchen kann, ohne aufstehen zu müssen!

U-BAHN-MARATHON Im August 2013 besuchten die Briten Geoff Marshall und Anthony Smith innerhalb von 16 Stunden, 20 Minuten und 27 Sekunden alle 270 Londoner U-Bahn-Stationen! Dabei halfen ihnen einige Freunde, die sie vor möglichen Hindernissen warnten.

NATURTALENT Obwohl der 77-jährige John Wildey aus dem englischen South Yorkshire noch nie zuvor ein Flugzeug gesteuert hatte, landete er eine Cessna Skyhawk sicher, nachdem der Pilot, ein Freund von Wildey, mitten im Flug verstorben war. Angeleitet von Fluglotsen bediente der Senior das Leichtflugzeug 90 Minuten lang und setzte aus 450 m Höhe im Dunkeln zur Landung auf dem Humberside Airport an, die ihm beim vierten Versuch auch gelang.

MOBILES JACUZZI Die Ingenieure Phillip Weicker und Duncan Foster aus Ontario bauten innerhalb von sechs Jahren einen 1969er Cadillac Coupe Deville vom Cabrio zum mobilen Jacuzzi um! Dazu ersetzten sie das Heck des Wagens durch einen Whirlpool mit einem Fassungsvermögen von über 2.000 l, die durch einen 7,7-Liter-V8-Motor auf 38°C erwärmt werden können!

TREUES GEFÄHRT Seit sich Irv Gordon aus New York 1966 einen Volvo P1800 kaufte, hat er in dem Wagen mehr als 4,8 Millionen Kilometer zurückgelegt!

Ripley's Einfach unglaublich!®
www.ripleys.com
IMMER IN BEWEGUNG

MEGABAHNHOF Der Bahnhof Gorakhpur in Nordindien hat einen 1,35 km langen Bahnsteig!

HOCHZEITSFAHRT Anlässlich des zehnjährigen Jubiläums des U-Bahn-Systems im chinesischen Wuhan machten 14 Männer ihren Liebsten in einer der Bahnen einen Antrag und fuhren dann gleich weiter zu einer Massenhochzeit auf einem Bahnsteig.

FLUGZUG Über die Landebahn des Flughafens von Gisborne, Neuseeland, auf dem jährlich 17.000 Flüge und 130.000 Passagiere abgefertigt werden, verläuft eine Bahnlinie!

WAHRE TIERLIEBE Jörg Dächer aus Niedersachsen verursachte einen Schaden in Höhe von rund € 41.000 an seinem Ferrari Testarossa, als er einem Igel auf der Straße auswich! Immerhin: Der Igel überlebte!

FLUGAUTO Steve Saint aus Florida hat ein flugfähiges Auto entwickelt! Der 4,50 m lange Maverick ist mit einem Fallschirm und einem großen Flugzeugpropeller am Heck ausgestattet. Er ist sowohl für den Straßenverkehr als auch für den Luftraum zugelassen, fliegt mit 64 km/h und bringt es auf der Straße auf bis zu 160 km/h.

ROBO-KÄFER

Der japanische Ingenieur Hitoshi Takahashi arbeitete elf Jahre lang an diesem voll funktionsfähigen, ferngesteuerten Roboter in Form eines gigantischen Riesenkäfers.

Der KABUTOM RX-03 ist elf Meter lang, wiegt 18 t und bewegt sich mithilfe von sechs dieselbetriebenen Beinen fort.

LEGENDÄRE LEISTUNGEN

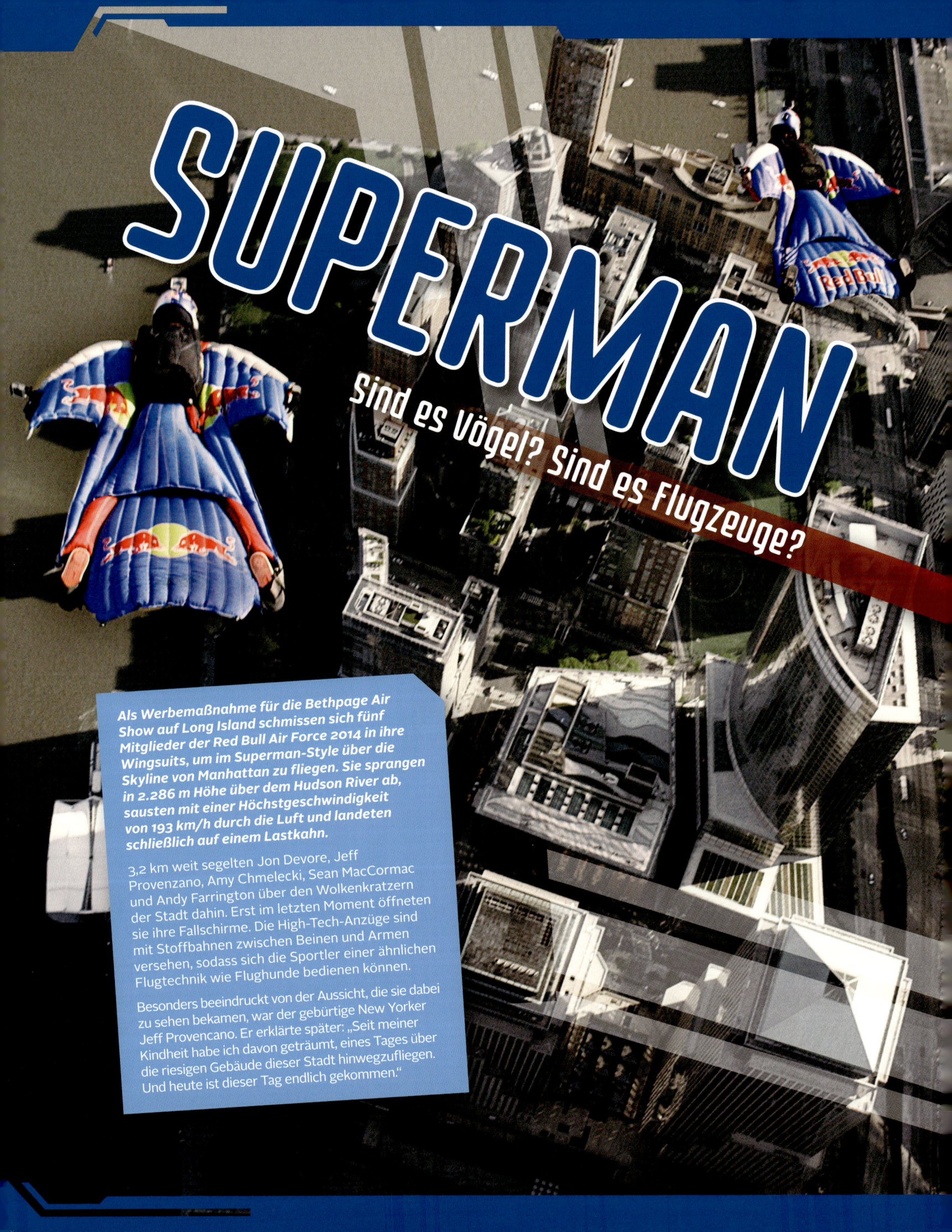

SUPERMAN

Sind es Vögel? Sind es Flugzeuge?

Als Werbemaßnahme für die Bethpage Air Show auf Long Island schmissen sich fünf Mitglieder der Red Bull Air Force 2014 in ihre Wingsuits, um im Superman-Style über die Skyline von Manhattan zu fliegen. Sie sprangen in 2.286 m Höhe über dem Hudson River ab, sausten mit einer Höchstgeschwindigkeit von 193 km/h durch die Luft und landeten schließlich auf einem Lastkahn.

3,2 km weit segelten Jon Devore, Jeff Provenzano, Amy Chmelecki, Sean MacCormac und Andy Farrington über den Wolkenkratzern der Stadt dahin. Erst im letzten Moment öffneten sie ihre Fallschirme. Die High-Tech-Anzüge sind mit Stoffbahnen zwischen Beinen und Armen versehen, sodass sich die Sportler einer ähnlichen Flugtechnik wie Flughunde bedienen können.

Besonders beeindruckt von der Aussicht, die sie dabei zu sehen bekamen, war der gebürtige New Yorker Jeff Provencano. Er erklärte später: „Seit meiner Kindheit habe ich davon geträumt, eines Tages über die riesigen Gebäude dieser Stadt hinwegzufliegen. Und heute ist dieser Tag endlich gekommen."

im Sturzflug

Nein, es sind Wingsuit-Flieger!

Auf der nächsten Seite erfahrt ihr mehr über die Wingsuit-Sportler!

1

2

3

KORKENKNALLER Der New Yorker Restaurantmanager Frank Esposito kann in einer Minute 48 Champagnerflaschen öffnen.

KONTINENTAL-MARATHON Tim Durbin aus San Francisco lief im Januar 2015 innerhalb von sieben Tagen sieben Marathons auf sieben Kontinenten und besuchte dabei die Antarktis, Chile, Miami, Spanien, Marokko, Dubai und Australien. Seine Durchschnittszeit pro Marathon lag dabei bei nur fünf Stunden und 30 Minuten. Seit 2013 zählt er zudem die Kilometer, die er mit Laufen, Gehen, Langlaufen und Schwimmen zurücklegt – bis 2022 will er nämlich die Strecke einer Äquatorumrundung zurücklegen – das sind 40.075 km.

HOCHHAUSHANDSTAND Scott Young aus dem englischen Hampshire machte einen Handstand auf der Dachkante eines 40-stöckigen Gebäudes im chinesischen Shanghai – und das ohne jegliche Sicherheitsmaßnahme! Scott hat seinen Trick schon auf Wolkenkratzern rund um die Welt vorgeführt und filmt sich dabei selbst mit einer Kamera, die er in seinen Schuh eingebaut hat.

SCHÜTZENKÖNIG Meisterschütze Lars Andersen aus Dänemark ist so geschickt mit Pfeil und Bogen, dass er einen Getränkedosenverschluss in die Luft werfen und einen Pfeil durch die Öffnung im Metall schießen kann, ehe der Verschluss zu Boden fällt.

COOLE NOTLÖSUNG Die neunjährige Sabre Morris aus dem australischen Newcastle kann einen 540-Grad-Spin auf dem Skateboard landen – aber immer noch nicht Radfahren! Sie hat sich mit sechs Jahren Skaten beigebracht, weil ihre Eltern ihr kein Fahrrad kaufen wollten, da ihr Haus keine Garage hat.

RÜCKWÄRTSBOWLER Andrew Cowen aus Illinois machte 280 Punkte bei einer Bowlingpartie, bei der er ausschließlich rückwärts spielte! Ihm gelangen zehn Strikes in Folge, und wäre da nicht ein Spare beim zweiten Wurf gewesen, hätte er ein perfektes 300-Punkte-Rückwärtsspiel geliefert!

ALT, ABER KNALLHART Mike „Mighty Atom Jr." Greenstein, Strongman aus New York, kann im Alter von 93 Jahren immer noch ein Auto die Straße entlangziehen – und zwar mit den Zähnen! Dabei ist der zweifache Urgroß-vater nur 1,60 m groß und wiegt gerade mal 63 kg! Sein Vater Joe, ebenfalls Strongman, konnte angeblich ein 240 km/h schnelles Flugzeug vom Start abhalten, das an in seinem Haar fixierten Ketten festgebunden war!

BÜCHERWURM Auf der Buchmesse in Antwerpen wurde 2013 von 40 Freiwilligen eine 614 m lange Schlange aus 4.845 gebrauchten Büchern aufgestellt, die man danach wie eine Kette aus Dominosteinen umfallen ließ.

AUS DER VOGELPERSPEKTIVE Das fünfköpfige Red Bull-Wingsuit-Team stürzte sich in bester Superman-Manier in 2.286 m Höhe aus einem Flugzeug und zischte über der New Yorker Skyline mit bis zu 193 km/h durch die Luft (Bild 1), um schließlich auf einem schmalen Kahn auf dem Hudson zu landen. Erst kurz vorher (Bild 2) öffneten die furchtlosen Fünf – Jon Devore, Jeff Provenzano, Amy Chmelecki, Sean MacCormac und Andy Farrington – ihre Fallschirme (Bild 3), um die Geschwindigkeit abzubremsen.

Ripley's Einfach unglaublich!®
www.ripleys.com
LEGENDÄRE LEISTUNGEN

SCHMERZ SCHLAF

Die Chinesin Zhou Jie erduldete 36 Nächte lang Qualen für ihre Kunst, als sie im Rahmen einer ihrer Performances fast nackt auf einem Bett aus grobem Eisendraht schlief!

Die Besucher der Pekinger Ausstellung konnten sie zuvor dabei beobachten, wie sie ihr eisernes Schlafzimmer vorbereitete, in dem sich neben dem Bett auch „Kuscheltier"-Skulpturen aus Metalldraht befanden.

SCHNAPSZAHLSPIELER Der pakistanische Squashspieler Jahangir Khan gewann zwischen 1981 und 1986 innerhalb von fünf Jahren und acht Monaten unfassbare 555 aufeinanderfolgende Spiele!

KRASSER KARPFEN Mit nichts weiter als einem Stück Brot als Köder fing der Engländer Andy Harman den mit 68 kg bislang größten Karpfen der Welt. Eine Stunde lang kämpfte er 2014 im thailändischen Krabi mit dem Fisch, bis er ihn endlich an Land wuchten konnte.

KUNTERBUNTES IGLU Dan Gray, ein neuseeländischer Ingenieursstudent, errichtete im kanadischen Edmonton mithilfe von 500 Milchtüten ein Iglu in Originalgröße! Dazu füllte er die Kartons mit Wasser und Lebensmittelfarbe und ließ sie zu bunten Eisziegeln gefrieren. Für sein farbenfrohes Kunstwerk brauchte er nur fünf Tage.

TEURE TRETER Die Turnschuhe, die Kult-Basketballspieler Michael Jordan während des berühmten „Grippespiels" 1997 trug, bei dem er trotz Grippe den Chicago Bulls im NBA-Finale zum Sieg gegen Utah Jazz verhalf, wurden 2013 bei einer Auktion für über € 95.000 verkauft. Nach dem Spiel gab Jordan die Schuhe Utah Jazz' Balljungen Preston Truman, der sie 16 Jahre lang in einem Bankschließfach aufbewahrte wie ein Heiligtum.

WAKEBOARD-WAHNSINN

Der fünffache britische Wakeboardmeister Jorge Gill ließ sich mit über 130 km/h von einem Ferrari über ein überflutetes Feld im englischen Lincolnshire ziehen! Der 19-jährige Adrenalinjunkie hielt sich dabei an einem Seil fest, das am Heckspoiler des Wagens befestigt war, und brachte es bei seinem Experiment auf die vierfache Geschwindigkeit, mit der er normalerweise auf dem Wakeboard unterwegs ist.

MANN LÄUFT 25 JAHRE RÜCKWÄRTS

Mani Manithan aus dem indischen Tamil Nadu geht seit mehr als 25 Jahren – seit dem 14.6.1989 – ausschließlich rückwärts, um sich für den Weltfrieden einzusetzen. Einmal ging er sogar 480 km weit am Stück rückwärts, und das auch noch nackt!

MINI-GENIE Mit nur zwei Jahren erwies sich Adam Kirby aus London bei einem IQ-Test bereits als schlauer als US-Präsident Barack Obama und der britische Premierminister David Cameron! Er begann schon mit neun Monaten zu lesen und konnte mit zwei Jahren auf Englisch bis 1.000 und auf Spanisch und Japanisch bis 20 zählen.

EINARMOLYMPIADE Im texanischen Olney findet alljährlich eine „Olympiade" für Einarmige statt. Zu den Disziplinen zählen unter anderem Billard, Tontaubenschießen und Golf, aber auch ausgefallenere Sportarten wie Kuhfladenweitwurf. Gegründet wurde das Event 1972 von den beiden Armamputierten Jack Northrup und Jack Bishop.

HALS ÜBER KOPF US-Soldatin Jalyessa Walker gelangen im November 2012 im texanischen El Paso 49 Rückwärtssalti in Folge!

WUNDERFRAU Die 29-jährige nepalesische Bergsteigerin Chhurim Sherpa erklomm im Mai 2012 gleich zweimal innerhalb von einer Woche den Mount Everest und war damit die erste Frau der Welt, die diese Herausforderung in einer Saison doppelt meisterte.

➡ **NARAYAN TIMALSINA AUS DEM NEPALESISCHEN DISTRIKT PALPA KANN 90 SEKUNDEN LANG 24 PYRAMIDENFÖRMIG ANGEORDNETE TISCHTENNISBÄLLE AUF DER HAND BALANCIEREN.**

DOMINANT Im Juli 2013 baute ein Team von Sinners Domino Entertainment in einer Turnhalle im hessischen Büdingen über 270.000 Dominosteine auf – natürlich nur, um sie später wieder umfallen zu lassen!

BRETTBALANCE Der Kanadier Doug McManaman kann ein neun Kilo schweres, 2,70 m langes Surfbrett 51,47 Sekunden lang auf seinem Kinn balancieren!

WEINLIEBHABER Alain Lalibere aus Toronto hat an die 160.000 Weinflaschenetiketten aus der ganzen Welt zusammengetragen! Das Älteste stammt aus Deutschland und wurde im Jahr 1859 gedruckt. Übrigens liebt er nicht nur Weinetiketten, sondern auch Wein an sich – pro Jahr probiert er durchschnittlich 5.000 Sorten.

DISNEY-MARATHON Tonya Mickesh und Jeff Reitz aus Kalifornien statteten Disneyland 2012 jeden Tag einen Besuch ab! Pro Besuch liefen sie bis zu 6,4 km weit, legten über das Jahr hinweg also knapp 4.800 km Strecke in dem Vergnügungspark zurück. Dabei posteten sie über 2.000 Fotos auf Instagram.

LUFTIKUS Matt Silver-Vallance ist der erste Mensch der Welt, der an Heliumballons von Robben Island nach Kapstadt schwebte! Für die 5,9 km weite Strecke über den Atlantik, auf der es vor Haien nur so wimmelt, brauchte er an seinen 160 Ballons etwa eine Stunde. Dabei trug er als Gewichte Tüten voller Wasser bei sich, die er abwerfen konnte, um an Höhe zu gewinnen, sowie einen Speer und eine Luftpistole, um für eine sanfte Landung die Ballons zum Platzen zu bringen.

FAHRRADAKROBAT Der Italiener Vittorio Brumotti erklomm mit dem Fahrrad die 3.700 Stufen des 828 m hohen Burj Khalifa in Dubai – des höchsten Gebäudes der Welt –, ohne dabei ein einziges Mal mit den Füßen den Boden zu berühren!

KNALLVERGNÜGEN Am 28.1.2013 ließen 336 Schüler der Hawthorne High School in New Jersey innerhalb von zwei Minuten über 740 m² Luftpolsterfolie zerplatzen! Damit feierten sie den 13. jährlichen Knallfolientag – das Material wurde nämlich 1960 in Hawthorne erfunden.

Nadel im Heuhaufen

Dem in New York lebenden italienischen Künstler Sven Sachsalber gelang das angeblich Unmögliche: Er fand die Nadel im Heuhaufen! Er hatte es sich zum Ziel gesetzt, innerhalb von 24 Stunden mit bloßen Händen diesen riesigen Heuhaufen zu durchforsten, in dem der Direktor eines Pariser Museums eine Silbernadel versteckt hatte – und brauchte tatsächlich nur 18 Stunden, um das winzige Ding zu finden!

Zhang Yilong zog bei einer Automobilausstellung im chinesischen Zhoukou im März 2014 einen Kleinbus an seiner Nase hinter sich her!

Dazu klemmte er sich eine Kette mit zwei Metallhaken in die Nasenlöcher und zerrte den Van vor einem riesigen jubelnden Publikum unter großen Schmerzen Zentimeter für Zentimeter über das Messegelände.

WUNDERNASE

KRAFT UND KÖPFCHEN Michael Kotch aus Pennsylvania löste in 25 Sekunden einhändig einen Rubikwürfel, während er mit der anderen Hand Liegestütze machte!

ALT, ABER OHO! Doris Long aus dem englischen Hampshire feierte im Mai 2013 ihren 99. Geburtstag, indem sie sich von einem 34 m hohen Gebäude abseilte!

SUPERDADDY Dougal Thorburn aus dem neuseeländischen Dunedin lief in 32 Minuten und 26 Sekunden 9,6 km weit und schob dabei einen Kinderwagen vor sich her, in dem seine zweieinhalbjährige Tochter Audrey saß! Seine Zeit lag nur sechs Minuten unter dem Weltrekord für dieselbe Strecke, aber ohne Kinderwagen.

SPRINGSTOCKSALTI Am 8.12.2013 schaffte Fred Grzybowski aus den USA 17 aufeinanderfolgende Rückwärtssalti auf einem Springstock.

GIB GUMMI! Auf einer Autoshow im englischen Devon gelangen dem britischen Stuntfahrer Terry Grant in einem umgebauten 1937er Ford Sedan unfassbare 39 „Donuts" in 100 Sekunden: ein Stunt, bei dem sich das Auto um 360 Grad dreht.

EISTANZ AUF RÄDERN Mithilfe von speziellen Reifenbesätzen zeigte Ryan Suchanek auf dem gefrorenen Lake Koshkonong in Wisconsin mit seinem Motorrad einen 200 m langen Wheelie auf Eis, bei dem er knapp 175 km/h schnell fuhr! Bei einem Wheelie fährt man nur auf dem Hinterreifen.

MUNDFERTIG Im Juni 2013 jonglierte Mark Angelo aus Ohio zwei Minuten und acht Sekunden lang zwei Tischtennisbälle mit dem Mund, wobei er die Bälle 212-mal in die Luft „spuckte" und wieder auffing. Angelo kann außerdem auf dem Kinn einen Golfschläger balancieren, auf dem ein Golfball liegt, auf dem wiederum ein weiterer Golfschläger rotiert!

SCHLÜSSELMEISTER Der inzwischen verstorbene Harley Yates aus Kalifornien besaß eine Schlüsselsammlung aus über 350.000 Exemplaren, darunter Schlüssel für Autos, Boote, Handschellen, Verkaufsautomaten, Uhren, Safes, Koffer und sogar ein Schlüssel für ein mexikanisches Gefängnis!

Nachtgolf

Die Firma Night Sports U.S.A. hat das perfekte Geschenk für leidenschaftliche Golfspieler erfunden, die auch im Dunkeln spielen wollen: LED-Golfbälle, die aufflackern, sobald sie abgeschlagen werden, und dann acht Minuten lang weiterleuchten, sodass man sie leicht wiederfinden kann. Zudem sind die Bälle auch schwimmfähig und die Batterie hält insgesamt 40 Stunden lang.

UNERSCHROCKENE HELDEN

2007 **segelte** Geoff Holt, der seit einem Tauchunfall von der Brust abwärts **gelähmt** ist, innerhalb von 109 Tagen 2.253 km weit alleine um Großbritannien herum.

2011 beendete Soldat Joe Townsend, der in Afghanistan **beide Beine verlor**, den **Ironman UK-Wettbewerb!** Innerhalb von 13 Stunden schwamm er 3,86 km weit, legte 180 km auf dem Rad zurück und lief einen Marathon.

Matt Stutzman aus Iowa gewann bei den **Paralympic 2012** den Wettbewerb im Bogenschießen, obwohl er **ohne Arme** auf die Welt kam! Er legt den Pfeil mit dem linken Fuß ein und spannt den Bogen mit dem rechten.

Die niederländische **Rollstuhltischtennisspielerin** Esther Vergeer verlor zwischen 2003 und ihrem Rückzug aus dem Profisport 2013 nicht ein einziges Spiel – insgesamt gewann sie **470 Partien in Folge!**

Die Südafrikanerin Natalie du Toit **verlor** mit 17 bei einem Verkehrsunfall ihr **linkes Bein,** holte bei den Paralympics aber 13 Goldmedaillen im Schwimmen nach Hause und war dabei so schnell, dass sie sich 2008 als **erste Amputierte für Olympia** qualifizieren konnte!

SPORTLICHE SENIOREN Esther Kafer und ihr Ehemann Martin Kafer aus Vancouver, damals 84 bzw. 85 Jahre alt, erklommen am 30.9.2012 als bisher älteste Menschen den Gipfel des 5.895 m hohen Kilimandscharo in Tansania. Die beiden klettern schon seit über 60 Jahren.

RÜCKWÄRTSSALTO MORTALE Der neuseeländische Mountainbikefahrer Kelly McGarry donnerte im Rahmen der Red Bull Rampage 2013 in Utah einen steilen Abhang herunter und überquerte dann mit einem Rückwärtssalto eine 22 m breite Schlucht!

EISSCHWIMMEN Im Oktober 2013 schwamm Stig Severinsen in Grönland 76,20 m weit unter einer 90 cm dicken Eisschicht hindurch – und das ohne Neoprenanzug und Taucherausrüstung! Der dänische Freitaucher kann außerdem 22 Minuten lang die Luft anhalten, da seine Lungenkapazität doppelt so groß ist wie die eines Durchschnittsmenschen.

FLACHWASSERSCHWIMMER Kenny Khong Jia Hin aus Malaysia hat eine spezielle Schwimmtechnik entwickelt, mit der er auch in 30 cm flachem Wasser schwimmen kann, ohne den Boden zu berühren. Dabei liegt er auf dem Rücken und bewegt seine Arme kreisförmig.

BLINDE MAGIE Der Magier Richard Turner aus dem texanischen San Antonio ist zwar blind, aber so geschickt im Umgang mit Spielkarten, dass sein Publikum bei seinen Kartentricks meist erst bemerkt, dass er nichts sehen kann, wenn er es nach seinem Auftritt über seine Behinderung aufklärt.

SCHWINDELFREI Die 16-jährige Gymnastin Mikayla Clark aus Atlanta kann 44 Rückwärtssalti in Folge schlagen!

ARMLOSER STAR

Der Ägypter Ibrahim Hamadtou verlor im Alter von zehn Jahren bei einem Zugunglück beide Arme, ist aber trotzdem ein Weltklasse-Tischtennisspieler! Drei Jahre nach seinem Unfall begann er zu trainieren, anfangs mit dem Schläger unter der Achsel, nun, indem er den Griff in den Mund nimmt. Für den Aufschlag wirft er den Ball mit dem Fuß. Bei den African Para Tischtennis-Meisterschaften holte er mit seiner ausgefeilten Technik sogar die Silbermedaille nach Hause.

TOUR DE FORCE Der Franzose Robert Marchand radelte 2014 in einer Stunde 26,9 km weit auf einer Pariser Indoor-Strecke – und das im Alter von 102 Jahren! Marchand hatte schon als Junge davon geträumt, Profi-radsportler zu werden, war aber für zu klein befunden worden. Stattdessen arbeitete er jahrelang als Holzfäller in Kanada und als LKW-Fahrer in Venezuela, bis er mit 67 endlich doch noch mit dem Radfahren begann.

WAHNSINNS-WILSON James Wilson aus dem englischen Surrey löste in drei Minuten und 16 Sekunden einen Rubikwürfel, während er in einem künstlichen Windkanal im freien Fall gegen 200 km/h schnellen Wind ankämpfte.

VOLLTREFFER Bei der PGA-Meisterschaft 2013 im Oak Hill Country Club, New York, landete der Ball des schwedischen Golfspielers Jonas Blixt am 18. Hole in der Hosentasche eines Zuschauers – Blixt spielte trotzdem noch ein Birdie!

BLINDER GLAUBE Der 17-jährige Aaron Golub aus Massachusetts spielte für die Footballmannschaft der Tulane University, obwohl er beinahe blind ist! Auf dem rechten Auge sieht er gar nichts, und auf dem linken ein kleines bisschen – trotzdem hielt ihn der Coach seiner Highschool-Mannschaft für den besten „Long Snapper", den er jemals trainiert hat. Als „Long Snapper" bezeichnet man Spieler, die Bälle aus größerer Distanz werfen.

METHUSALEMLEHRERIN Agnes Zhelesnik lehrt an der Sundance School in North Plainfield, New Jersey, 35 Stunden die Woche Hauswirtschaft – obwohl sie schon über 100 Jahre alt ist!

KANADA-ODYSSEE Jamie McDonald aus dem englischen Gloucester lief innerhalb von elf Monaten 8.000 km (also mehr als 200 Marathonstrecken) weit von der kanadischen Ost- bis zur Westküste – und zwar kostümiert als Superheld Flash! Bei seiner Challenge lief er zehn Paar Turnschuhe durch.

BALANCEAKT Der französische Hochseilartist Denis Josselin balancierte in Paris 25 m über der Seine auf einem dünnen Seil 150 m weit bis ans andere Flussufer – und das ohne jede Sicherheitsvorkehrung! Auf halber Strecke seines 30-minütigen Abenteuers ließ er sich sogar für einige Meter die Augen verbinden, um das Ganze noch schwieriger zu gestalten!

STADTSPIELPLATZ Nachrichtenreporter Charlie LeDuff aus Detroit verwandelte seine Stadt in einen 29 km langen Golfplatz, indem er quer durch die gesamte City in leer-stehenden Häusern, auf Wiesen und heruntergekommenen Sehenswürdigkeiten Urban Golf spielte. Für seine Stadt-durchquerung brauchte er 2.525 Schläge.

NAGELLACKSÜCHTIG Samantha Henderson aus Philadelphia besitzt über 1.300 Nagel-lackfläschchen!

MEGA-WELLE

Der brasilianische Surfer Carlos Burle ritt im Oktober 2013 vor der Küste im portugiesischen Praia do Norte diese 30 m hohe Welle!

Die Welle war durch einen Sturm über dem Atlantik entstanden und so hoch wie ein zehnstöckiges Gebäude. Kurz vor dem Ritt seines Lebens hatte Burle übrigens einen Freund vor dem Ertrinken gerettet!

MENSCHLICHE KANONENKUGELN

Über 70 Jahre hinweg haben drei Generationen der legendären Familie Zacchini ihr Leben aufs Spiel gesetzt und als menschliche Kanonenkugeln die Schwerkraft bezwungen. Mit bis zu 150 km/h ließen sie sich in die Luft schießen – ihre einzige Sicherheit: ein 46 m weit entferntes Netz.

Die Zacchinis waren schon lange bekannte Zirkusartisten, als der auf Malta geborene Erfinder Ildebrando Zacchini der italienischen Regierung vorschlug, mit seiner neuen „Menschenkanone" im Ersten Weltkrieg Soldaten hinter die feindliche Linie zu befördern. Da sein Vorschlag als zu riskant eingestuft und deswegen abgelehnt wurde, beschloss er, die Kanone im Zirkus einzusetzen. Mit dabei war seine ganze Familie, darunter seine sieben Brüder und zwei Schwestern.

Sein ältester Sohn Edmondo war der Erste, der die mit einem Federmechanismus betriebene Kanone ausprobierte. Er flog nur sechs Meter weit und landete mit einem gebrochenen Bein im Krankenhaus. Ab den 1920er-Jahren arbeiteten die Zacchinis mit einer ausgetüfelteren Kanone, mit der sie weitere Distanzen zurücklegen konnten.

DU BIST GEFEUERT!
WEITERE MENSCHLICHE KANONENKUGELN

Die erste bekannte menschliche Kanonenkugel war ein 14-jähriges Mädchen – die Akrobatin Rosa „Zazel" Richter (1862 – 1922), die 1877 in London von einer Kanone mit Springfedermechanismus sechs Meter weit durch die Luft geschossen wurde.

Die menschliche Kanonenkugel Jon Weiss aus Long Island zieht seit 1987 mit dem Ringling Brothers and Barnum & Bailey Circus durch die USA und wurde während seiner über 5.500 Auftritte insgesamt 200 km weit durch die Luft befördert.

Aufgrund der starken g-Kraft bei einem Kanonenschuss, die etwa dem Neunfachen der normalen Schwerkraft entspricht, kam es schon vor, dass die Artisten mitten im Flug ohnmächtig wurden.

2005 ließ sich David Smith Sr. vom mexikanischen Tijuana über die Grenze in das US-amerikanische Imperial Beach schießen und winkte dabei mit seinem Reisepass.

Im Kanonenrohr!

Nicht nur die männlichen, sondern auch die weiblichen Zacchinis verdienten sich ihren Lebensunterhalt als menschliche Kanonenkugeln. Hier ist Egle Zacchini in voller Montur kurz vor einem Abschuss im Jahr 1940 zu sehen.

Ripley's Einfach unglaublich!®
www.ripleys.com
LEGENDÄRE LEISTUNGEN

Hugo Zacchini wird Ende der 1920er-Jahre im Starlight Park in der Bronx aus einer Kanone geschossen.

Während des Zweiten Weltkriegs wurden Hugo und Mario Zacchini eingezogen, weswegen ihre 18-jährige Schwester Victoria ihren Platz in der Kanone übernahm. Hier ist sie 1943 in Chicago zu sehen.

Der berühmte Hugo Zacchini auf seiner Kanone vor dem Ringling Brothers and Barnum & Bailey Circus 1933 in Brooklyn.

HUGO ZACCHINI — HUMAN PROJECTILE
RINGLING BROTHERS AND BARNUM & BAILEY COMBINED CIRCUS

BROOKLYN, N.Y.
MAY 1933

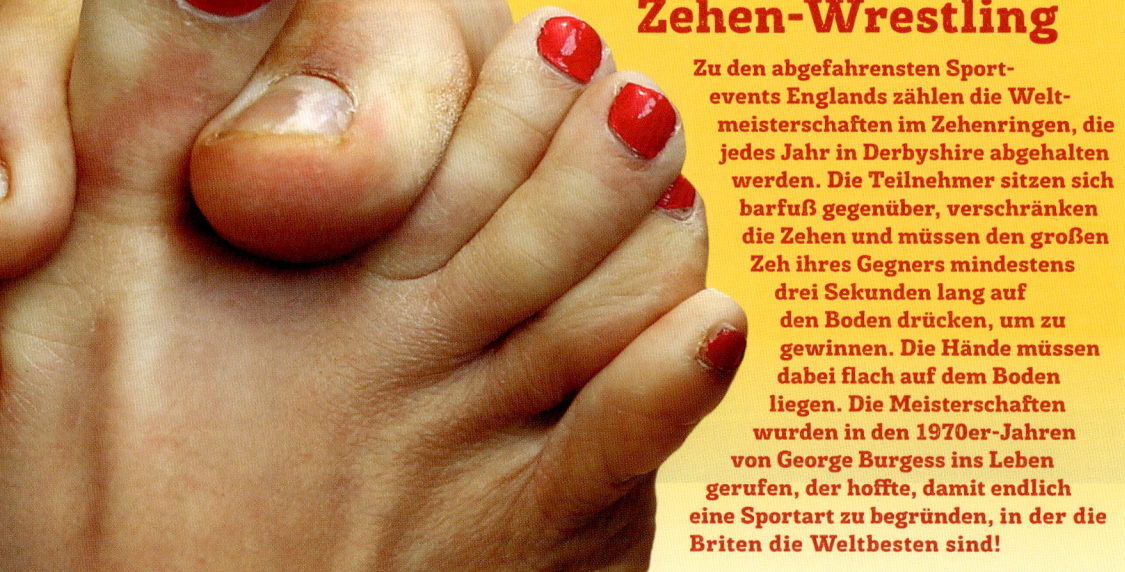

RENTIER-RENNEN

Als Rentier-Jockey braucht man starke Nerven! Die dick gepanzerten Sportler lassen sich im Rahmen des Kingship Cups im lappländischen Inari von Rentieren, denen man vorher aus Sicherheitsgründen die Geweihe gestutzt hat, mit bis zu 65 km/h drei Kilometer weit über einen vereisten See ziehen. In Finnland gibt es über 500 registrierte Renn-Rentiere und 100 professionelle Jockeys.

LIEBE TUT WEH Amy Bruney sprang in Fremont, Indiana, 117-mal mit dem Seil auf einem Brett, das mit 3.000 Nägeln beschlagen war, deren Spitzen sich in Brust und Bauch ihres Ehemanns Jon Bruney bohrten.

MOBILES MOBIL Bei den Winter X Games in Aspen gelang Heath Frisby aus Idaho als erstem Sportler überhaupt ein vollständiger Frontflip mit einem Schneemobil!

MEGASCHNEEMANN Greg Novak aus Minnesota baute mithilfe von landwirtschaftlichen Geräten einen 15,20 m hohen Schneemann, dessen Grundfläche einen Durchmesser von 13,70 m hatte! Er arbeitete hunderte von Stunden an dem Schneemann, der einen 24,30 m langen Schal und einen 10,60 m hohen Besen trug.

RÜCKWÄRTSREDNER Der Schüler Cameron Bissett aus dem schottischen Bo'ness kann fließend rückwärts Englisch sprechen und sogar den Titel des *Mary Poppins*-Songs „Superkalifragilistikexpialigetisch" rückwärts aufsagen!

MENSCHLICHE FACKEL Der österreichische Stuntman Joe Tödtling ließ sich von seiner Frau Julia für unglaubliche fünf Minuten und 41 Sekunden anzünden, sodass sein ganzer Körper in Flammen stand! Tödtling, der schon für Filme wie *Monuments Men* mit George Clooney im Einsatz war, trug für seinen Stunt allerdings einen feuerfesten Spezialanzug.

Zehen-Wrestling

Zu den abgefahrensten Sportevents Englands zählen die Weltmeisterschaften im Zehenringen, die jedes Jahr in Derbyshire abgehalten werden. Die Teilnehmer sitzen sich barfuß gegenüber, verschränken die Zehen und müssen den großen Zeh ihres Gegners mindestens drei Sekunden lang auf den Boden drücken, um zu gewinnen. Die Hände müssen dabei flach auf dem Boden liegen. Die Meisterschaften wurden in den 1970er-Jahren von George Burgess ins Leben gerufen, der hoffte, damit endlich eine Sportart zu begründen, in der die Briten die Weltbesten sind!

Ripley's — Einfach unglaublich!®
www.ripleys.com
LEGENDÄRE LEISTUNGEN

STILETTOSPRINTERIN Die 18-jährige Julia Plecher aus dem bayrischen Rückersdorf lief 2013 in nur 14,53 Sekunden 100 m weit – und zwar auf High Heels. Damit war sie nur 4,95 Sekunden langsamer als Weltrekordhalter Usain Bolt in Turnschuhen!

LANGSTRECKENBOWLER Joey Augustine gelang beim Bowling in Virginia Beach ein Strike aus 36,50 m Entfernung – das ist die doppelte Länge einer normalen Bowlingbahn!

RASENDER EINKAUFSWAGEN Matt McKeown aus dem englischen Devon übertrat die in Großbritannien zugelassene Höchstgeschwindigkeit von 70 Meilen (112 km/h) pro Stunde in einem Einkaufswagen! Der war allerdings mit dem Anlasser eines Hubschraubers und einem 250-Kubik-Honda-Motor sowie Gokart-Reifen gepimpt.

DOPPELT ABGEFAHREN! Der venezolanische BMX-Profi und fünfmalige X Games-Goldgewinner Daniel Dhers führte auf Rampen, die auf zwei LKWS befestigt waren, verschiedene atemberaubende Tricks vor, darunter 360s, Tailwhips und sogar einen Rückwärtssalto – und das, während die Brummis mitten durch den Verkehr von Lima fuhren!

BUCHSTABENWUNDER Die elfjährige Sophia Hoffman und der 13-jährige Kush Sharma traten beim Buchstabier-wettbewerb 2014 in Jackson County, Missouri, gegeneinander an und waren so gut, dass der Wettbewerb 66 Runden dauerte und den Organisatoren schließlich ganz buch-stäblich die Worte fehlten! Zwei Wochen später wurde der Wettbewerb fortgesetzt und Kush gewann nach 29 Runden.

ALLES KLAR, PUPPE? Robyn Amato aus Florida sammelt seit über 20 Jahren Raggedy Ann-Puppen und hat über 3.000 Exemplare zusammengetragen, die insgesamt über € 18.000 kosteten. Manchmal verkleidet sie sich auch selbst als Raggedy Ann und macht mit ihren Lieblingen Ausflüge.

→ **BRIAN JACKSON AUS OKLAHOMA KANN MIT SEINEM MUND IN EINER GUTEN MINUTE DREI WÄRM-FLASCHEN AUFBLASEN UND ZUM PLATZEN BRINGEN!**

STARKFINGER Der malaysische Kung Fu-Meister Ho Eng Hui kann mit dem Zeigefinger Kokosnussschalen durch-bohren.

LÜCKENFÜLLER Die Wingmen Ludovic Woerth aus Frankreich und Jokke Sommer aus Norwegen sprangen über Rio de Janeiro in ihren Wingsuits aus einem Flugzeug und glitten durch die nur acht Meter breite Lücke zwischen den 140 m hohen Ventura Corporate Towers!

SUPER-SOAKER-SPAZIALIST Chris Reid aus Washington State hat über 340 Super Soakers zusammengetragen! Die spezielle Wasserpistole wurde 1989 erfunden – und auf Reids ältestem Exemplar unterschrieb sogar Erfinder Lonnie Johnson!

SCHNEEMANN-ARMEE Am 1.2.2015 bauten Freiwillige im kanadischen Ottawa in nur einer Stunde 1.299 Schneemänner!

Die australische Akrobatin Simone Genziuk hängt kopf-über in ihrem Turnreifen und trägt dabei eine 75 kg schwere Waschmaschine an ihrem Zopf!

Genziuk selbst wiegt mit 60 kg um einiges weniger als der Apparat, den sie mit einem Karabiner an ihrem fest geflochtenen, eigentlich hüftlangen Haar trug. Die Trapezkünstlerin schwört übrigens darauf, ihr Haar mit Olivenöl zu behandeln und es niemals zu kämmen, um es zu kräftigen.

HAAR-STRÄUBEND

BLINDER VOLLTREFFER Michael Quin aus Missouri gelang in der Pause eines Basketballspiels zwischen dem College of Ozarks und Bellevue im Februar 2014 ein Drei-Punkte-Wurf – und das, obwohl der 54-Jährige seit 2010 blind ist! Der Wurfwettbewerb war eine Werbeaktion von McDonald's, wo Quin dann ein Jahr lang gratis essen konnte.

SPÄTE WEISHEIT Manuela Hernandez aus dem mexikanischen Oaxaca beendete im Juni 2013 die Grundschule – und zwar im Alter von 100 Jahren! Als Kind hatte sie nur ein Jahr zur Schule gehen können, da sie Geld für ihre Familie verdienen musste. Mit 99 drückte sie auf Rat eines ihrer Enkelkinder aber wieder die Schulbank.

RÜCKWÄRTSRASER Der norwegische Extremsportler Eskil Ronningsbakken fuhr rückwärts auf dem Lenkrad seines Fahrrads sitzend eine 4,5 km lange, kurvenreiche Bergstraße hinab, die vom 850 m hohen Gipfel des Trollstigen ins Tal führt, und erreichte dabei eine Geschwindigkeit von 80 km/h!

SUPER-ROBO Der Cubestormer III, ein von David Gilday und Mike Dobson entwickelter Roboter, löste auf einer Wissenschaftsmesse im englischen Birmingham in nur 3,253 Sekunden einen Rubikwürfel! Der Roboter bewegt sich dabei so schnell, dass die Zuschauer seine Bewegungen gar nicht wahrnehmen konnten.

Moonwalk-Meister

Bei einem Event im Ripley's-Museum im thailändischen Pattaya führte der 16-jährige Niwat Otthon am 24.6.2014 einen 1,2 km langen Rekord-Moonwalk vor!

BALLKÖNIG Dem amerikanischen Jugendlichen Sam Glove gelang ein nahezu unmöglicher Basketballtrick – er warf den Ball über das Dach eines einstöckigen Hauses in den Korb im Vorgarten des Hauses!

BIENENKÖNIG Am 13.5.2014 bedeckte sich der Imker Ruan Liangming 53 Minuten und 34 Sekunden lang mit 100.000 Bienen – und wurde dabei nicht ein einziges Mal gestochen! Sein Geheimnis ist absolute Reglosigkeit.

IMMER IN BALANCE Doug McManaman aus den kanadischen Amherst kann eine Minute lang 56 turmförmig arrangierte Golfbälle auf seinem Kinn balancieren! Außerdem kann er fast fünf Minuten lang ein Snowboard auf seinem Daumen balancieren und lief 2,79 km weit, während er ein Ei auf seinem Handrücken hielt.

STELZENLÄUFER Neil Sauter beendete den Grand Rapids Marathon 2013 in fünf Stunden, 56 Minuten und 23 Sekunden – und zwar auf 90 cm hohen Stelzen! Er leidet an einer leichten Form von zerebraler Kinderlähmung, durch die seine Füße leicht nach innen gebogen sind, was ihm das normale Laufen stark erschwert.

ECHT GIFTIG

Der chinesische Entertainer Li Peng schiebt sich vor seinem fassungslosen Publikum lebendige Giftschlangen, Skorpione und Spinnen in den Mund und holt sie danach wieder heraus! Er ist schon häufig gestochen und gebissen worden und behauptet, dass er inzwischen immun gegen das Gift ist.

Mega-Looping

Der schottische Trickfahrer Danny MacAskill legte auf seinem Mountainbike vor dem Panorama des berühmten Riesenrads London Eye auf einem Kahn auf der Themse den Stunt seines Lebens hin: Mit viel Anlauf fuhr er durch den höchsten Looping, in den er sich jemals getraut hat!

Nachdem er den Trick stundenlang geübt hatte, schoss er die 18 m lange Startrampe herunter und in den fünf Meter hohen Looping.

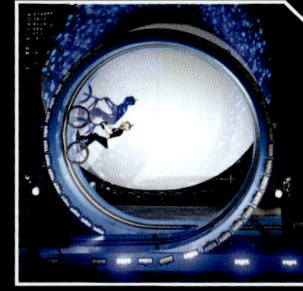

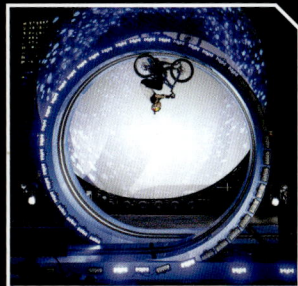

NASENTIPPER Mohammed Khursheed Hussain aus dem indischen Hyderabad kann mit seiner Nase schneller tippen als so manche Sekretärin mit den Fingern! Mit den Fingern tippt er übrigens das gesamte Alphabet in nur 3,43 Sekunden.

RÜCKWÄRTSFAHRER Der Australier Andrew Hellinga fuhr im Oktober 2013 auf seinem Fahrrad 337,6 km weit rückwärts – und das in nur 24 Stunden! Das Rückwärtsfahren hat er schon als Teenager einstudiert, um Mädchen zu beeindrucken.

WM-WANDERUNG Zu Ehren der englischen Fußballnationalmannschaft, die 1966 die Weltmeisterschaft gewonnen hatte, liefen vier englische Fußballfans 1.966 km weit bis zur Weltmeisterschaft 2014 in Brasilien. Schon bemerkt? Die Distanz entspricht dem Jahr des WM-Sieges Englands! Adam Burns, David Bewick, Pete Johnston und Ben Olsen brauchten drei Monate für die Strecke von Mendoza in Argentinien bis nach Porto Alegre, wobei sie Sümpfe und Wüsten durchqueren mussten, von Stieren angegriffen wurden und einen Stromschlag von einem Viehzaun bekamen.

SUPERFANS 2015 besuchten die Football-Fans Donald Crisman aus Maine, Larry Jacobson aus San Francisco und Tom Henschel aus Pennsylvania ihren 49. Super Bowl in Folge! Das erste Spiel hatten sie am 15. Januar 1967 in Los Angeles gesehen. Die Karten kosteten damals zwischen zehn und zwölf Dollar – 2015 waren es schon zwischen $ 800 und $ 1.900!

HEISSHUNGER Ridip Saikia aus dem indischen Ratanpur kann in einer Minute 30 glühende Kohlestücke herunterschlucken, ohne sich zu verletzen.

AUSTERNKNACKER Während des Tyne Valley-Austernfestes auf Prince Edward Island in Kanada öffnete ein Team aus zehn Austernknackern mit scharfen Messern in einer Stunde 8.840 Austern.

HOCKEY-MARATHON Ein Streethockey-Spiel zwischen Team University Village Mall und Team Coastal Community Credit Union, das im kanadischen Nanaimo ausgetragen wurde, dauerte mit 105 Stunden und 44 Minuten länger als vier Tage! Der Punktestand lag am Ende bei 1.728 zu 1.381 für Team University Village Mall.

FREIER FALL Extremtrampolinspringer Greg Roe aus Ontario lässt sich ohne jede Sicherheitsmaßnahme aus 55 m Höhe – das entspricht der Höhe eines 25-stöckigen Gebäudes – auf ein riesiges Luftkissen fallen und legt während seines Sturzes die unglaublichsten Tricks hin!

GUT IM TRAINING Nur ein Jahr nachdem Krystal Cantu aus dem texanischen San Antonio ihren rechten Arm bei einem Verkehrsunfall verlor, konnte sie mit dem linken Arm schon bis zu 95 kg schwere Gewichte über ihren Kopf stemmen!

EIERTANZ Cui Juguo aus dem chinesischen Changsha kann Eier auf Nadelspitzen balancieren – auch Straußeneier, die größten der Welt!

DEN LAUST DER AFFE! Tim Flock nahm 1953 an drei NASCAR-Rennen teil, bei denen er den Rhesusaffen „Jocko Flocko" als Beifahrer einsetzte! Bei einem der Rennen wurde Jocko von einem Kiesel getroffen, woraufhin Flock einen Pitstop einlegen musste, was ihn um den Sieg brachte.

→ 2013 NAHMEN 1.161 LÄUFER IN GORILLA-KOSTÜMEN AM JÄHRLICHEN GORILLA RUN IN DENVER TEIL.

ZWEITAGSTAUCHER Sporttaucher Sean McGahern aus dem englischen Brighton verbrachte fast 50 Stunden am Grund des Mittelmeers vor der Küste von Malta. Während seines gut zwei Tage langen Aufenthalts aß und trank er unter Wasser und schlief sogar auf einem Liegestuhl, den er am Meeresgrund festgekettet hatte.

STOFFTIERREGEN Beim 19. Teddy Bear Toss, bei dem kanadische Hockeyfans alljährlich Stofftiere mit zu einem Hockeyspiel nehmen und sie auf die Eisfläche werfen, wenn die Heimmannschaft das erste Tor schießt, schmissen die Fans der Calgary Hitmen am 1.12.2013 unfassbare 25.921 Plüschtiere aufs Eis, nachdem Pavel Padakin den ersten Treffer gegen die Medicine Hat Tigers gelandet hatte.

WONDER WOMAN Lia Grimanis aus Toronto kann einen LKW mit einem Gewicht von 7.711 kg stolze 30 m weit hinter sich herziehen. Mit einem 6.586-kg-LKW gelingt ihr das übrigens sogar dann, wenn sie 7,5 cm hohe Absätze trägt! Ihr Talent entdeckte sie, während sie als Rikschafahrerin jobbte und zu ihrer Überraschung acht Passagiere gleichzeitig befördern konnte!

MARATHONSPIEL Zwei philippinische Basketballmannschaften lieferten sich ein 120 Stunden, eine Minute und sieben Sekunden langes Spiel – das sind mehr als fünf Tage! Am Ende gewann Team Bounce Back mit 16.783 zu 16.732 gegen Team Walang Iwanan.

BEINHART! Der Kampfkunstexperte Dr. Mak Yuree Vajramuni aus Bangladesch hat stahlharte Schienbeine, mit denen er mit einem einzigen Tritt drei Baseballschläger auf einmal zertrümmern kann!

BARDAME Dolly Saville arbeitete noch im Alter von 100 Jahren drei Tage die Woche als Bardame im Red Lion Hotel im englischen Wendover. Als sie 2015 verstarb, hatte sie seit 1940, als sie ihre Stelle antrat, schätzungsweise an die zwei Millionen Bier ausgeschenkt. In all den Jahren war sie übrigens nur zwei Wochen krank.

MOTORRAD-YOGA

Gugulotu Lachiram aus dem indischen Telangana ist normales Yoga zu langweilig – er macht seine Übungen am liebsten bei über 60 km/h auf seinem Motorrad. Der 40-jährige Bauer kann auf seiner Maschine bis zu fünf Kilometer weit stehen oder liegen und hatte beim Training noch nie einen Unfall.

AM HAKEN

Der russische BASE-Jumper Stanislaw Aksenow stürzte sich von dieser 400 m hohen Klippe nahe Bern. Das Besondere an seinem Stunt? Sein Fallschirm war an Metallhaken befestigt, die er sich direkt durch die Haut hatte stechen lassen!

Obwohl seine Haut bei dem Sprung stark gedehnt wurde und er über zwei Minuten lang sein gesamtes Körpergewicht an den Haken tragen musste, kam er schließlich unverletzt am Boden an.

173

DOPPELSPORTLER Deion Sanders ist der einzige Sportler der Welt, der sowohl beim Super Bowl, dem Finale der US-amerikanischen Football-Profiligen, als auch bei der World Series, dem Finale der US-amerikanischen Baseball-Profiligen, auf dem Spielfeld stand.

MINI-PATRIOT Jimmie Foxx (1907–1967) spielte von 1925 bis 1945 Baseball in der US-Profiliga und war der einzige zehnjährige US-Amerikaner, der sich während des Ersten Weltkriegs freiwillig für den Einsatz meldete. Aufgrund seines zarten Alters schickte man ihn allerdings wieder nach Hause.

STRICKMARATHON David Babcock, Designprofessor an der University of Central Missouri, lief den Kansas City-Marathon 2013 in fünf Stunden, 48 Minuten – und strickte dabei einen Schal, der am Ende 3,60 m lang war!

GOLFMARATHON Der Jurastudent Luke Bielawski aus Indiana spielte quer durch die USA Golf – von Ventura in Kalifornien bis nach Kiawah Island in South Carolina, über 4.500 km weit. Dazu benötigte er 93 Tage und 46.805 Schläge und verlor 5.540 Bälle.

DOMINOTURM Ingenieur Tom Holmes aus Bristol baute innerhalb von siebeneinhalb Stunden einen freistehenden, 5,30 m hohen Turm aus 2.688 Dominosteinen!

MARATHONMANN Doug Kurtis aus Michigan vollendete mit dem Detroit Free Press Marathon 2013, den er in zwei Stunden, 59 Minuten und drei Sekunden lief, seinen 200. Marathon in unter drei Stunden – und das im Alter von 61 Jahren! Außerdem lief er bereits 76 Marathons in unter zwei Stunden, 20 Minuten – alleine zwölf davon im Jahr 1989.

ANTARKTIS-ABENTEUER Der Abenteurer Ben Saunders aus dem englischen Devon und der ehemalige französische Profi-Rugbyspieler Tarka L'Herpiniere wanderten 2.889 km weit bei bis zu -46°C von der antarktischen Küste bis zum Südpol, wobei sie der Route folgten, die Kapitän Robert Falcon Scott 1912 bei seiner unglückseligen Expedition genommen hatte. Die beiden brachen am 25.10.2013 auf und kehrten nach 105 Tagen wieder zurück.

UNNÖTIG SCHWER Am 5.10.2013 erklomm der 52-jährige Lloyd Scott aus dem englischen Essex innerhalb von zwei Stunden und 53 Minuten die 38 Stockwerke – 1.037 Stufen – des Londoner Gherkin Buildings. Keine große Leistung? Doch, Gherkin trug dabei nämlich einen 63,5 kg schweren Taucheranzug aus den 1940er-Jahren!

SCHWERTAKROBAT Nick Penney aus Maine kann drei Schwerter gleichzeitig schlucken und dann zwei Räder schlagen – ohne die Schwerter vorher zu entfernen!

MUSIKGENIE Nachdem Lachlan Connors aus Denver im Alter von zwölf Jahren beim Lacrossespielen einen schweren Schlag gegen den Kopf bekam, wurde er zum Musikgenie! Vorher hatte er weder musikalisches Interesse noch Talent gezeigt, doch innerhalb weniger Jahre nach seinem Sportunfall hatte er sich 13 verschiedene Instrumente beigebracht, darunter Klavier, Gitarre und Dudelsack – und das rein nach Gehör!

KLATSCHMEISTER Bryan Bednarek aus Illinois kann in einer Minuten 804-mal in die Hände klatschen – das sind über 13 Klatscher pro Sekunde!

ZUG TIER

Nach diesem irren Kraftaufwand brauchte Müllner erst einmal Hilfe.

Extremsportler Franz „The Austrian Rock" Müllner zog am 23.6.2014 mit reiner Muskelkraft eine 156,5 t schwere, 64 m lange Boeing 777 an einem Seil 14,50 m weit über den Wiener Flughafen.

Für diese Wahnsinnsherausforderung, die er nachher als „brutal" bezeichnete, hatte er fünf Monate lang trainiert!

ÜBERLAND Im Juni 2013 beendete der US-amerikanische Paralympics-Teilnehmer Ryan Chalmers nach nur 71 Tagen eine 5.311 km lange Reise von Los Angeles bis nach New York, die er vollständig im Rollstuhl zurückgelegt hatte! Pro Tag absolvierte er dabei bis zu drei Marathonstrecken und zog sich neben 13 platten Reifen auch Schwielen an den Händen, wunde Schultern und Knieschmerzen zu. Er kam mit einer *Spina bifida* zur Welt, wegen der er seine Beine nur sehr eingeschränkt bewegen kann, spielte aber schon mit acht Jahren mithilfe von Krücken Hockey, Basketball und Fußball.

MARATHONSCHWIMMER Sean Conway aus dem englischen Gloucestershire schwamm in 135 Tagen die gesamte Westküste Großbritanniens entlang von Land's End in Cornwall bis ins schottische John O'Groats – das sind 1.448 km! Auf seiner Reise zwischen Juni und November 2013 machte er schätzungsweise drei Millionen Züge und wurde zehnmal von Quallen gestochen. Insgesamt musste er 45 Tage lang wegen Kälte das Wasser meiden, das aber auch sonst so kalt war, dass zwischenzeitlich

sein Kiefer einfror und er nur noch pürierte Nahrung zu sich nehmen konnte.

TANDEMSPRUNG Der BASE-Jumper Ramon Rojas sprang im norwegischen Kjerag mit einem Wingsuit von einer 900 m hohen Klippe – und zwar mit seiner Freundin Julie Wentz auf dem Rücken! Bei der waghalsigen Aktion landeten die beiden sicher auf dem Boden.

NORDPOL-MARATHON

Der Nordpol-Marathon ist der wohl kälteste Marathon der Welt: Seit 2003 wagen sich mutige Sportler hier zwischen Eisbären und frostigen Temperaturen von bis zu -32°C auf einen unsteten Untergrund.

Denn auch wenn die Athleten es nicht spüren können – die dicke Schicht aus Schnee und Eis, auf der sie laufen, bewegt sich mit den Gezeiten des Polarmeers.

Ins Leben gerufen wurde der Nordpol-Marathon von dem Iren Richard Donovan, der 2002 den ersten Südpolmarathon gewonnen hatte. Vor dem ersten Nordpol-Marathon lief er die Strecke aber erst einmal alleine ab, um sich von ihrer Tauglichkeit zu überzeugen – und wurde so zum ersten Menschen überhaupt, der an beiden Polen Marathons lief.

Die Kilometerangaben verraten, wie weit entfernt von der Zivilisation der Marathon stattfindet.

HÖHENLUFTSCHNUPPERER Kevin Schmidt aus South Dakota kletterte 457 m weit die KDLT-TV-Antenne bei Salem empor, nur um eine Glühbirne auszuwechseln! Er ist Telekommunikationsingenieur und hat schon hunderte von Türmen erklommen, wobei ihm manchmal bis zu 100 km/h schneller Wind um die Ohren pfeift!

GUTER FANG 1938 fing Henry Helf, Spieler der Baseballmannschaft Cleveland Indians, einen Baseball, der aus 215 m Höhe vom Terminal Tower in Cleveland geworfen wurde.

STARKES KERLCHEN Der 14-jährige Jake Schellenschlager aus Maryland kann mehr als das Doppelte seines Körpergewichts stemmen! Er ist zwar nur 1,60 m groß und 54 kg schwer, hob bei den Powerlifting Bench Press-Meisterschaften in Pennsylvania aber ein Gewicht von 136 kg!

MODERNE MEERJUNGFRAU Ausgerüstet mit einer Monoflosse tauchte Rebecca Coales aus dem englischen Bristol im Juli 2014 in zweieinhalb Minuten 179 m weit, ohne ein einziges Mal Luft zu holen! Dabei legte sie in dem Becken mit Olympiamaßen in Stockport, Greater Manchester, fast vier Bahnen zurück.

RIPLEY'S ERKLÄRT

-45°C kalter Wind kann in nur fünf Minuten zu Erfrierungen führen. Da unsere Körper darauf ausgerichtet sind, Herz, Nieren und Lunge zu schützen, wird bei extremer Kälte alles Blut für die Erhaltung dieser Organe genutzt. Das führt dazu, dass Extremitäten – allen voran Finger, Zehen und Nase – nicht mehr durchblutet werden. Übrigens hat auch Zittern eine wichtige Funktion, denn der Körper erzeugt so Wärme.

Die Läufer mussten sich dick einpacken, um den Temperaturen zu trotzen.

LANGZEITSCHIRI Harry Hardy aus dem englischen Derbyshire ist zwar 87, aber immer noch Schiedsrichter bei Spielen der regionalen Amateurmannschaften. Zum ersten Mal stand er 1959 als Schiri auf dem Feld.

HOOVERFAN Der neunjährige Harry Burrows aus den englischen West Midlands hat von seinem Taschengeld schon über 40 alte und seltene Staubsaugermodelle gekauft! Als er ein Baby war, beruhigten ihn seine Eltern mit dem Brummen ihres Staubsaugers, und seitdem ist er fasziniert von den Geräten.

BMX-BRÜCKE Am 11.1.2014 fuhr Stuntfahrer Mat Olson auf seinem BMX-Rad über die 7,30 m hohen Bögen der neu gebauten West Seventh Street Bridge im texanischen Fort Worth. Danach erklärte er: „Ich fühlte mich wie hoch oben auf einem Berg." Der 25-Jährige hat wegen seiner extremen Leidenschaft schon 13 Gehirnerschütterungen, einen Nierenriss, drei Knie-OPs und mehrere Zahnersatz-OPs hinter sich.

STREICHHOLZLEIDENSCHAFT Steven Smith aus dem englischen Norfolk besitzt über 20.500 Streichholzschachteln und mehr als eine Million Streichholzschachteletiketten aus 130 verschiedenen Ländern.

OPTIMISTISCHER OPA Als der 16-jährige Liverpool-Außenstürmer Harry Wilson 2013 sein Debüt in der Fußbalnationalmannschaft von Wales gab, wurde er zum jüngsten walisischen Nationalspieler aller Zeiten – und sein Großvater Pete Edwards gewann € 180.000! Dieser hatte nämlich im Jahr 2000 gewettet, dass es sein Enkel, der damals zwei Jahre alt war, eines Tages in die Mannschaft schaffen würde.

LANGSCHAL Helge Johansen aus Oslo strickte 30 Jahre lang an einem fünf Kilometer langen Schal, der an die 500 kg wiegt!

HOCH HINAUS Der 27-jährige Extremsportler Andy Lewis aus Utah überquerte auf einer zwölf Meter langen Slackline die Strecke zwischen zwei Heißluftballons, die in 1.200 m Höhe über der Nevada-Wüste schwebten! Allerdings trug er als Sicherheitsmaßnahme einen Fallschirm auf dem Rücken, den er später auch nutzte, um auf die Erde zurückzusegeln.

KLETTERKÖNIG Freeclimber Alex Honnold aus Kalifornien erklomm den 457 m hohen El Sendero Luminoso, eine Kalksteinwand im mexikanischen Nuevo León, in weniger als drei Stunden und ohne jegliche Sicherheitsmaßnahme!

Skatepark mit Aussicht

Der brasilianische Profi-Skateboarder Bob Burnquist katapultierte seinen Sport in neue Dimensionen, indem er in einem über 3.000 kg schweren schwimmenden Skatepark auf dem kalifornischen Lake Tahoe trainierte! Die Konstruktion besteht aus zwei Rampen à 1,50 m und 2,40 m Höhe und wurde von Jeff King und Jerry Blohm innerhalb von 300 Stunden konstruiert.

LIEBESSPRÜNGE Im November 2013 machte der 93-jährige Jack Hake aus dem englischen Dorset einen Tandem-Fallschirmsprung, bei dem er die Asche seiner verstorbenen Frau Veronica bei sich trug, mit der er 70 Jahre lang verheiratet gewesen war.

HANG LOOSE! Bay Hammocks, ein kleines Unternehmen aus Nova Scotia, hat von Hand eine 16 m lange, fünf Meter breite Hängematte angefertigt! Sie besteht aus über 1,6 km Seil und ist elfmal so groß wie eine Durchschnittshängematte.

WASSERBIKE Der Profi-Motorradfahrer Guy Martin aus dem englischen Lincolnshire fuhr auf seiner Maschine 63,50 m weit über Wasser! Dazu montierte er einen Ski ans Hinterrad, setzte sich so weit wie möglich nach hinten und raste eine flache Rampe hinunter in den nordwalisischen Bala Lake.

ROSENKOHL-CHALLENGE Stuart Kettell aus den englischen West Midlands schob innerhalb von vier Tagen einen Rosenkohl den 1.085 m hohen Mount Snowdon in Nordwales empor – und zwar mit der Nase! Währenddessen verbrauchte er trotz aller Vorsicht 22 Exemplare des grünen Gemüses. Mit der Aktion wollte er Geld für die Krebshilfe sammeln.

FLOSSEN-FREAK

Mit Schnorchel und Schwimmflossen bewaffnet lief der New Yorker Ashrita Furman in unter acht Minuten eine Meile, also 1.609 m weit! Furman liebt solche Aktionen und lief auch schon in etwas mehr als 32 Minuten fünf Kilometer weit mit Flossen, wobei er mit drei Gegenständen jonglierte.

EXTREM-ABHÄNGEN

Beim International Highline Meeting 2014 versammelten sich 22 höhenangstfreie Hängemattenfans über einer Schlucht am Monte Piana in den Dolomiten zu einer entspannten Siesta über dem mehrere hundert Meter hohen Abgrund!

Die 17 Hängematten wurden an einer verstärkten, 2,50 cm breiten Highline befestigt, auf der die Extremsportler natürlich auch erst einmal entlangspazieren mussten, um es sich gemütlich machen zu können! Einige Slackliner waren übrigens so tiefenentspannt, dass sie sogar ihre Gitarren mitbrachten und die Beine aus der Hängematte baumeln ließen!

179

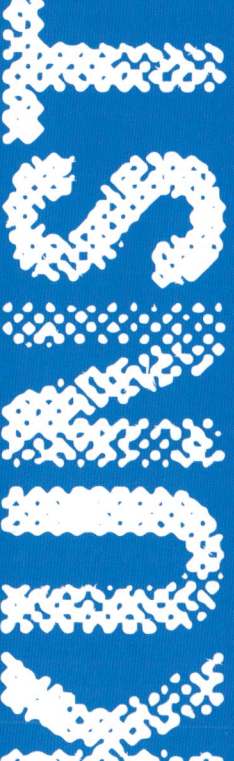
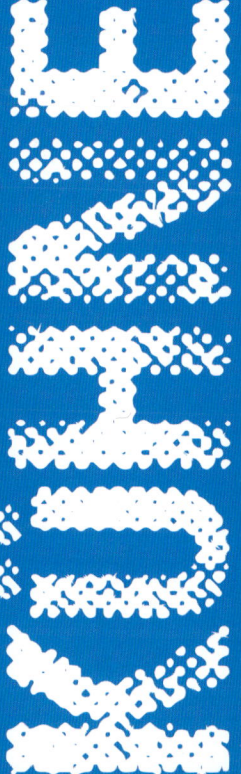

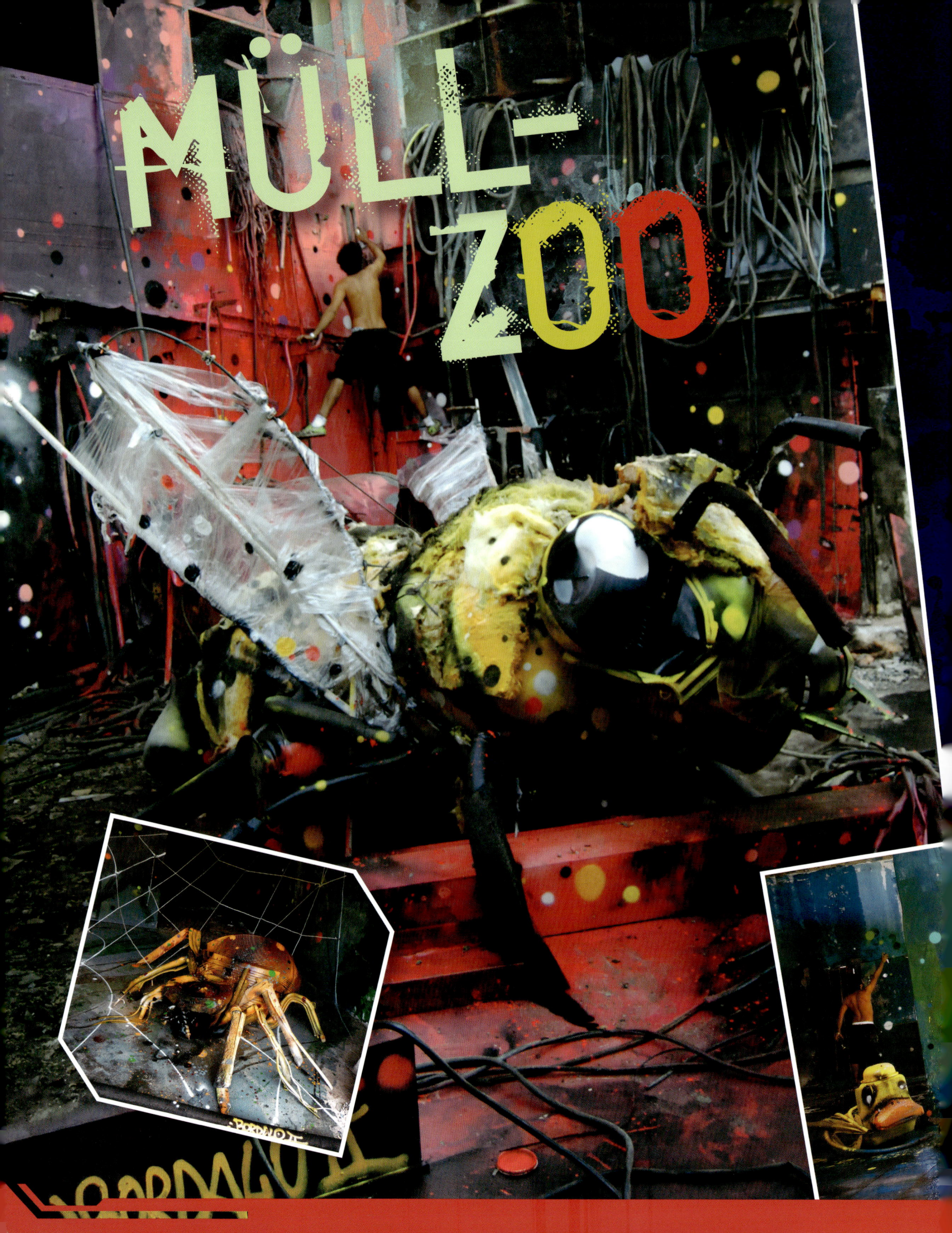

MÜLL-ZOO

Der portugiesische Künstler Bordalo II verwandelt die Straßen von Lissabon in einen Zoo aus riesigen Mülltieren. Zu seinen leuchtend bunten Kunstwerken zählen unter anderem Krokodile, Papageien, Eulen und Marienkäfer von der Größe eines Autos.

Auf der Suche nach alten Plastik- und Metallteilen, Reifen, Dachplatten, Pappkartons und Elektrokabeln durchforstet er Sperrmüll und Abfalltonnen. Hat er erst einmal genügend Material zusammengetragen, fügt er dieses zu seinem gewünschten Motiv zusammen und besprüht das Ergebnis in passenden Farben.

Bordalo II ist der Enkel des Künstlers „The Real Bordalo", der es sich ebenfalls zum Ziel gesetzt hatte, die Straßen Lissabons zu verschönern. Bordalo II will mit seiner Kunst nicht nur auf die Bedeutung von Recycling aufmerksam machen, sondern auch zeigen, wie viel Schönheit in den Dingen steckt, die wir einfach wegwerfen.

Ripley's fragt

Seit wann sind Sie schon Graffiti-künstler? Seit meinem elften Lebensjahr, als ich anfing, illegale Graffitis zu sprühen. Aber was ich heute mache, ist anders – es ist Streetart, zeitgenössische Kunst.

Wie sind Sie darauf gekommen, Kunst aus Müll anzufertigen? In meinem Atelier lag viel Abfall herum, also fing ich an, kleine Stückchen davon auf eine Leinwand zu kleben. Das Ergebnis gefiel mir, und da verpasste ich den Kollagen eben Farbe. Dann überlegte ich mir weitere Techniken mit anderen Materialien..

Was sind die ungewöhnlichsten Gegen-stände, die Sie bisher verarbeitet haben? Ich betrachte mein Material nicht als ungewöhnlich, weil es sich einfach nur um ganz normalen Müll handelt.

Wie lange arbeiten Sie an einem Kunstwerk? Und brauchen Sie dabei Hilfe? Ich habe zwei Produktionsassistenten, die mir bei den größeren Werken zur Hand gehen, an denen ich im Schnitt drei bis vier Tage arbeite. Meine Leinwandwerke fertige ich ganz alleine an.

Welches Kunstwerk ist Ihr Liebling? Gift to Mother Nature, denn es zeigt die Basis, auf der all meine Kunstwerke beruhen: Großstadtmüll als Frucht des Konsumverhaltens.

SARDINEN-BÜCHSEN-KUNST

Wie lange arbeiten Sie an einer Szene? Etwa drei Tage lang – inklusive Anfertigung der Figuren, Härtung des Tons, Schnitzereien, Schliff, Bemalung und Gestaltung der Inneneinrichtung.

Warum haben Sie sich ausgerechnet für Sardinendosen entschieden? Wegen der Redewendung „zusammengequetscht wie die Sardinen in der Büchse" – meine Kunstwerke sind also metaphorisch zu verstehen.

Welche Werkzeuge benutzen Sie? Kleine Schneidemesser und eine professionelle Modellierausrüstung. Ich habe auch Zahnarztwerkzeug, das ich auf einem Markt in Delhi gekauft habe. Es hat sich als sehr hilfreich erwiesen.

Wie kommen Sie auf die Ideen für die Szenen? Am Anfang habe ich ganz typische häusliche Szenen nachgestellt: Menschen beim Abendessen, beim Streiten, auf der Toilette und so weiter. Aber bald bekamen die „Sardinas" ein Eigenleben und mir fielen immer neue und außergewöhnlichere Szenen ein.

Nathalie Alony aus dem italienischen Mantua bastelt aus Sardinendosen und Ton detailverliebte Kunstwerke, die Alltagsszenen im Miniaturformat zeigen.

Ihre Reihen tragen Titel wie „Home Sweet Home" oder „Die Sardinas" und sollen „all die unterschiedlichen Lebensweisen, die verschiedenen Geschichten, die Intimität innerhalb von vier Wänden, Seite an Seite in kleinen Wohnungen, den kleinen Schachteln, die wir unser Zuhause nennen" darstellen.

Alony begann mit der Arbeit an „Die Sardinas" 2006, nachdem ihr aufgefallen war, dass die Menschen in Wohnkomplexen so zusammengequetscht wie Sardinen leben und alles hören können, was in den Nachbarwohnungen vor sich geht.

Sie hat schon hunderte von Sardinendosenszenen eingefangen, zu denen sie sich vor allem durch ihr eigenes Leben inspirieren lässt. Manchmal kommen aber auch Kunden auf sie zu, die sie bitten, eine ganz spezielle Szene anzufertigen. Alony selbst betrachtet ihre nur 6x10 cm großen Kunstwerke als „Comicversion" ihres eigenen Lebens.

FLASCHENBAUM Dalius Valukonis, Polizist aus Litauen, errichtete aus 1.100 leeren Champagner- und Mineralwasserflaschen, die er bei Bekannten und in Restaurants und Bars zusammengesammelt hatte, einen vier Meter hohen Weihnachtsbaum.

MIKROKUNST Mithilfe einer Ionen-feinstrahlanlage ätzen der brasilianische Künstler Vik Muniz und der Forscher Marcelo Coelho detailverliebte Mikro-zeichnungen von Sandschlössern in einzelne Sandkörner.

3D-MALEREI

Bei diesen Kunstwerken handelt es sich nicht etwa um 3D-Objekte, sondern um geschickte optische Täuschungen – das Spezialgebiet des italienischen Künstlers Alessandro Diddi, der mit einem einfachen Bleistift so geschickte Schattierungen setzt, dass seine Bilder aus einer bestimmten Perspektive aussehen wie dreidimensionale Skulpturen.

IM HAMSTERRAD Die Performancekünstler Ward Shelley und Alex Schweder lebten zehn Tage lang in einem acht Meter hohen Hamster-rad, das von der Decke der New Yorker Galerie Pierogi hing. Schweder, der an Höhenangst leidet, wohnte im Inneren des Rades, Shelley auf der Außenseite. Beide Seiten des Rads waren mit Bett, Tisch, Stuhl und Badezimmer ausgestattet – allerdings mussten Shelley und Schweder sich absprechen und durch langsames Gehen das Rad drehen, um die einzelnen Einrichtungsgegenstände erreichen zu können.

EI, EI, EI! Vor einigen Jahren kaufte ein US-amerikanischer Altmetallhändler für € 12.500 einen edelsteinbesetzten Gegenstand aus Gold, den er auf einem Flohmarkt entdeckte. Er hoffte, einen kleinen Gewinn machen zu können, wenn er den Gegenstand einschmolz und das so gewonnene Gold weiterverkaufte. Doch kein Kunde interessierte sich dafür, sodass der Gegenstand in Vergessenheit geriet – bis sich herausstellte, dass es sich um eines der vermissten acht russischen kaiserlichen Fabergé-Eier handelte – an die 18 Millionen Euro wert! Das Ei, in dem eine Uhr enthalten ist, schenkte Zar Alexander III seiner Frau Maria 1887 zu Ostern.

JEDI-WANDTEPPICH Science-Fiction-Fan und Künstler Aled Lewis aus London hat von Hand die gesamte *Star Wars*-Geschichte auf einen neun Meter breiten Wandteppich im Bayeux-Stil gestickt! Sein *Coruscant Tapestry* ist außerdem gesäumt von Filmzitaten in Aurebesh, dem Alphabet der *Star Wars*-Galaxis.

GELDSCHIFF Sergej Nikolajew Knurow, Koch aus dem ukrainischen Mykolajiw, hat ein Schiffsmodell aus 17.000 Münzen angefertigt, dessen Segel aus Geldscheinen bestehen. Die Münzen für sein 13,6 kg schweres Kunstwerk sammelte er über einen Zeitraum von sechs Monaten an.

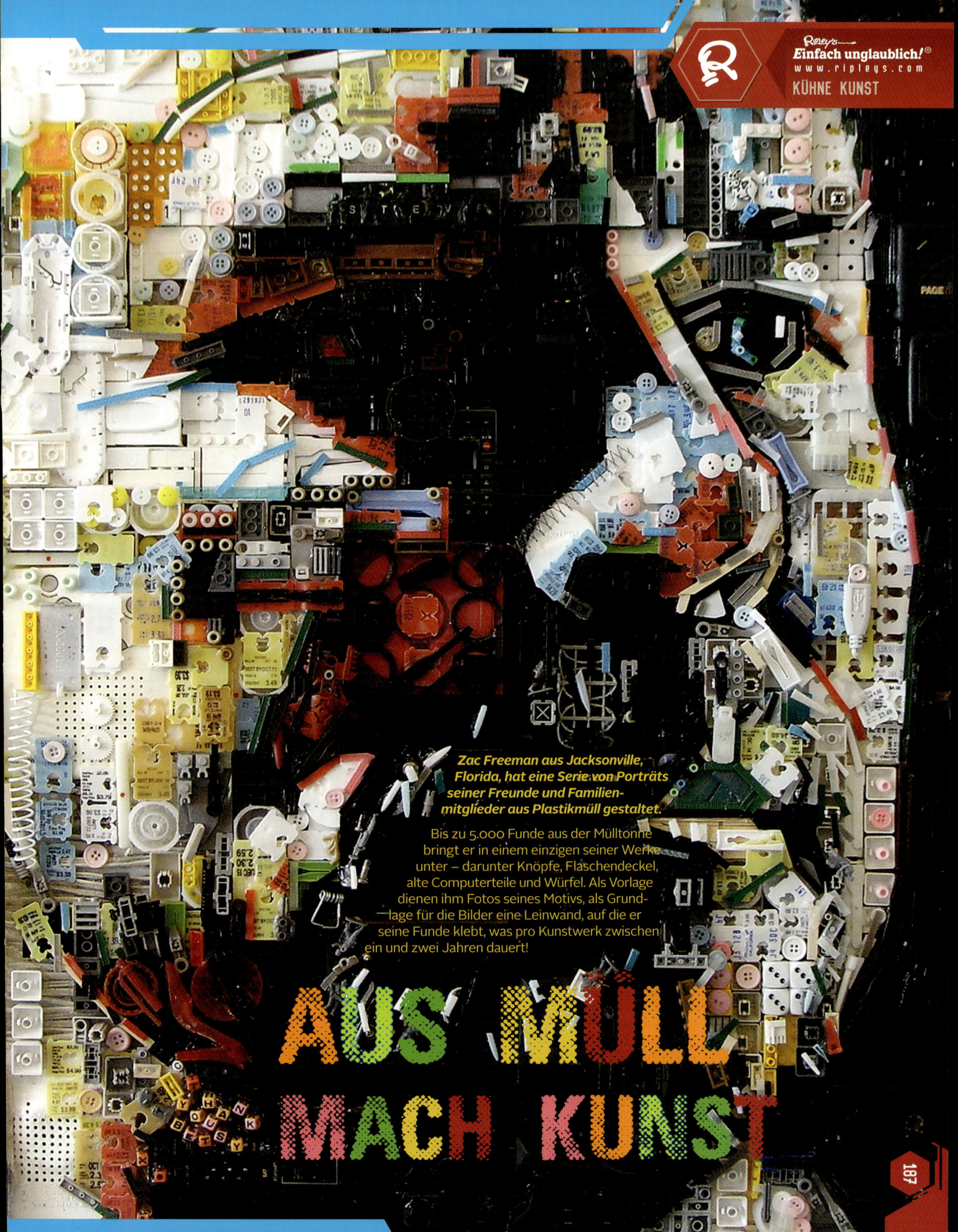

Zac Freeman aus Jacksonville, Florida, hat eine Serie von Porträts seiner Freunde und Familienmitglieder aus Plastikmüll gestaltet.

Bis zu 5.000 Funde aus der Mülltonne bringt er in einem einzigen seiner Werke unter – darunter Knöpfe, Flaschendeckel, alte Computerteile und Würfel. Als Vorlage dienen ihm Fotos seines Motivs, als Grundlage für die Bilder eine Leinwand, auf die er seine Funde klebt, was pro Kunstwerk zwischen ein und zwei Jahren dauert!

AUS MÜLL MACH KUNST

FAKE-FAST-FOOD Die New Yorker Künstlerin Roxy Paine arbeitete sechs Monate lang an der Replik eines Fast-Food-Restaurants aus Birken- und Ahornholz und Glas – inklusive Kassen, Getränke- und Strohhalmspendern, einer Frozen-Yogurt-Maschine, Kaffeemaschine, Fritteusen und vielen weiteren Details.

BÄRENBEWOHNER Im April 2014 lebte der französische Performancekünstler Abraham Poincheval 13 Tage und Nächte lang in einem ausgehöhlten Bärenkadaver, in dem er nicht nur schlief, sondern auch aß und trank. Bei seiner Aktion im Pariser Museum für Jagd und Natur wurde er von zwei Kameras gefilmt.

STRASSENKUNST Unter dem Pseudonym „Roadsworth" verwandelt Schablonenkünstler Peter Gibson Straßen, Gehwege und Parkplätze im kanadischen Montreal in riesige Kunstwerke. Seine Asphaltgemälde zeigen meist Naturmotive, beispielsweise Sardinenschulen, die durch den Verkehr schwimmen, oder Gänseschwärme, die von einer Straße abheben.

KERZENKÖPFE

Wer die Kerzen der britischen Künstlerin Anna Sternik anzündet, muss schon ziemlich hartgesotten sein – ihre Skulpturen aus dem aus Sojabohnen gewonnenen Wachs EcoSoya sehen nämlich bis ins kleinste Detail aus wie Teile von Menschenköpfen. So gruselig die schmelzenden Gesichter aber auch aussehen mögen – immerhin riechen sie gut, beispielsweise nach Kamille, Schokolade oder Orange.

ZWECKENTFREMDET Eine Frau aus dem englischen Hertfordshire nutzte über 40 Jahre lang ein altes Holzgefäß als Türstopper, bis sich herausstellte, dass es sich um einen chinesischen Ziergegenstand aus dem 18. Jahrhundert handelte, der bei einer Auktion im Jahr 2014 stolze € 220.000 einbrachte!

SÜSSES HAUPTMOTIV Inspiriert von Andy Warhol hat Künstlerin Nancy Peppin aus Nevada Dutzende von Kunstwerken erschaffen, die die beliebte US-amerikanische Süßigkeit Twinkie zeigen. Als der Hersteller Hostess Brands 2012 seine Pforten schließen musste, verabschiedete Peppin sich mit dem Bild *The Last Snack*, einer Hommage an Leonardo da Vincis *Das Abendmahl*, auf dem statt Jesus ein Twinkie zu sehen war!

KÜNSTLER HINTER GITTERN Als der Künstler Jesse Krimes aus New Jersey eine 70-monatige Gefängnisstrafe absitzen musste, erschuf er während seiner Haftzeit aus Bettlaken, Zeitungen und Haargel ein beeindruckendes 39-teiliges Wandgemälde. Dazu übertrug er die Abdrücke von Tausenden von Bildern aus der *New York Times* auf die Laken, indem er mit einem Plastiklöffel Druck auf die Zeitungen ausübte und Haargel als Überträgerstoff nutzte.

FEINARBEIT Seit 1968 hat Peter Koppen aus München über 200.000 winzige Papierschiffchen gefaltet, aus denen er farbenfrohe Collagen herstellt. Für seine „Mikroschiffe" faltete er Papierstückchen im Briefmarkenformat insgesamt 15-mal!

HALMKUNST

Der japanische Künstler TAO fertigt aus einfachen Plastikstrohhalmen diese faszinierenden Tierskulpturen an. Zu seinen Motiven zählen auch berühmte Anime-Figuren. Bei seiner Arbeit ist viel Fingerspitzengefühl gefragt: Alleine für ein Käferbein muss er Dutzende Male mit dem Cutter ansetzen.

Barbie-
Schmuck

Für ihre Reihe „Plastic Body" stellt Künstlerin Margaux Lange Schmuckstücke aus Teilen von Barbiepuppen her.

Die gebürtige New Yorkerin liebte Barbies schon als Kind und hat in ihrem Atelier Tausende von gebrauchten Puppen zusammengetragen, die sie in ihre Einzelteile zerlegt und zu Ketten, Ohrringen, Broschen und Ringen weiterverarbeitet. Eine besonders aufwendige Kette besteht aus 29 Barbiemündern, eine andere aus 20 Armen.

VERMINTER TURM Gandhavalla Umasankar aus dem indischen Andhra Predesh arbeitete zwei Monate lang an einem Modell des Eiffelturms aus 600 Bleistiftminen.

RECYCLINGHÄUSER Designer Gregory Kloehn aus dem kalifornischen Oakland bastelt Wohncontainer für Obdachlose aus Altmaterial, das er auf der Straße findet. In seinen Häusern dienen beispielsweise Waschmaschinentüren als Fenster oder alte Autoteile als Dach.

KÜRBIS-DINOS Beim Great Jack O'Lantern Blaze, einem Halloween-Event im US-Bundesstaat New York, wurden 2013 geschnitzte Skulpturen aus 5.000 Kürbissen ausgestellt – darunter auch lebensgroße Dinosaurierskelette aus hunderten von zusammengesetzten Früchten.

FUSSBALLERNÜSSE Mit Skalpell und Lupe bewaffnet hat Mikrokünstler Quentin Devine aus dem englischen Surrey zur Feier der Fußball-WM 2014 winzige Skulpturen von fünf britischen Fußballlegenden aus Paranüssen geschnitzt!

KNALLIGE KUNST

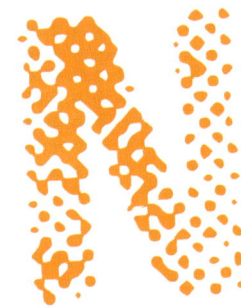

Bradley Hart injiziert Farbe in die Plastikbläschen von Knallfolie, um Kunstwerke zu erschaffen, die aussehen wie verpixelte Fotos!

Bis zu 2.500 Spritzen füllt er pro Arbeit mit Acrylfarbe, die dann einzeln in die Bläschen gefüllt wird. Seine Replik von Johannes Vermeers Meisterwerk *Das Mädchen mit dem Perlenohrgehänge* besteht beispielsweise aus 25.488, sein Porträt des verstorbenen Apple-Gründers Steve Jobs aus 15.764 Bläschen.

Alleine das Aufziehen der Spritzen kostet ihn schon bis zu eine Woche, und so kommt er pro Kunstwerk schon einmal auf 500 Arbeitsstunden. „Wenn man zu hastig arbeitet, macht man die Bläschen kaputt", sagt er. „Und wenn man zu langsam ist, füllen sie sich nicht richtig."

Er hat auch schon andere berühmte Kunstwerke aus Luftpolsterfolie nachgestellt, darunter Leonardo da Vincis *Mona Lisa* und Vincent van Goghs Selbstporträt.

Der New Yorker Künstler kam auf die Idee, mit Knallfolie zu arbeiten, nachdem bei seiner ersten Solo-Ausstellung eine Rolle übrigblieb, die eigentlich als Verpackungsmaterial gedacht gewesen war. Bei seinen Recherchen fand er heraus, dass Luftpolsterfolie ursprünglich 1957 als Wandbelag entwickelt worden war – mit seinen Kunstwerken hat er ihr also zu ihrer eigentlichen Aufgabe zurückverholfen!

Übrigens entsteht im Herstellungsprozess noch eine zweite Bilderreihe, die *Impressions*. Denn auf der Rückseite der Folie tritt bei der Injektion etwas Farbe aus, die zu einem verschwommenen Abdruck des Originalmotivs zusammenläuft, das sich nach der Trocknung von der Folie abziehen lässt.

Ein Bild aus der Reihe Impressions.

Hier das Original.

Ripley's fragt

Wie sind Sie darauf gekommen, Kunst aus Knallfolie zu erschaffen? Es gab viele Faktoren, die schließlich zu diesem Einfall führten. Ich war auf der Suche nach einem richtig öden Material, nach etwas ganz Alltäglichem. Mein erstes Kunstwerk aus Luftpolsterfolie bestand aus einer Reihe von Schildern, auf denen „Kunstwerk bitte nicht anfassen!" stand, aber natürlich wollte sie jeder anfassen, weil es sich ja um unwiderstehliche Knallfolie handelte! Danach besprühte ich sie mit dem Text „Fass mich an", aber wegen der injizierten Farbe wurden die Bläschen hart, was natürlich eine ziemliche Enttäuschung für alle bedeutete, die die Bläschen platzen lassen wollten.

Wie groß ist Ihr bislang größtes Werk? *The Ladies*, an dem ich über 500 Stunden lang gearbeitet habe, ist 2,1 x 2 m groß!

Was passiert, wenn Sie einen Fehler gemacht haben? Ich habe ein Werkzeug entwickelt, mit dem sich beschädigte Blasen entfernen und durch neue ersetzen lassen. Es funktioniert so gut, dass nicht einmal ich die ersetzten Bläschen wiederfinde!

Und welches ist Ihr Lieblingswerk? Das kann ich wirklich nicht beantworten. Ich liebe alle meine Babys gleichermaßen!

Aus Knall-folie!

ZUNGEN-MALEREI

Künstler Ani K aus dem indischen Kerala hat über 1.000 Bilder – darunter auch eine 2,40 m breite Version von Leonardo da Vincis *Das Abendmahl* und dieses Jesusporträt – mit der Zunge gemalt! Diese benutzt er nicht nur als Pinsel auf der Leinwand, sondern auch, um auf der Palette neue Farben anzumischen. Doch seine schräge Kunstform hat ihren Preis: Nach dem Malen hat er oft Kopfweh und Kieferschmerzen.

PAPPKAMPFFLIEGER Charlotte Austen und Jack Munro bastelten im Duxford Imperial War Museum im englischen Cambridgeshire aus 6.500 Eierkartons eine originalgroße Replik eines Spitfire-Kampffliegers aus dem Zweiten Weltkrieg. Die Eierkartons wurden auf einem Gerüst aus Holz und Stahl befestigt, das in zwölf Einzelteile zerlegt werden musste, um in einen LKW zu passen.

MINI LISA Wissenschaftler vom Georgia Institute of Technology haben eine Replik von Leonardo da Vincis berühmtem Gemälde Mona Lisa erschaffen, die nur ein Drittel der Breite eines Menschenhaars groß ist! Dazu nutzten sie ein Atomkraftmikroskop und hitzebasierte Nanotechnologie. Durch unterschiedliche Wärmestufen konnten sie verschiedene Schattierungen erstellen und so beeindruckend detailreich arbeiten.

VORGEKAUT Die ukrainische Künstlerin Anna-Sofiya Matveeva erschafft Porträts von Berühmtheiten wie Elton John oder Steve Jobs aus Hunderten von verschiedenfarbigen Kaugummis, die sie von ihren Freunden vorkauen lässt und dann in der Mikrowelle erwärmt, damit sie sich leichter verarbeiten lassen.

STREICHHOLZMODELL Djordje Balac aus dem kroatischen Gospic hat ein voll funktionsfähiges Modell des größten Krans der Welt – des Liebherr LTM 11200 – aus 175.518 Streichhölzern, 20 kg Klebstoff und 8 kg Lack hergestellt! Er arbeitete drei Monate lang täglich von acht Uhr morgens bis Mitternacht an seinem Kunstwerk.

EXPLOSIVE BILDER Die Kunst von Chemiker und Fotograf Jon Smith aus Indiana ist buchstäblich explosiv – denn er füllt Glühbirnen mit leuchtend bunten Materialien, beispielsweise Süßigkeiten, Zuckerstreusel oder Kalkpulver. Dann schießt er mit einem Schrotgewehr auf die Glühbirnen und fotografiert den Augenblick, in dem sie zerplatzen.

ROYALER TOAST Nathan Wyburn aus dem walisischen Cardiff hat aus 35 Scheiben Toast und einem Glas Marmite-Brotaufstrich ein Porträt von Herzogin Kate zusammengestellt.

MEGAZEICHNUNG Acht Tage lang arbeitete Edmund Cheng aus Singapur je fünf Stunden lang an einer Zeichnung, die einen Koi und mehrere Lotusblüten zeigt und eine 600 m lange Papierrolle ziert.

UNTERWASSERKÜNSTLER Der ukrainische Künstler Alexander Belozor malt unter Wasser in voller Tauchermontur Landschaftsgemälde – und zwar in bis zu 26 m Tiefe! Seine Leinwand bearbeitet er vorher mit einem wasserfesten Klebemittel, damit die Farben nicht verlaufen.

Lippenstift-Lookalikes

May Sum aus Hong Kong schnitzt Miniskulpturen von berühmten Fashionistas wie Lady Gaga, Audrey Hepburn, Elizabeth Taylor und Madonna in teure Lippenstifte! An manchen Skulpturen arbeitete sie über eine Woche lang, da sie auch auf kleinste Details achtete. Ein Beispiel: Dem englischen Model Twiggy modellierte sie jede Wimper einzeln!

GLASPFLANZEN

Der Glasbläser Jason Gamrath aus Seattle, Washington, fertigt 3,60 m hohe Blumen aus Glas an. Für seine Kunst muss er manchmal sogar in einen kochend heißen Ofen klettern!

Das größte seiner wunderschönen detailreichen Kunstwerke fertigte er aus einem einzigen großen Glasstück an. Allerdings war seine Ausrüstung nicht groß genug dafür, sodass er extra einen 3 x 3,6 m großen Ofen bauen musste, der eine Temperatur von 1.000°C erreichte! In einem feuerfesten Anzug aus Kevlar und Aluminium kletterte er dann in den glühenden Ofen, um die Blume fertigzustellen, wobei er sich „nur" ein paar kleinere Verbrennungen zuzog.

11-Millionen-Dollar PINSEL

Prinzessin Tarinan von Anhalt arbeitet nicht etwa mit handelsüblichen Pinseln – sie fertigt ihre einzigartigen Kunstwerke mithilfe eines elf Millionen Dollar teuren Flugzeugs an!

Die New Yorker Künstlerin schleudert große Farbmengen in den Luftstrom, der aus den Flugzeugdüsen eines Learjets dringt, wodurch diese mit extremer Kraft auf eine rund 15 m weit entfernte Leinwand gespritzt werden und dort einzigartige abstrakte Muster bilden.

Seit 2006 hat sie bereits über 30 ihrer Düsenjetgemälde hergestellt. Erlernt hat sie die Technik von ihrem verstorbenen Ehemann Prinz Jürgen von Anhalt. So einfach, wie die Sache aussieht, ist sie übrigens nicht – Wind, Temperatur und Farbkonsistenz müssen nämlich jedes Mal genau bemessen werden.

Laut Aussage der Prinzessin sind Textur und Struktur der Gemälde, die sie mit dem Düsenjet erschafft, mit Pinseln oder anderen konventionellen Hilfsmitteln nicht zu erreichen. Über ihre Arbeit schwärmt sie: „Während des Schaffensprozesses denke ich weder an die Gefahr noch an die Kraft oder die Hitze. Ich bin völlig im Hier und Jetzt. Es macht süchtig, man will nie wieder aufhören."

Der Luftdruck aus der Flugzeugdüse schleudert die Farbe auf die Leinwand.

Prinzessin Tarinan neben einem fertigen Kunstwerk.

FLASCHENMOSAIK Eine Künstler-gruppe aus Dubai hat ein Mosaik aus 12.844 Plastikflaschen für Spülmittel angefertigt. Es ist 11,50 m lang und 6,60 m breit und zeigt das Logo des Spülmittel-herstellers.

40-FRÜCHTE-BAUM Sam Van Aken, Kunstprofessor an der New Yorker Syracuse University, hat einen Baum erschaffen, der 40 verschiedene Früchte trägt, darunter Pflaumen, Kirschen, Pfirsiche und Mandeln, indem er die Äste verschiedener Obstbäume zusammenfügte.

ASCHE ZU KUNST Adam Brown aus Missouri verewigt die Asche seiner verstorbenen Kunden in wunderschönen Kunstdrucken. Die Hinterlassenen können ihm eine kleine Menge Asche aus dem Krematorium zukommen lassen, die er mit Farbe, Klebstoff und Harzen ver-mengt und in seinen Kunstwerken verarbeitet.

M&M-MOSAIK Der 17-jährige Jackson McKenzie aus Idaho erstellte aus 70.000 M&Ms ein 11,50 m² großes Mosaik, das eine detailreiche Karte seines Heimatbundesstaates zeigt. Die Planungsphase für sein Kunstwerk dauerte zehn Monate, die tatsächliche Anfertigung aber „nur" sechs Tage.

Häkelkreaturen

Diese auf den ersten Blick lebensecht wirkenden Jagdtrophäen bestehen in Wahrheit aus gehäkelter Wolle und sind das Werk von Shauna Richardson aus dem englischen Leicester. Richardsons Kunstreihe beinhaltet auch Skulpturen von Affen und Büffeln. Für die Olympiade 2012 in London häkelte sie außerdem drei acht Meter lange Löwen, für die sie 58 km Wolle verarbeitete!

VERGÄNGLICHES MAHNMAL Als Mahnmal für die im Zweiten Weltkrieg bei der Landung in der Normandie Gefallenen fertigten die Bildhauer Jamie Wardley und Andy Moss aus dem englischen Bradford mithilfe von 200 Freiwilligen 9.000 Sandzeichnungen am Strand von Arromanches in Nordfrankreich an, die jeweils individuelle Silhouetten von Zivilisten und Alliierten sowie deutschen Soldaten zeigten. *The Fallen* wurde über zwei Jahre hinweg geplant, aber nur wenige Stunden nach Fertigstellung von der Flut vernichtet.

JESUS MIT BISS Als Restauratoren eine Jesus-Statue aus dem 18. Jahrhundert, die in einer Kirche im mexikanischen San Bartolo Cuautlalpan steht, mit Röntgenstrahlen untersuchten, staunten sie nicht schlecht – denn sie mussten feststellen, dass die Zähne im Mund der Skulptur einst einem echten Menschen gehört hatten!

KUNSTKENNERTRICK In der Kunstgalerie Beaverbrook im kanadischen Fredericton kann es schon mal vorkommen, dass man in der Eingangshalle über auf dem Boden liegende Besucher stolpert – sie sehen sich nämlich das großformatige Gemälde *Santiago El Grande* von Salvador Dalí an, weil es heißt, das abgebildete Pferd springe aus diesem Betrachtungswinkel mit 3D-Effekt geradezu aus dem Bild heraus.

REISPORTRÄTS Seit über 20 Jahren werden auf einem fußballfeldgroßen Reisfeld im japanischen Inakadate riesige Kunstwerke aus rotem, lilafarbenem, gelbem, weißem und grünem Reis gepflanzt. Zu sehen waren unter anderem schon eine Replik der *Mona Lisa*, ein Marilyn Monroe-Porträt, Krieger und Anime-Figuren. Einen besonders guten Blick auf die Reiskunstwerke, die vorher sorgfältig am Computer geplant werden, hat man von einem 22 m hohen Turm beim nahegelegenen Rathaus aus.

DICHT BESTUHLT

Anlässlich des 125-jährigen Jubiläums der Fertigstellung des Eiffelturms errichtete die französische Firma Fermob in Paris eine Replik des Bauwerks aus 324 Bistrostühlen – der echte Eiffelturm ist nämlich 324 m hoch. Das Modell schaffte es zwar nur auf 13 m, sah dem Original aber verblüffend ähnlich.

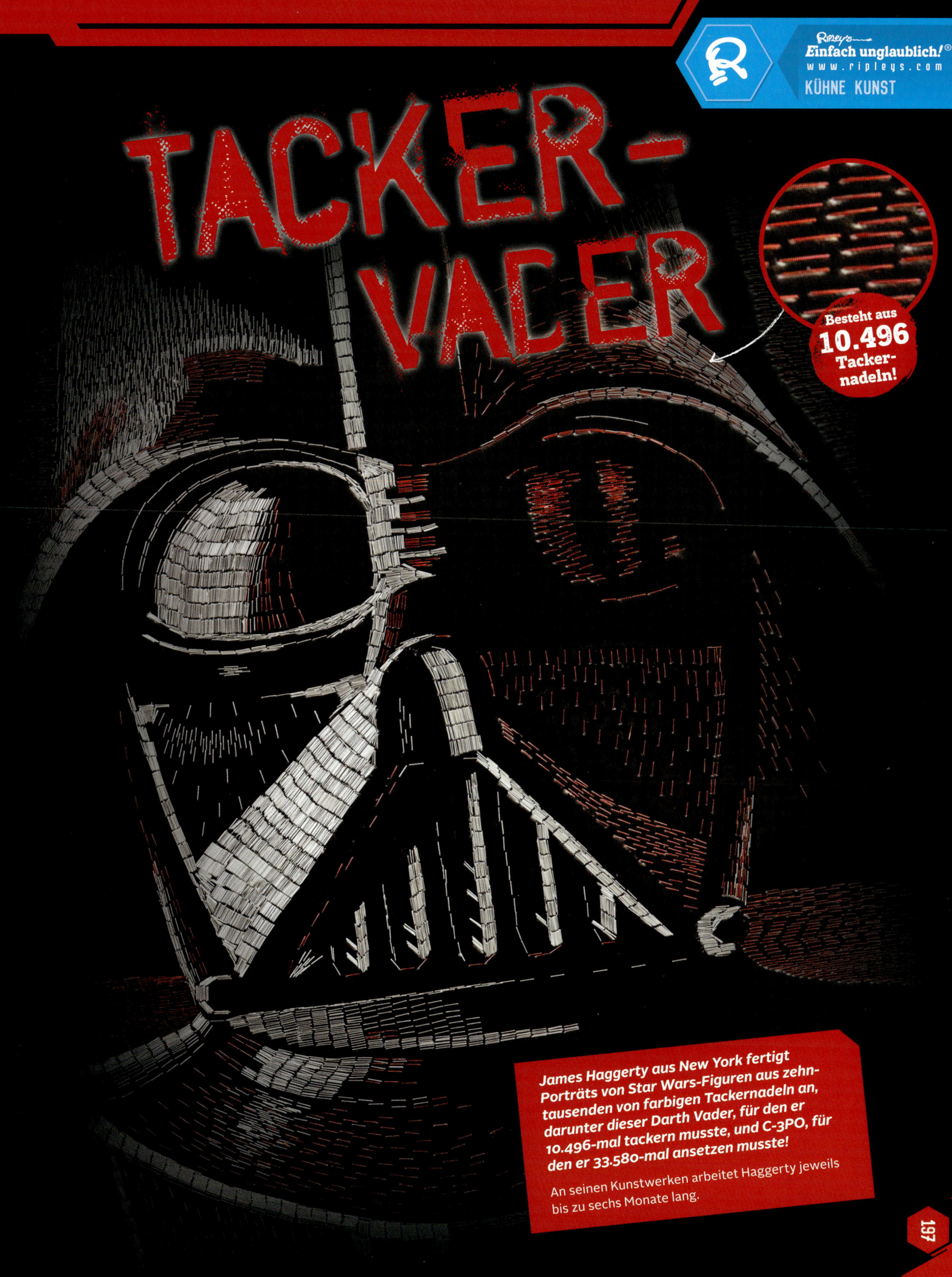

TACKER-VADER

Besteht aus 10.496 Tackernadeln!

James Haggerty aus New York fertigt Porträts von Star Wars-Figuren aus zehntausenden von farbigen Tackernadeln an, darunter dieser Darth Vader, für den er 10.496-mal tackern musste, und C-3PO, für den er 33.580-mal ansetzen musste!

An seinen Kunstwerken arbeitet Haggerty jeweils bis zu sechs Monate lang.

SÜSSE HOMMAGE

Pop-Artist Jason Mecier aus San Francisco arbeitete über 30 Stunden lang an dieser zuckersüßen Bonbon-Hommage an den verstorbenen Schauspieler Robin Williams, auf der er die bekanntesten Rollen des Schauspielers – nämlich Mrs. Doubtfire, Mork vom Ork und Patch Adams – verarbeitete.

BLUTIGES SELFIE

Künstler Ted Lawson aus Brooklyn fertigte ein originalgroßes Aktporträt von sich selbst an, und zwar aus seinem eigenen Blut! Für *Ghost in the Machine* ließ er sein Blut über einen intravenösen Zugang direkt in einen vorprogrammierten Computerarm fließen, der das gruselige Kunstwerk dann zu Papier brachte. Vor der dreistündigen Session gönnte sich Lawson noch einen dicken Cheeseburger, weil fettige Nahrungsmittel angeblich seinen Blutfluss verbessern.

Ein großer Bogen Papier wird per Vakuum auf eine Platte gesogen, damit er keine Falten wirft.

Lawson benutzte sein eigenes Blut als Tinte.

Lawsons Blut fließt in die Maschine.

RIPLEY'S ERKLÄRT

Lis Technik beruht auf einer traditionellen chinesischen Papierkunstform. Mit einem Pinsel klebt er die Papierlagen an bestimmten Punkten aneinander, sodass er sie später teilweise wieder auseinanderziehen kann, wodurch der Ziehharmonikaeffekt entsteht, der seine Werke so einzigartig macht. Mit einer Holzsäge gibt er dem so entstandenen Papierblock eine grobe Form. Für die Feinarbeit verwendet er einen Winkelschleifer und Schmirgelpapier. Der ehemalige Verlagslektor arbeitet an seinen Werken meist mehrere Monate lang.

SPACEBAUM Als Teil seines Projekts *Exobiotanica* ließ der japanische Künstler Azuma Makoto in der Black Rock Desert in Nevada einen Bonsaibaum an einem großen Heliumballon ins Weltall aufsteigen. Der Baum erreichte während seines 100-minütigen Fluges eine Höhe von 28.000 m, dann platzte der Ballon und der Baum segelte auf die Erde zurück.

STRICHDRACHEN Unter Verwendung der 100 Jahre alten Technik *Hitofude Ryuu* malen die Sumie-Maler aus dem Kousyuuya-Studio im japanischen Nikko einen ganzen Drachen mit nur einem einzigen Pinselstrich – inklusive Schuppen und Schattierungen! Für so ein Kunstwerk brauchen sie nur einige Sekunden – dafür dauert die Ausbildung aber viele Jahre.

TEURER SPAß Ein paar Scherzkekse malten die Fußnägel einer weißen Marmorstatue im Museum auf Schloss Gattschina in St. Petersburg mit rotem Nagellack an, der daraufhin eine so starke Bindung mit dem Stein einging, dass die Restaurierung der Skulptur das Museum über € 60.000 kostete!

MUMIENSPAß Die bei den Präraffaeliten des 19. Jahrhunderts beliebte Farbe „Mumienbraun" wurde aus pulverisierten Menschen- und Katzenmumien aus dem alten Ägypten hergestellt. Eine einzige menschliche Mumie deckte den Farbbedarf für 20 Jahre.

Alles nur Papier

Der Pekinger Künstler Li Hongbo erschafft seine faszinierenden beweglichen Skulpturen aus nichts weiter als Papier – das allerdings ist bis zu 8.000 akribisch genau zusammengeklebte Schichten dick! Da das Papier nur an wenigen Stellen verleimt wird, lassen sich die Figuren dehnen und danach wieder zusammenschieben.

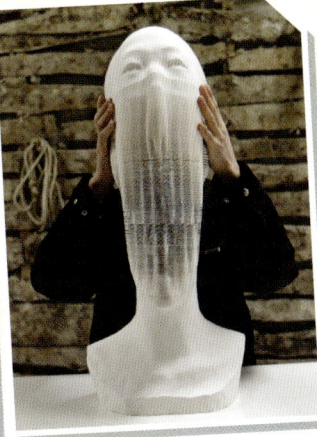

MENSCHEN-PFERD

Jockey Stefanie Hofer „reitet" auf zehn mit Körperfarbe bemalten Akrobaten, die gemeinsam ein Rennpferd bilden. Zu sehen war die Kunstaktion im Juli 2014 auf der Rennstrecke im englischen Ascot anlässlich der Shergar Cups. Kreiert wurde sie von dem Make-up-Artist-Kollektiv Civilised Mess.

ORAKELBILD Die Künstlerin Chloe Mayo aus dem englischen Surrey malte ein Bild, das sie mit ihrem Ehemann zeigt – und zwar Monate, bevor sie ihn überhaupt kennenlernte! Das Bild, das sie mit dem bärtigen Mann ihrer Träume zeigt, fertigte sie 2009 an. Einige Wochen später meldete sie sich bei einem Online-Dating-Dienst an und chattete Monate lang mit dem 30-jährigen Michael Goeman, ehe sie ihn schließlich persönlich traf. Erst nachdem sie sechs Wochen lang mit ihm ausgegangen war, fiel ihr ein, warum er ihr so bekannt vorkam: Sie kannte sein Gesicht von ihrem Ölgemälde! Da sie Angst hatte, er könne sie für eine Stalkerin halten, versteckte sie das Bild zunächst unter dem Bett – sehen durfte er es erst nach ihrer Hochzeit 2012.

VERPASSTE CHANCE Im Oktober 2013 wurden an einem Straßenstand im New Yorker Central Park signierte Leinwandbilder des berühmten Streetartists Banksy für nur $ 60 verkauft – obwohl sie an die $ 30.000 wert waren! Innerhalb von sieben Stunden schlugen nur drei Kunden zu und es wurden gerade einmal $ 420 umgesetzt. Den Großteil der Megaschnäppchen wollte keiner haben.

STREICHHOLZGLOBUS Über mehr als zwei Jahre hinweg baute Andy Yoder aus Virginia einen 90 kg schweren Globus mit einem Durchmesser von knapp 110 cm aus 300.000 Streichhölzern. Der Erdkern besteht aus Sperrholz, Pappe und Schaum, ummantelt mit Reispapier, in das er die Streichhölzer steckte, deren Köpfchen er vorher von Hand bemalt hatte, um die Farben von Wasser, Landflächen und Wolken darstellen zu können.

KARTENKUNST Künstlerin Sandy Byers benutzt statt eines Pinsels Kreditkarten, um die Farbe auf ihre Landschaftsbilder aufzutragen! Ihre ungewöhnliche Technik verdankt sie dem Zufall: Als sie 2013 nach Marymere Falls in Olympic-Nationalpark in Washington State reiste, um dort zu malen, vergaß sie ihre Pinsel und musste sich deswegen mit ihrer Karte behelfen. Das Ergebnis gefiel ihr so gut, dass sie seitdem keinen Pinsel mehr in die Hand genommen hat.

Muschelschädel

Der Künstler Gregory Halili schnitzt hauchzarte Schädelmotive in Perlmuttmuschelschalen aus seinem Heimatland, den Philippinen. Nachdem er sein Motiv fertiggestellt hat, behandelt er die Muschelschalen mit Öl, wodurch die Übergänge verschwinden und kaum mehr zu erkennen ist, wo die Natur aufhört und die Kunst beginnt. Perlmutt besteht aus verschiedenen Mineralien, die von Austern und einigen anderen Mollusken abgesondert werden und sich als Schutz gegen Parasiten auf der Muschelschaleninnenseite festsetzen.

HAMMERHÖHLEN Über 25 Jahre hinweg grub Bildhauer Ra Paulette mit einer Spitzhacke 14 kunstvoll verzierte Höhlen in verschiedene Sandsteinfelsen in New Mexico. Eine davon, *Tree of Human Kindness*, liegt zwischen Santa Fe und Taos, ist 84 ha groß und wird auf einen Wert von knapp € 700.000 geschätzt.

APFELMOSAIK Der albanische Künstler Saimir Strati stellte ein 30 m² großes Mosaik aus über 150.000 Plastikstrohhalmen zusammen, das den Titel *Adam's Apple* trägt und den angebissenen Apfel der Erkenntnis zeigt, wegen dem Adam und Eva aus dem Paradies vertrieben wurden.

KNOCHENSCHMUCK Kristin Bunyard aus dem texanischen Austin stellt Schmuckstücke aus Tierknochen her. Sie sammelt Tierkadaver auf Bauernhöfen und in Tierhandlungen, legt die Knochen bloß, säubert sie akribisch und verarbeitet sie dann zu eleganten Ketten, Armreifen und Ohrringen.

TRANSFORMER-TITANEN Im chinesischen Jinan wurden auf einem Schrottplatz über 20 Transformer aus Altmetall gebaut, darunter Optimus Prime, Bumblebee und Megatron. Der größte Roboter ist über 16 m hoch und wiegt fünf Tonnen!

MODERNE ARCHE

Für sein Kunstwerk The Ninth Wave *erfand der New Yorker Künstler Cai Guo-Qiang die Arche Noah neu – und zwar mit 99 Stofftieren, die er auf einem Fischerboot vier Tage lang durch sein Geburtsland China treiben ließ.*

Die Tiere arrangierte er absichtlich so, dass sie aussahen, als wären sie dem Ende nah, weil er auf die zunehmende Umweltverschmutzung in China aufmerksam machen wollte, wo aus dem Huangpu-Fluss, der ganz Shanghai mit Trinkwasser versorgt, 2013 Tausende tote Schweine geborgen wurden.

ANGELEINT Für seine Kunstperformance *Hipster on a Leash* fuhr der chinesische Künstler Guo O Dong auf einem Segway durch New York und zog dabei einen bärtigen Mann an einer Leine hinter sich her. Sein „Opfer" hatte er auf der Internetplattform Craigslist gefunden.

LEGO®-WEIHNACHTSMANN Unter Anleitung des britischen LEGO-Modellbauers Duncan Titmarsh arbeiteten Freiwillige zu Weihnachten 2014 im Londoner Covent Garden 32 Tage lang an einem riesigen Weihnachtsmann samt Schlitten und Rentieren aus 750.000 Legosteinen.

MÜNZMOSAIK Die schwedische Firma Sandvik Coromant hat in Chicago ein 78 m² großes Mosaik enthüllt, das aus 214.000 US-amerikanischen Münzen im Gesamtwert von über € 55.000 besteht.

ROLLENVORBILD Der koreanische Fotograf Seung Hoon Park stellt aus Dutzenden von Filmrollen Collagen her, die berühmte Monumente und Gebäude zeigen. Dazu macht er Hunderte von Fotos seines Motivs, entwickelt die Filmrollen dann aber nicht, sondern ordnet die Streifen so an, dass sie aussehen wir ein riesiger Druck.

ROLLENHEILIGER Der britische Künstler Chris Gilmour hat eine drei Meter hohe Skulptur des „Drachentöters" St. Georg, Schutzpatron Englands, erschaffen, die nur aus Klebstoff und Pappkartons sowie Zigarettenschachteln besteht, die er auf der Straße gefunden hat!

TISCH DER RÄTSEL Kagen Schaefer, Holzarbeiter aus Denver, hat einen Schreibtisch gebaut, in den nicht nur eine Orgel, sondern auch mehr als 20 Rätsel und Geheimfächer eingebaut sind.

FINGERFARBEN Zaria Forman aus Brooklyn fertigt ganz ohne Pinsel beeindruckend realistische Gemälde mit Arktismotiven an. Als Vorlage für ihre Fingerkunst dienen ihr selbst geschossene Fotos von einer Grönland-Expedition im Jahr 2012 – auf den Spuren von US-Maler William Bradford, der sich 1869 dort aufgehalten hatte.

WEINENDE STATUE Tausende von Gläubigen pilgerten im Februar 2014 in die israelische Kleinstadt Ma'alot, da die Marienstatue des dort lebenden Ehepaars Osama und Amira Khoury Öl zu weinen schien.

DRECKSARBEIT Der Parkplatzaufseher Rafael Veyisov zeichnet mit den Fingern faszinierende Kunstwerke in den Staub, der sich auf Autoscheiben in seiner Heimatstadt Baku in Aserbaidschan ansammelt.

EISPFERDE Fast zwei Monate lang arbeiteten russische Künstler an 400 Pferdeskulpturen, die aus je zwei Tonnen schweren Eisblöcken auf dem Baikalsee in Sibirien gehauen wurden – dem tiefsten Frischwassersee der Welt.

FISCHKÖPPE Die französische Fotografin Anne-Catherine Becker-Echivard stellt Alltagsszenen aus selbstgebastelten Puppen nach, denen sie echte Fischköpfe aufsetzt. Die Kostüme lässt sie von ihrer Mutter nähen. Bis sie so zufrieden mit einem Arrangement ist, dass sie es fotografiert, können durchaus drei Monate vergehen – die Fischköpfe wechselt sie in der Zwischenzeit aber natürlich aus.

TOTENTASSEN Charles Krafft aus Seattle stellt Porzellan-waren aus einer Mischung menschlicher Asche aus dem Krematorium und Ton her, die als Andenken an Verstorbene dienen.

XXL-STRAßENKUNST Eine Künstler-gruppe um Yang Yongchun erstellte auf dem Campus der Communication University of China in Nanjing inner-halb von 20 Tagen ein 365 m langes 3D-Straßengemälde mit dem Titel *Rhythms of Youth*, das eine Gesamt-fläche von 2.737,50 m² bedeckte.

ZUM DAHINSCHMELZEN! Statt mit Farbe malt Othman Toma aus Bagdad seine Bilder mit geschmolzenem Eis am Stiel! Auf den Fotografien, die seine aquarellartigen Bilder zeigen, hält er immer auch die Eissorten fest, die er verwendet hat.

KACKE ZUM ANSTECKEN Frances Wadsworth-James stellt über € 3.300 teure Designerbroschen her, die aussehen wie Taubenkacke! Die Londoner Künstlerin fotografierte hunderte von Taubenhäufchen, um sich zu ihrer Kollektion „Heaven Sent" inspirieren zu lassen, in der sie schwarze Diamanten und Saphire verarbeitet.

BAUM MIT KUNSTTALENT Ein Baumstumpf im norwegischen Lillehammer weist beeindruckende Ähnlichkeit mit Edvard Munchs berühmtem Gemälde *Der Schrei* auf!

BAUM DER ILLUSION

Nein – dieser Baum kann natürlich nicht fliegen! Die optische Illusion ist das Werk der deutschen Grafikdesigner Daniel Siering und Mario Schuster, die einen Teil des Baumstamms in Plastikfolie wickelten, die sie dann so bemalten, dass sie mit der dahinterliegenden Landschaft zu verschmelzen schien. Die Idee kam ihnen, nachdem sie den offiziellen Auftrag erhalten hatten, unansehnliche Umspannstationen so zu bemalen, dass sie in ihrer Umgebung nicht mehr auffielen.

HOLZABFÄLLE Für seine Reihe *From the Street* verwandelt Künstler Tom Pfannerstill aus Kentucky Holzstücke in lebensecht wirkenden Abfall, darunter eine zerbeulte Bierdose und ein zusammengedrückter Starbucks-Pappbecher, eine platte Metallbenzinkanne und eine zerknüllte Zigarettenschachtel. Bei seiner Arbeit orientiert er sich streng am Original und schnitzt und bemalt das Holz bis ins kleinste Detail.

EXTREMAUSSTELLUNGEN Der abstrakte Künstler Edward „Edgy" Fraser aus dem australischen Alice Springs eröffnete seine erste Ausstellung in den Singenden Dünen in der Wüste von Katar bei über 50°C! Seine zweite Ausstellung hielt er im Basislager am Mount Everest in 5.364 m Höhe ab, wo es entsprechend kalt war.

KACKKUNST *The Oriel of the Blue Horses*, eine Installation des österreichischen Künstlers Martin Gostner aus dem Jahr 2012, besteht aus vier künstlichen Pferdeapfelhaufen, die er jeweils einem der vier Pferde auf Franz Marcs expressionistischem Gemälde *Der Turm der blauen Pferde* zuordnete, das die Nazis 1937 für „entartet" erklärten. Das Bild ist bis heute verschwunden.

GROSSER GÜRTEL Die 71-jährige Mary Jane François aus Kanada arbeitete zwei Jahre lang an einem 6,50 m langen sogenannten „Baby Belt", einem traditionellen Kleidungsstück der Aborigines, in dem Mütter früher ihre Kinder trugen. Der Gürtel ist mit 26 jeweils handgroßen Perlenblumen und einem Regenbogen in der Mitte bestickt und das längste Exemplar der Welt.

BLÄTTERKUNST Der aus dem Iran stammende Künstler Omid Asadi aus dem englischen Manchester verwandelt mit Messer, Nadel und Vergrößerungsglas trockene Blätter, die vom Baum gefallen sind, in detailverliebte Kunstwerke. Unter anderem kratzte er schon die Silhouetten von John Lennon, Bob Marley und Jimi Hendrix und eine Kopie von Edvard Munchs Gemälde *Der Schrei* in sein empfindliches Arbeitsmaterial. An seinen Bildern arbeitete er je bis zu einen Monat lang.

KARTEN-RICKY Künstler Glenn Kaino aus Los Angeles fertigte aus unzähligen Spielkarten ein riesiges Porträt des Magiers Ricky Jay an.

KNETMASSEN-KUNSTWERKE

Die ukrainische Künstlerin Svetlana Postlega stellt berühmte Gemälde aus Knetmasse nach – beispielsweise Vertumnis von Giuseppe Arcimboldo links und das Canaletto-inspirierte Bild mit Venedigmotiv unten.

Anfangs spielte sie nur zur Entspannung mit Knetmasse, aber bald entdeckte sie ihr Talent und begann, liebevoll skulpturierte dreidimensionale Kunstwerke anzufertigen.

MINIMENSCHEN

Der Londoner Künstler Jonty Hurwitz erschafft Nanoskulpturen wie diesen Akt, die selbst in einem Nadelöhr noch winzig wirken und nur mithilfe eines Elektronenmikroskops mit 400-facher Vergrößerung sichtbar sind. Um sie anzufertigen, macht er gleichzeitig mit über 200 Kameras Fotos von lebensgroßen Vorlagen, die er dann in einen speziellen Mikro-3D-Drucker einspeist, der sie in einem stundenlangen Prozess in ein Minikunstwerk umsetzt.

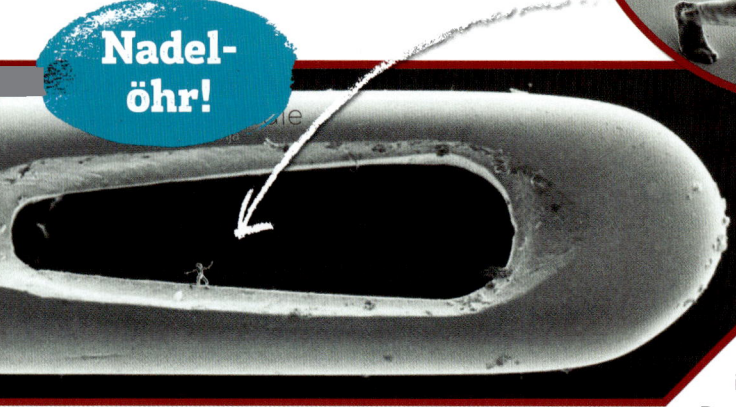

Nadel-öhr!

GEFÄHRLICHE SKULPTUR
Die Skulptur *Wishing Well*, die aus einer fünf Meter hohen, halbierten Stahlkugel besteht, musste aus dem kanadischen Calgary entfernt werden, da sie die Sonne so ungünstig reflektierte, dass einem Betrachter ein Loch in seine Kleidung gebrannt wurde!

SPIELZEUGSAMMLUNG
Marlyn Pealane aus Manila hat hunderttausende von Spielsachen zusammengetragen, die teilweise aus dem Müll gefischt wurden.

ZIEGELSUCHT
Über zwei Jahrzehnte lang sammelte der 78-jährige Neil Brittlebank aus Leeds in ganz England alte und seltene Ziegelsteine zusammen. Seine Sammlung umfasst inzwischen über 1.000 Stück.

ABWASSERREITER
Die Wakeborder Matt Crowhurst, Lee Debuse, Christian Koester und Ollie Moore stellten ihre Fähigkeiten in einem Abwasserkanal im englischen Surrey unter Beweis!

ALTER GIPFELSTÜRMER
Bob Wheeler aus Missouri erklomm am 2.10.2015 den 5.895 m hohen Kilimandscharo – und zwar im Alter von 85 Jahren!

WURFWUNDER
Gustavo Angel Tamayo, Student am Bryan Collge in Tennessee, gewann im Oktober 2014 stolze $ 10.000, weil es ihm gelang, innerhalb von nur 30 Sekunden vier verschiedene Basketballwürfe zu versenken – einen Korbleger, einen Freiwurf, einen Drei-Punkte-Wurf und einen Wurf von der Mittellinie. Das Erstaunlichste: Tamayo hatte nicht nur einen gebrochenen Finger, sondern ist eigentlich auch Fußballspieler und hatte noch nie Basketball gespielt!

SIEGESZUG
Als die Footballmannschaft der University of Mississippi 2014 zum ersten Mal seit elf Jahren Alabama schlug, stürmten die Fans das Spielfeld, rissen die Torpfosten aus dem Boden und trugen sie durch die Straßen.

RECHENMEISTERIN
Shakuntala Devi (1929–2013) aus dem indischen Bangalore konnte ohne Nachdenken den Wochentag eines beliebigen Datums im vergangenen Jahrhundert nennen und berechnete 1977 im Kopf die 23. Wurzel einer 201-stelligen Zahl in nur 50 Sekunden – zwölf Sekunden schneller als ein damaliger Computer.

SLACKLINE-HERAUSFORDERUNG
Slackliner Alexander Schulz aus dem bayrischen Rosenheim gelang es nach drei Tagen vergeblicher Versuche, auf einer in 100 m Höhe zwischen zwei Felsen in China aufgespannten Slackline beeindruckende 375 m weit zu laufen.

HOCH HINAUS
Der österreichische Extremsportler Mich Kemeter überquerte auf einem Hochseil ohne jegliche Sicherheitsvorkehrungen die 300 m breite Verdonschlucht in Frankreich.

GLASWOLLE

Nein, Künstlerin Carol Milne aus Seattle kann nicht wirklich mit Glas stricken – hinter dieser Skulptur stecken vier Wochen harte Arbeit! Milne fertigt zunächst ein Modell aus Wachs an, mit dessen Hilfe sie eine Gussform aus hitzebeständigem Material erstellt. Diese füllt sie mit Glasstückchen, die auf 815 °C erhitzt werden und daraufhin innerhalb von drei bis fünf Tagen zu einer Skulptur erstarren, die Milne so bearbeitet, dass ein rauer Wolleffekt entsteht.

Der Niederländer Bart van Polanen Petel hat seine beiden großen Leidenschaften vereint: Boxen und Kunst!

Seine Werke fertigt der Besitzer eines Fitnessstudios in Tilburg nämlich mit seinen Fäusten an! Dazu umwickelt er einen Sandsack mit einer Leinwand und schlägt mit seinen in Farbe getauchten Boxhandschuhen darauf ein, bis er mit dem Ergebnis zufrieden ist. Manchmal verleiht er seinem Kunstwerk mit den Fingern noch den letzten Schliff. Da er zwischen einer und drei Stunden pro Bild auf den Sandsack einschlägt, ist er der wohl fitteste Künstler, der uns jemals begegnet ist!

PRÜGELKUNST

TAPE TOTAL

Emanuel Pavao aus Toronto schickte uns dieses Bild von einem seiner Kunstwerke, in denen er Fotografien von Schaufenstern, Menschen und Großstadtszenen mit verschiedenen Arten von Klebeband – darunter Duct-Tape, Isolierband und Malerkrepp – auf einer großen Leinwand nachstellt. Das fertige Kunstwerk wird zum Schutz mit einer Harzschicht überzogen.

SPERRMÜLLPORTRÄT

Für eine Kunstinstallation, die 2014 in Paris zu sehen war, arrangierte der französische Künstler Bernard Pras über ein Dutzend Sperrmüllgegenstände – darunter einen alten Stuhl, ein Sofa und eine Gitarre – so, dass sie aus einer bestimmten Perspektive das dreidimensionale Porträt des Gesichts von Ferdinand Cheval ergaben, eines französischen Postboten, der zwischen 1879 und 1912 sein Traumhaus aus Material gebaut hatte, das er bei der Arbeit am Straßenrand fand.

LOCHKUNST

Die norwegische Künstlerin Anne-Karin Furunes stellt Schwarzweißporträts her, indem sie Tausende von Löchlein in 30 verschiedenen Größen in mit schwarzer Acrylfarbe bemalte Leinwände bohrt!

KNOPFKLAVIER

Augusto Esquivel aus Buenos Aires arbeitete zweieinhalb Monate lang an einer originalgroßen dreidimensionalen Skulptur eines Klaviers aus 30.000 schwarzen und weißen Knöpfen. Diese ließ er an hunderten von Fäden von der Decke hängen, sodass die Knöpfe ein gepixeltes Bild ergaben. Der Künstler, der heute in Miami lebt, hat mit seiner Technik auch schon Porträts erschaffen – unter anderem von Audrey Hepburn, Marilyn Monroe und James Dean.

STAUBZEICHNUNG

Der Londoner Künstler Ben Long zeichnet mit dem Finger faszinierende Kunstwerke in den Staub auf den Hecktüren von Lieferwagen. Seine Bilder halten manchmal bis zu sechs Monate, wenn die Fahrzeughalter vorher nicht in die Waschanlage fahren.

IRON MAN

Künstler Zhongkai Xiang aus Taiwan arbeitete in seiner Freizeit zwölf Monate lang an einem originalgroßen Iron Man-Anzug aus Pappe! Er hat auch schon Pferde-, Drachen- und Vogel-skulpturen aus seinem Lieblingsmaterial erschaffen.

LÖFFELAFFE

Bildhauer Alfie Bradley erschuf für den Magier Uri Geller – bekannt durch seine Tricks, bei denen er Löffel verbiegt – eine 3,60 m hohe Gorillastatue aus 40.000 Metalllöffeln. Über fünf Monate lang arbeitete er an dem Kunstwerk, das er im British Ironworks Centre in Shropshire anfertigte. Die Löffel wurden ihm aus der ganzen Welt, unter anderem aus China, Kenia und Indien, gespendet.

WOLKENFORMER

Für seine Serie *Shaping Clouds* fotografierte der argentinische Künstler Martin Feijoó Wolken und zeichnete dann auf die Fotos die Umrisse, die er in den Wolken erkennen konnte – unter anderem einen Dinosaurier, eine Schildkröte, ein Krokodil, eine Ente und den Evolutionstheoretiker Charles Darwin.

CD-PORTRÄTS

Die italienischen Künstler Mirco Pagano und Moreno De Turco arbeiteten gemeinsam über 200 Stunden lang an Mosaiken aus 6.500 CDs, mit denen sie Porträts der Musiker Michael Jackson, Bob Marley, Jim Morrison, Jimi Hendrix, James Brown, Freddie Mercury und Elvis Presley erschufen – und zwar jeweils aus deren eigenen Platten!

Alles Pfoten!

PFOTENBLÜTEN

Unglaublich, aber wahr: Diese zarten Blüten bestehen aus Tierknochen! Der Bildhauer Hideki Tokushige aus Tokio kauft in Tierhandlungen tiefgefrorene Ratten und Mäuse, taut sie auf, entfernt das Fleisch und zerlegt in wochenlanger Detailarbeit die Skelette. Danach klebt er die Knöchelchen einzeln zu seinen wunderschönen Blüten zusammen, die je aus mindestens 100 Einzelteilen bestehen.

Ripley's Einfach unglaublich!®
www.ripleys.com
KÜHNE KUNST

Blut
SKULPTUR

Aus Blut gemacht

Shihan Hussaini, Künstler und Bogenschießlehrer aus dem indischen Chennai, hat eine Büste der indischen Politikerin J. Jayalalitha aus elf Litern gefrorenem Blut erschaffen!

Über acht Jahre lang ließ sich Hussaini alle drei Monate Blut abnehmen, das er so lange lagerte, bis er genug Material für sein Kunstwerk zusammengetragen hatte. Da er selbst es aber nur auf 6,5 l brachte, bat er schließlich seine Schüler, den Rest zu spenden. Als Vorlage für seine Skulptur diente eine Tonbüste, mit deren Hilfe er eine Silikonform anfertigte, in die er anschließend das Blut goss und zwei Monate lang bei -27°C gefrieren ließ.

SCHNÄPPCHEN Zwei gestohlene Meisterwerke der französischen Künstler Paul Gauguin und Pierre Bonnard – zusammen knapp 40 Mio. Euro wert – wurden 2014 in der Küche eines pensionierten sizilianischen Angestellten des Automobilherstellers Fiat gefunden! Sie waren 1970 in London gestohlen und fünf Jahre später in Italien versteigert worden, wo der ahnungslose neue Besitzer sie für nur rund € 27 kaufte!

FLUGZEUGNARR Xu Shuquan aus dem chinesischen Chengdu hat 60 Jahre damit verbracht, mithilfe der Origamitechnik „Zhezhi" 10.000 Papierflugzeuge zu falten.

MINI-COMIC Die deutsche Künstlerin Claudia Puhlfürst hat das Comic *Juana Knits the Planet* ersonnen, das Andrew Zonenberg mithilfe von Ionenstrahlätzung auf einem einzigen Haar unterbrachte! Die zwölf Bilder sind je nur 25 Mikrometer groß.

ZOMBIEKUGELN Der deutsche Spritzpistolenkünstler Oliver Paaß hat als Promo-Gag für den Horrorsender 13th Street eine Serie von Bowlingkugeln gestaltet, die so aussehen wie abgeschlagene Zombieköpfe. Gemeinsam mit seinem Team schleicht er sich in Bowlingbahnen in ganz Deutschland und mogelt seine gruseligen Kunstwerke zwischen die normalen Kugeln.

09

TOTAL VERSESSEN!

BURGERBERG

John Clarkson aus dem englischen Lancashire bereitete diesen Wahnsinnsburger zu, der mit 1,60 m gerade einmal fünf Zentimeter kleiner war als er selbst. Er bestand aus zehn Cheeseburgern, Würstchen, einem Sandwich mit Speck, Pizza, Frühstücksfleisch und Brötchen sowie 8,5 kg Rindfleisch – das ergibt insgesamt 30.000 Kalorien, von denen man an die zwei Wochen lang satt werden würde! Übrigens hält der Burger-Turm nicht von selbst – er ist auf einem Metallständer fixiert.

KOHLKRAFT In London war ein 2,40 m hoher Weihnachtsbaum zu sehen, dessen 100 LED-Lämpchen durch Rosenkohl betrieben wurden! Dazu versah man die Kohlköpfchen mit Kupfer- und Zinkelektroden, wodurch es zu einer chemischen Reaktion kommt, bei der Energie freigesetzt wird.

ENDLICH RUHE Jawdat Ibrahim, Besitzer des Restaurants Abu Ghosh bei Jerusalem, bot seinen Kunden einen 50-Prozent-Rabatt an, wenn sie beim Essen ihre Handys ausschalteten!

RIESENNUDEL Zhao Mingxi, Koch in einem Nudelrestaurant im chinesischen Chongqing, kann 300 m lange Nudeln herstellen – das ist die zwölffache Länge eines Tennisplatzes!

SUPERTORTILLA Im spanischen Vitoria-Gasteiz wurde unter Leitung von Koch Senen Gonzalez eine 1.500 kg schwere Tortilla mit einem Durchmesser von fünf Metern zubereitet, die über 10.000 Personen satt machte! Dafür mussten extra eine XXL-Pfanne und ein spezielles Erhitzungssystem konstruiert werden, damit das Tortilla-Monster, für das alleine 150 l Olivenöl verbraten wurde, gegart werden konnte, ohne dass man es wenden musste.

FLIEGENDE SANDWICHES Adam Grant, David McDonald und Huw Parkinson haben die Melbourner Firma Jafflechutes gegründet, die von einem hochgelegenen Balkon aus per Mini-Fallschirm Sandwiches an die Kunden unten auf der Straße „liefert".

ZOMBIEBIER Die Dock Street Brewing Company aus Philadelphia hat ein Zombiebier gebraut, das unter anderem geräuchertes Ziegenhirn enthält!

KOHLWEIN In Narusawa, einer Stadt in der japanischen Weinregion Yamanashi, wird schon seit 30 Jahren Wein aus Kohl hergestellt.

OBSTBABYS Bauer De He aus dem chinesischen Nanchang lässt sein Obst in babyförmigen Abdruckformen wachsen! Inspiriert wurde er durch ein chinesisches Märchen über eine Frucht in Babyform, deren Verzehr unsterblich macht.

FLEISCHBERG Anlässlich des National Jerky Days am 12.6.2014 stellte die Firma Jack Link's eine 4 x 5 m große Fleischreplik des Mount Rushmore her! Der „Meat Rushmore" bestand aus über 700 kg Trockenfleischstreifen von Rind, Schwein und Truthahn, die aneinandergelegt eine Länge von fast zehn Kilometern erreichen würden!

Schwarze Tomaten

Durch die Kreuzung roter und violetter Tomaten gelang es Professor Jim Myers von der University of Oregon, schwarze Tomaten zu züchten. Die „Indigo Rose", wie er sie taufte, ist anfangs wie alle Tomaten grün, nimmt während des Reifungsprozesses aber eine tiefschwarze Farbe an.

HÜFTSNACK Der norwegische Künstler Alexander Wengshoel hat seine eigene Hüfte gekocht und gegessen! Nachdem ihm seine eigene Hüfte entnommen und eine künstliche eingesetzt worden war, nahm er den Knochen, an dem noch etwas Fleisch hing, einfach mit nach Hause, bereitete ihn zu und aß das Gericht mit Kartoffelgratin und einem Glas Wein. Sein Urteil? „Schmeckt wie Wildschaf."

FUTTER-AUTOMAT

Der japanische Safthersteller Kagome hat in Zusammenarbeit mit dem Künstler Nobumichi Tosa den Roboter Tomachan entwickelt, den man beim Marathonlaufen auf den Schultern mit sich herumtragen kann, um sich mit frischen Tomaten versorgen zu lassen, da „Tomaten viele Nährstoffe enthalten, die Erschöpfung entgegenwirken", wie Pressesprecher Shigenori Suzuki erklärte. Der witzige Automat wurde zum Tokioter Marathon 2015 entwickelt.

211

FLEISCHFRESSER

In Vancouver wird jedes Jahr ein Wettessen abgehalten, bei dem die Teilnehmer in nur drei Minuten so viele Fleischbällchen wie möglich essen müssen. Dem Gewinner winken ein Jahr lang kostenlose Spaghetti mit Fleischbällchen. Dody Jensen futterte 2014 gleich 15 Fleischbällchen. Sein Geheimnis? Einfach das ganze Ding in einem Bissen schlucken!

SCHOKO-ICH Zu seinem vierten Geburtstag bekam Alfie Rose aus dem englischen Birmingham eine originalgroße Replik von sich selbst geschenkt – und zwar aus Schokoladenkuchen! Der 13 kg schwere Kuchen war 1,20 m hoch und das Werk von Konditorin Lara Clarke, die dafür 20 Biskuitkuchen aufeinanderschichtete, mit Schokolade und Buttercremeguss überzog und dann mit Lebensmittelfarbe besprühte. Als kleines Gimmick obendrauf gab es eine ebenfalls essbare Replik von Alfies Plüschaffen.

Schoko-Herz

Dieses 400 g schwere Schokoladenherz ist anatomisch korrekt bis ins kleinste Detail inklusive Herzkammern und -klappen! Hergestellt wurde es von dem traditionsreichen Schokoladenproduzenten Morkes aus Illinois, der auch Schokoschädel und -gehirne anfertigt.

BISSKRAFT Die 63-jährige Chinesin Chen Fengzhi zerkaut mit ihren „Stahlzähnen" Glasscherben – und gönnt sich als Nachtisch gerne mal ein Häppchen Stein!

UNERSÄTTLICH Im Sayler's Old Country Kitchen in Portland gibt es seit 1948 eine Aktion, bei der jedem eine freie Mahlzeit winkt, der in unter einer Stunde ein ganzes Zwei-Kilo-Steak futtern kann – und am 3.1.2014 verputzte Molly Schuyler aus Nebraska ihr Steak doch glatt in zwei Minuten, 44 Sekunden! Am 31.1. gewann sie dann noch den Wing Bowl in Philadelphia, ein Wettessen, bei dem sie 363 Chicken Wings verschlang – und am nächsten Tag aß sie in drei Minuten 2,3 kg Speck, um einen Wettbewerb in Des Moines zu gewinnen.

ESSBARE SEHENSWÜRDIGKEITEN

Die Food-Künstlerin Prudence Staite aus dem englischen Gloucestershire hat einige der berühmtesten Sehenswürdigkeiten Großbritanniens – darunter Big Ben und Stonehenge – aus Pommes und Erbsen nachgebaut! Für ihre Kunstwerke braucht sie jeweils bis zu zwölf Stunden.

MEGALECKER Nick Monte, Besitzer des Village Chocolate Shoppe in Bennington, Vermont, stellte aus 32 kg Schokolade und 72 kg Erdnussbutter eine Erdnussbutter-torte mit einem Durchmesser von 1,50 m her!

KÄSEZAHN Jane Betts aus dem englischen Cambridge entdeckte in einem Supermarktkäse ein Stück von einem Zahn! Aus ihrem eigenen Mund stammte es nicht – das bestätigte ihr Zahnarzt.

BURGERWÜSTE Montpelier in Vermont ist die einzige Hauptstadt eines US-Bundesstaates ohne McDonald's-Filiale!

ALPHABET-SANDWICH Nick Chipman aus Wisconsin bereitete ein turmhohes Sandwich mit 26 unterschiedlich belegten Schichten zu – eine pro Zutat mit jeweils einem anderen Anfangsbuchstaben. Besonders schwer hatte er es natürlich, eine Zutat zu finden, die mit „X" anfing – bis er schließlich herausfand, dass Kokos-nüsse und andere Früchte mit harter Schale im Englischen auch als „xylocarps" bezeichnet werden.

WEIHNACHTSMAHL Seit einer erfolgreichen Werbemaßnahme in den 1970er-Jahren ist es in Japan Tradition, am Weihnachtsabend eine XXL-Portion Kentucky Fried Chicken-Hühnerteilchen zu essen – inzwischen muss man bei der Fastfoodkette schon Monate vorher seine Bestellung abgeben!

STÄBCHENSCHOCK Der Chinese Jun Chia wurde von einem Roller angefahren, als er gerade eine Portion Nudeln aß, woraufhin ihm seine Essstäbchen in den Rachen gerammt wurden! Wie durch ein Wunder blieb er dabei aber fast unverletzt.

SCHRÄGE HÄPPCHEN

Apple-Gründer **Steve Jobs** aß eine Zeitlang ausschließlich **Möhren,** bis sich seine Haut orange verfärbte.

Boxer **Joe Louis** trank frisches **Kuhblut,** um sich abzuhärten.

Henry Ford belegte seine Sandwiches mit allem **Grünzeug,** das er in seinem Garten fand.

Schriftsteller **Vladimir Nabokov** aß **Schmetterlinge,** die nach „Mandeln mit einem Hauch Kräuterkäse" schmeckten.

Angelina Jolie ließ sich in Kambodscha **Kakerlaken** schmecken.

Schauspieler **Gary Cooper** aß jeden Morgen eine Dose **Sauerkraut.**

Als **Ernest Hemingway** 13 war und ein **Stachelschwein** tötete, zwang ihn sein Vater zur Strafe, das ganze Tier zu essen.

KUH-→
PIPI

Hinduistische Gläubige aus dem indischen Agra sind überzeugt, dass verschiedene Magenprobleme, Krebs und Diabetes geheilt werden können, indem man morgens als Erstes frischen Kuh-Urin zu sich nimmt.

Sie behaupten außerdem, er sei das einzige funktionierende Gegenmittel für Haarausfall! Im Hinduismus gelten Kühe als heilig. Damit ihr Urin Heilwirkung zeigt, darf die Kuh aber noch nie gekalbt haben. Jairam Singhai (Foto) trinkt schon seit über zehn Jahren Kuh-Pipi und behauptet, dadurch seinen Diabetes in den Griff bekommen zu haben.

MELONENMONSTER

Lebensmittelkünstler Clive Cooper aus Vancouver schickte uns diese „Bilderreise" einer normalen Wassermelone zum gruseligen Krokodilschädel. Zu seinen weiteren Melonenkunstwerken zählen Haie, Frösche, Affen und Menschenköpfe.

KOCHLÖFFELSAMARITER Narayanan Krishnan aus dem indischen Tamil Nadu gab 2002 seinen Beruf als Chefkoch in einem Luxushotel auf, um den Armen seines Landes zu helfen. Seitdem hat er über 1,5 Millionen Gerichte für Obdachlose gekocht.

REICHE ERNTE Ein pensionierter Gärtner aus dem englischen Worcester musste hilflos mitansehen, wie sich ein 150 Jahre alter Apfelbaum in seinem Garten in der Mitte spaltete, weil die Last seiner Äpfel zu groß war!

ESSENSEKEL Eine schottische Jugendliche leidet an panischer Angst vor Essen, was dazu führt, dass ihr speiübel wird, wenn man ihr unbekannte oder bereits verhasste Lebensmittel zeigt. Sie ernährt sich einzig von Pommes mit Cheddarkäse.

SÜSSE KLÄNGE Eine vom Chocolatier Ben Milne und der schottischen Band FOUND kreierte Schokoladenschallplatte kann man tatsächlich abspielen!

WAL-ALE Eine isländische Brauerei hat ein Bier herausgebracht, das aus Walhoden hergestellt wird, die in Schafsdung geräuchert wurden!

FLEISCHLOSES FLEISCH Die Geschwister Aubrey und Kale Walch sammelten mit Kickstarter über € 50.000, um The Herbivorous Butcher zu eröffnen, die erste vegane „Metzgerei" der USA.

NIE MEHR ABWASCHEN! Nachdem zwei belgische Designer nach einer Party vor einem Riesenberg aus dreckigen Tellern standen, erfanden sie kurzerhand essbare Teller, die sogar ofenfest sind!

KOBRAEIER Schlangenzüchter Huang Kuo-nan aus Taiwan verkauft gekochte, befruchtete Kobraeier als gesunden Snack.

MACTATTOO

Diese Mahlzeit bei McDonald's wird Teenager Stian Ytterdahl aus dem norwegischen Lørenskog wohl nie vergessen – er ließ sich nämlich die Quittung auf den rechten Arm tätowieren! Neben seiner Bestellung – darunter eine Cola, drei Cheeseburger und ein Happy Meal – sind auch die Restaurantadresse und natürlich das berühmte McDonald's-Logo zu sehen.

ÜBERRASCHUNGSGAST Als Linda Hebditch aus dem englischen Dorset eine Supermarktpackung mit israelischer Salbeigewürzmischung öffnete, sprang ihr eine 7,60 cm lange Gottesanbeterin entgegen!

GOLDFUTTER Der deutsche Nahrungsmittelhersteller The Deli Garage hat die geschmacksneutrale essbare Sprühfarbe Food Finish entwickelt, mit der man beliebige Nahrungsmittel in Blau, Silber oder Gold einfärben kann.

HOTDOG-HUNGER 2013 stopfte der Kalifornier Joey „Jaws" Chestnut bei einem Wettessen in New York in nur zehn Minuten unfassbare 69 Hot Dogs in sich hinein und gewann den Contest der Restaurantkette Nathan's damit zum siebten Mal in Folge!

MEGAPILZ In der chinesischen Provinz Yunnan wurde ein gigantischer Pilz gefunden, der über 15 kg schwer war und einen Durchmesser von 90 cm hatte! Auf seinem Fuß thronten beeindruckende 100 Hütchen!

XXL-AUFLAUF Auf einer Messe in Dallas wurde ein 601 kg schwerer Nacho-Auflauf zubereitet, der nicht nur 635 Tüten Nachos, sondern auch 660 Dosen Chili und 580 Tüten Reibekäse enthielt.

SCHWARZWASSER Das isotonische Mineralwasser BLK ist pechschwarz – und zwar ohne die Beigabe von künstlichen Zusatzstoffen!

NUDELMONSTER In dem Tokioter Restaurant Lawson's Pasta wurde eine 3.776 m lange Nudel zubereitet.

SÜSSES KLEID Donna Millington-Day, Bäckerin aus dem englischen Staffordshire, hat eine Hochzeitstorte in Form eines elfenbeinfarbenen Brautkleids gebacken! Sie war 1,80 m hoch, wog 25 kg und bestand aus 17 Schichten Biskuitkuchen, einem Berg Zuckerguss und Vanillecreme sowie Hunderten von Zuckerperlen und handgefertigten Zuckergussblüten. Die Megatorte reichte für 2.000 Hochzeitsgäste.

FLIEGENBURGER In der Region um den Victoriasee in Ostafrika gibt es so viele Fliegen, dass man nur eine Bratpfanne mit Honig bestreichen und warten muss, bis sich genügend Insekten darin verfangen haben, damit man sich einen leckeren Fliegenburger braten kann.

COOLE COCKTAILS

Die japanische Kreativagentur TBWA/Hakuhodo entwirft mit Präzisionswerkzeug abgefahrene Eiswürfel für besonders stylishe Cocktails – darunter Freiheitsstatuen, dieser Haifisch und Stilettos aus Eis.

Pro Skulptur arbeiten sie bei -7°C bis zu sechs Stunden an einem einzigen Luxus-Eiswürfel – der aber genauso schnell schmilzt wie jeder normale Eiswürfel.

MILCHWODKA Der Bauer Jason Barber aus dem englischen Dorset stellt Wodka aus Kuhmilch her, die er mit einer Spezialhefe gären lässt, die den Milchzucker in Alkohol umwandelt! Sein „Black Cow"-Wodka kostet umgerechnet € 40.

ÜBERSETZUNGSPANNE Fred Bennett hängte in seinem Restaurant im neuseeländischen Nelson, das auch thailändische Küche anbietet, ein selbst ausgedrucktes Schild auf Thai auf – bis er Monate später feststellen musste, dass der Text darauf „Geh weg und komm nie wieder!" bedeutete.

➜ NACH DER TRENNUNG VON IHREM FREUND SASS DIE CHINESIN TAN SHEN AUS LIEBESKUMMER EINE WOCHE LANG IN EINER KENTUCKY FRIED CHICKEN-FILIALE IN CHENGDU UND ASS CHICKEN-WINGS.

BRATKATZE Früher wurde im peruanischen Quebrada regelmäßig ein Gastronomiefestival veranstaltet, auf dem zwei Tage lang Hauskatzen serviert wurden, die man speziell zu diesem Zweck heranzüchtete. Man glaubte, der Verzehr von frittierten Katzenschenkeln und -schwänzen sowie Katzenburgern würde Bronchialerkrankungen heilen.

GOLDBROT In der Bäckerei Pan Piña in Andalusien kann man mit Goldpulver bestäubtes Brot kaufen! Ein Laib kostet an die € 125.

MONSTERPIZZA Ein Team von Köchen unter Dovilio Nardi bereitete in Rom eine Pizza mit einem Durchmesser von 40 m und einem Umfang größer als die Länge eines Fußballfelds zu. Mit einer Fläche von 0,4 Hektar wog sie mehr als 25 t und bestand aus 10 t Mehl, 5 t Tomatensauce, 4,5 t Mozzarella, 675 kg Margarine, 250 kg Salz, 100 kg Salat und 135 kg Hefe. Kein Wunder, dass die Monsterpizza für ganze 48 Stunden in den Ofen wanderte!

FLUGZEUGKOST Der deutsche Lieferservice Air Food One bedient ausschließlich Kunden, die eine Vorliebe für das Essen haben, das auf Lufthansa-Flügen ausgegeben wird. Beispielsweise kann man sich jede Woche die Lufthansa-Mahlzeiten aus der Business Class nach Hause liefern lassen – darunter Leckerbissen wie Hühnchen in Pfeffersauce, Rinderfilet in einer Sauce aus karamellisierten Zwiebeln, Ravioli oder Brasse mit Kräuterrisotto. Wie im Flugzeug steht stets auch eine vegetarische Variante zur Auswahl.

GUMMI-MÄNNCHEN

Hast du dich auch schon mal gefragt, wie du als Gummibärchen aussehen würdest? Für rund € 50 kannst du dich im Tokioter FabCafé als essbare Gummifigur verewigen lassen! Die süßen Skulpturen werden mithilfe einer 3D-Körperscantechnik hergestellt. Der Scan dauert nur rund sechs Sekunden, danach wird in einem 3D-Printer eine Gussform angefertigt, in die später die Gummimasse gefüllt wird.

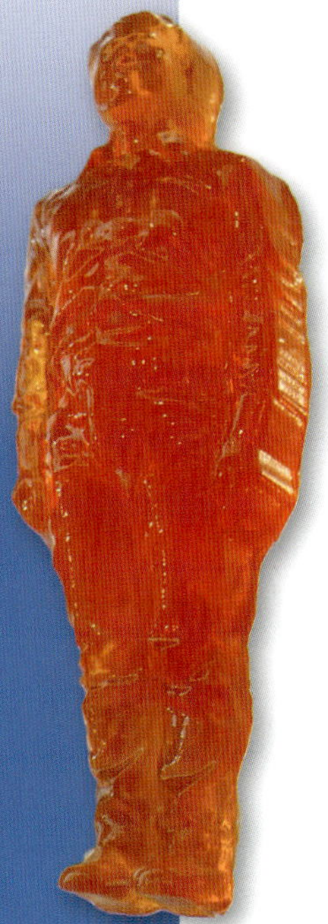

MÖWENWEIN Bei den Inuit wird traditionell Möwenwein serviert, ein Schnaps, bei dessen Herstellung eine tote Möwe in einer Wasserflasche vor sich hingärt.

TEURES HÄPPCHEN Im Süßwarenladen Sweet Surrender in Las Vegas kann man einen Cupcake erstehen, der stolze € 660 kostet! Das „Decadence D'Or" wird von Hand aus teurer venezolanischer Schokolade, tahitischem Vanillekaviar und 100 Jahre gereiftem Louis XIII-Cognac angefertigt. Als Streusel dienen essbare Goldflocken.

ALTER KÄSE In der chinesischen Taklamakan-Wüste wurde in Gräbern über 3.500 Jahre alter Käse geborgen. Durch die trockene Wüstenluft und den salzhaltigen Boden hatte sich der Käse, der um das Jahr 1.615 v. Chr. hergestellt wurde, bestens gehalten. Warum man ihn den Verstorbenen damals als Grabbeigabe auf Hals und Brust legte, wurde bislang nicht geklärt – vielleicht sollte er als Nahrung im Jenseits dienen.

LECKER WURM! Der 30 cm lange Schiffsbohrwurm gilt bei den australischen Aborigines als Delikatesse und wird dort roh gegessen.

COOLE HÄHNCHEN Während einer Hitzewelle, die 2014 Japan heimsuchte, wurde im Restaurant Zenyaren Hühnchen-eis am Stiel serviert! Die gefrorenen Fleischspieße im Kollagenmantel waren der absolute Renner, weil sie angeblich auch gut für die Haut waren.

EXZENTRISCHE BRATWÜRSTE Die Fleischfabrik Grundhofer's Old Fashioned Meats in Minnesota stellt über 100 Bratwurstsorten her, mit verrückten Geschmacksrichtungen wie Bloody Mary und Gummibärchen!

KNOBLAUCHVERBOT König Alfons XI., der im 14. Jahrhundert über Kastilien herrschte, hasste Knoblauch so sehr, dass man seinen Hof nur besuchen durfte, nachdem man sich einen Monat lang knoblauchfrei ernährt hatte.

FOTO-FOOD Im Picture House, einem Pop-up-Restaurant in London, bezahlen die Gäste ihr Essen mit Fotos! Wer ein Foto von seinem Gericht auf seinem Instagram-Account postet, isst dort nämlich kostenlos.

KAKERLAKEN-TEE Im 19. Jahrhundert galt aus Kakerlaken hergestellter Tee in Louisiana als Heilmittel gegen Tetanus! Die pulverisierten Insekten dienten auch als Medizin gegen Verdauungsstörungen, frittierte Kakerlaken dagegen wurden auf Schnittwunden gelegt, weil sie angeblich die Schmerzen stillten.

Schokozimmer

Davon träumt jeder Schokoladenfan: Im Londoner Hotel Cavendish war eine Nacht lang ein Zimmer zu besichtigen, in dem von der Lampe über die Hausschuhe bis hin zum „Bitte nicht stören"-Schild fast alles aus edler Callebaut-Schokolade bestand! Insgesamt wurden dabei 100 kg Schokolade verarbeitet. Damit das Zimmer nicht einfach wegschmolz, betrug die Temperatur allerdings ungemütliche 16°C.

SO VIEL NETTIGKEIT In einem Starbucks-Drive-in in St. Petersburg, Florida, kam es zu einem wahren Feuerwerk der Nächstenliebe, als eine Kundin an der Kasse darum bat, nicht nur ihren eigenen Kaffee, sondern auch den des nachfolgenden Kunden zu bezahlen – der sich so freute, dass er wiederum für den nächsten Kunden mitbezahlte. Das Ende der Geschichte? Innerhalb von elf Stunden bezahlten 378 aufeinanderfolgende Kunden nicht ihre eigene Rechnung, sondern die ihres Nachfolgers.

TIERISCH GUT! Dorothy Hunter, die zwei Geschäfte für Haustierbedarf in Washington besitzt, futterte einen Monat lang nur Hunde-, Katzen- und Vogelnahrung, um zu beweisen, wie nahrhaft und lecker ihre Produkte sind. Die Idee kam ihr, als sie einmal keine Zeit zum Mittagessen hatte und vor lauter Hunger eine Packung Leckerlis probierte, die ihr überraschend gut schmeckten!

KRIEG DER DIÄTEN Carolyn Ekins aus dem englischen Nottingham nahm zwischen 2013 und 2014 innerhalb von zwölf Monaten stolze 36 kg ab, indem sie sich an die Rezepte aus einem Rationierungskochbuch aus dem Zweiten Weltkrieg hielt. Außerdem reduzierten sich die Kosten für ihre Nahrungsmitteleinkäufe in dieser Zeit um 80 Prozent – sie sparte über € 4.500!

mäuse-KEBAB

Getrocknete, gesalzene und gekochte Feldmäuse am Spieß werden in Malawi als leckerer Imbiss auf der Straße angeboten!

Die Mäuse werden nach der Erntezeit von kleinen Jungen auf den lokalen Maisfeldern gejagt, da sie in dieser Phase besonders viel Fleisch auf den Rippen haben. Am beliebtesten ist die sogenannte *kapuku*, eine Mäuseart mit grauem Fell und recht kurzem Schwanz.

SCHNELLESSER Als Werbemaßnahme für die Vielfalt an Restaurants in Jenkintown, einem kleinen Vorort von Philadelphia, aß Bürgermeister Ed Foley am 19.4.2014 in allen 24 Lokalen der Stadt!

BIER-EIS Die Firma Frozen Pints aus Atlanta hat eine Eiscremesorte mit Biergeschmack auf den Markt gebracht! Sie hat einen Alkoholgehalt von 3,2 Prozent – man muss also alt genug sein, um Bier zu kaufen, um das Eis essen zu dürfen! Die Idee kam den Angestellten übrigens durch Zufall, als neben einer Eismaschine ein Bier auslief.

MÜLLMISSION Um gegen die Verschwendung von Nahrungsmitteln zu protestieren, radelte der Franzose Baptiste Dubanchet 3.000 km weit von Paris nach Warschau und ernährte sich dabei nur aus Mülleimern.

PIZZADROHNE In der Pizzeria Francesco's im indischen Mumbai werden die Pizzen von einer ferngesteuerten Drohne zu einem Kunden geliefert, der eineinhalb Kilometer weit entfernt in einem Hochhaus wohnt. Da es in der Stadt so viele Staus gibt, hofft man, auf dem Luftweg stets warme Pizzen liefern zu können. Allerdings kann die Drohne nur acht Kilometer weit fliegen, ehe der Akku leer ist.

Pythonpizza

Evan Daniell, Besitzer von Evan's Neighborhood Pizza in Fort Myers in Florida, hat auch Schlangen-pizza auf seiner Speisekarte untergebracht. Seine „Everglades Pizza" ist mit Alligatorwurst, Froschschenkeln und Tigerpython belegt. In den Everglades sind die bis zu sechs Meter langen Reptilien so verbreitet, dass sie zum Arten-schutz zur Jagd freigegeben wurden. Daniell mariniert die Schlangen-stückchen, die ähnlich wie Hühn-chen schmecken sollen, mehrere Stunden lang, damit sie schön zart werden.

WURMDIÄT Drei Freiwillige aus Peking ernährten sich in einem hermetisch abgeriegelten Labor drei Monate lang ausschließlich von Würmern mit Bohnensauce, da man herausfinden wollte, ob diese als Haupteiweißquelle für Astronauten infrage kommen.

KÄSESTRASSE In der Stadt Milwaukee versucht man, die Straßen bei Schnee nicht mit Salz, sondern mit Käselake zu „streuen", die bei der Käseherstellung verwendet wird. Lake gilt als effektiv, weil sie schon bei geringerer Temperatur als Streusalz wirkt.

KRAUT-WRESTLING

Im Rahmen der Daytona Bike Week veranstaltet die Sopotnick's Cabbage Patch Bar in Samsula, Florida, jedes Jahr einen Krautsalat-Wrestling-Wettbewerb. In der Pampe aus Kraut und Speiseöl müssen die Gegner versuchen, sich gegenseitig zu Boden zu ringen. Lokalheldin und mehrfache Gewinnerin Heather Spears, die hier gegen die Texanerin Laura Watts kämpft, erklärt, dass es dabei schon mal etwas rauer zugehen kann: „Ich hatte schon tiefe Fingernagelabdrücke in der Haut."

ECHT SCHARF Muhammed Karim aus dem Restaurant Bindi im englischen Lincolnshire stellt eine Sauce her, die so scharf ist, dass er bei der Zubereitung eine Gasmaske tragen muss! Sie trägt den malerischen Namen „Atomic Kick Ass" und erreicht auf der Scoville-Skala, einer Messlatte für Schärfe, 112 Millionen Einheiten – fast dreimal so viel wie das Reizgas, das die Polizei verwendet!

KNOBLAUCHBIER Die japanische Firma Aomori hat ein Dunkelbier mit Knoblaucharoma hergestellt. Das „Garlic Black Beer" enthält schwarzen Knoblauch, der entsteht, wenn man normalen Knoblauch fermentieren lässt, bis er sich schwarz verfärbt.

SAURE-ZEHEN-COCKTAIL Der kanadische Sour Toe Cocktail besteht aus Schnaps und einem amputierten Menschenzeh. Der Originalzeh wurde 700-mal verwendet – bis ein Gast ihn versehentlich verschluckte!

MARSHMALLOW-KUNST Kuchenkünstlerin Michelle Wibowo aus dem englischen Sussex hat eine originalgroße Replik von Michelangelos Deckengemälde *Die Erschaffung Adams* aus 10.000 Marshmallows und einer halben Million Streuseln erschaffen.

PROST MAHLZEIT Der Bolivianer Carmelo Flores Laura, Hirte aus dem Bergdorf Frasquia, ernährte sich fast ausschließlich von dem Wildgetreide Canahua und Stinktierfleisch – seiner Meinung nach der Grund dafür, dass er 107 Jahre alt wurde!

PIZZA PUR Dan Janssen aus Maryland ernährt sich seit 25 Jahren ausschließlich von Käsepizza! Pro Tag verschlingt er zwei 36-cm-Pizzen – das macht eine Gesamtsumme von mehr als 18.000 Stück! Seine Diät begann er als Teenager, als er Vegetarier wurde, aber feststellen musste, dass er kein Gemüse mag.

DINNER VOM STRASSEN-RAND

Die Tierpräparatorin Alison Brierley aus dem englischen Harrogate bastelt aus den überfahrenen Tieren, die sie am Straßenrand aufsammelt, normalerweise Schmuck. Während einer Schwangerschaft entwickelte sie allerdings Heißhunger auf ihre Funde und verspeiste sie!

Brierley hat sogar schon Dinnerpartys veranstaltet, bei denen es ausschließlich solche Unfallopfer zu essen gab, darunter Fasan, Hase, Kaninchen, Taube, Reh und Eule. Fuchs und Dachs fehlen derzeit noch auf ihrer „Gourmetliste".

Schwarzer Käse

Was aussieht wie Kohlebrocken, sind in Wahrheit Käselaibe! Der Char Coal Cheese wird von der britischen Firma Michael Lee Fine Cheeses hergestellt und besteht aus reifem Cheddar, der tatsächlich mit Kohle vermengt wird!

TEIGSCHLACHT Die Angestellten des italienischen Restaurants Rulli in Middlebury, Indiana, fertigten eine 7,20 m lange Pizza Calzone an, die 96 kg schwer war! Sie bestand aus 45 kg Pizzateig, 18 kg Käse, 13,6 kg Pizzasauce und über elf Kilo Peperoni.

KÄSE-FÜSSE Die belgische Käsesorte Limburger erhält ihre Farbe und ihr Aroma durch dasselbe Bakterium – *Brevibacterium linens* – das Füße zum Stinken bringt!

COLASUCHT Jakki Ballan aus dem englischen Cheshire steht so auf Cola Light, dass sie früher bis zu 50 Dosen täglich trank! Inzwischen hat sie ihren Cola-Konsum auf „nur" maximal 30 Dosen pro Tag reduziert. In den vergangenen 30 Jahren hat sie schätzungsweise € 210.000 für ihren „Stoff" ausgegeben.

REICHGEGESSEN Park Seo-Yeon aus Seoul verdient monatlich an die € 8.000, indem sie sich per Webcam von Tausenden von Menschen beim Essen zusehen lässt, die der „Diva", wie sie auch genannt wird, Geld für ihre Videos spenden. Der sogenannte „Gastronomic voyeurism" ist in Südkorea sehr verbreitet – an die 3.500 Leute betreiben ähnliche Kanäle wie Park!

KNEIPENMARATHON Peter Hill, Joe Hill und John Drew aus den englischen West Midlands gingen 30 Jahre lang auf Kneipentour und tranken dabei in jedem County und jeder Region in Großbritannien und Nordirland ein Getränk, wobei die „Blackcountry Ale Tairsters", wie sie sich nannten, 18.000 Pubs besuchten.

METHUSALEM-SANDWICH In der Orgel der Padiham Road Methodist Church im englischen Lancashire wurden die Überreste eines 118 Jahre alten Sandwichs geborgen. Organistin Kathy Yates fand das gute Stück, das in Zeitungspapier aus dem Jahr 1896 gewickelt war, als das Instrument abgebaut werden musste. Zu ihrem Erstaunen war das Sandwich zwar beinhart, aber nicht verschimmelt.

BURGERVERNICHTER Wettesser Matt Stonie aus dem kalifornischen San José futterte in nur zehn Minuten 43 sogenannte Slugburger, die aus Brötchen, Fleisch und Sojabohnen bestehen, und gewann damit die Weltmeisterschaft im Slugburger-Essen 2014.

ZWILLINGSRESTAURANT Im Moskauer Twin Stars Diner sind Kellner, Tresenkräfte und Köche alle identisch gekleidete Zwillingspaare!

ROSENKOHLKARRE Gemüsehändler Lawrence Jones aus dem englischen Berkshire füllte einen Mini Cooper bis zum Dach mit Rosenkohl! Die 38.182 Kohlköpfchen hätten aneinandergereiht eine 1,6 km lange Linie ergeben.

DACHGARTEN Peng Quigen hat auf dem Dach seines vierstöckigen Hauses im chinesischen Shaoxing einen ganzen Gemüsegarten angelegt, in dem er Reis, Obst und Gemüse anbaut! In einem Jahr erntete er sogar 400 kg Wassermelonen!

LAIBLICHT

Designerin Yukiko Morita aus dem japanischen Kyoto stellt kunstvolle Lampenschirme aus Brot her. Ihre „Pampshades" bestehen aus echten Baguettes, Croissants und Brötchen, die sie aushöhlt, trocknet und mit einer Harzschicht überzieht, damit sich kein Schimmel bildet. Als Leuchtmittel dürfen aber nur LED-Lampen verwendet werden, damit das Brot nicht versengt wird.

WURM-TACO

Im Restaurant La Cocinita de San Juan in Mexiko-Stadt kann man Tacos mit Agavenwurmfüllung bestellen!

Die essbaren Raupen haben einen hohen Nährstoffgehalt – nur 100 g haben genauso viele Kalorien wie zwei Teller Reis. Sie werden übrigens auch bei der Herstellung der mexikanischen Spirituose *Mezcal* verwendet.

ANANASUNFALL Ein 39-jähriger Lagerarbeiter aus New Jersey wurde im Mai 2013 ins Krankenhaus eingeliefert, nachdem eine 680 kg schwere Ladung Ananas auf ihn gestürzt war!

POMMES-MARATHON Koch Daan Vernaillen bereitete im belgischen Sint-Katherina-Lombeek 125 Stunden am Stück Pommes zu und gab dabei an die 2.000 Portionen aus!

FLEISCHSÜCHTIG Aus gesundheitlichen Gründen isst Derek Nance aus Kentucky – von Beruf Schlachter – seit 2008 ausschließlich rohes Fleisch. Gegen seine Verdauungsstörungen gönnt er sich außerdem hin und wieder eine Portion Gammelfleisch, da dieses probiotische Bakterien enthält. Selbst seine Zähne putzt er sich nur mit tierischen Fetten! Seine Freundin ist übrigens Vegetarierin.

GEMÜSE-EKEL Faye Campbell aus dem englischen Suffolk hat noch nie im Leben Obst oder Gemüse gegessen und empfindet schon beim bloßen Gedanken an frische Nahrungsmittel Übelkeit. Deswegen ernährt sie sich nur von Junkfood – und wiegt trotzdem bloß 62,5 kg!

DURCHFALLFISCH In vielen asiatischen Ländern sind Ölfisch und Buttermakrele beliebte Nahrungsmittel – isst man aber mehr als 170 g davon auf einmal, bekommt man innerhalb von 30 Minuten bis 36 Stunden öligen, orangefarbenen Durchfall.

KANNIBALENRESTAURANT Im nigerianischen Anambra wurde 2014 ein Restaurant von der Gesundheitsbehörde geschlossen, nachdem sich herausgestellt hatte, dass dort Gerichte mit Menschenfleisch serviert wurden! Nachdem die Polizei informiert worden war, dass in dem Lokal Menschenkopfbraten auf der Speisekarte stand, wurden bei einer Durchsuchung tatsächlich zwei frisch abgetrennte, in Plastikfolie gewickelte Köpfe beschlagnahmt.

MAYONNAISESCHLACHT Anlässlich des 100-jährigen Bestehens des Mayonnaiseherstellers Hellmann's stellte die Firma einen 98 m langen Picknicktisch in den New Yorker Hudson River Park. Im September 2013 wurde dort zur Einweihung ein riesiges Picknick veranstaltet, bei dem alles mit Mayonnaise zubereitet wurde – auch die Cupcakes!

Insektenspieß →
Auf dem Shenyang Summer Food Festival in China wurden unter anderem diese Tausendfüßlerspieße serviert!

FINGERKEKSE

Im The V in Peking kann man diese fingerförmigen, „blutigen" Kekse bestellen. In dem Restaurant mit Vampirmotto werden auch augapfelförmige Schokolade und Cocktails in Spritzen und Transfusionsbeuteln serviert!

GRILLMARATHON Lee De Villiers und Simon Clarke grillten in dem Londoner Pub Old Sergeant 29 Stunden am Stück und bereiteten dabei 500 Fleischstücke zu.

GOURMETKÖNIG Tests am Leichnam von König Richard III. von England, der 1485 verstarb und dessen Überreste 2012 unter einem Parkplatz entdeckt wurden, ergaben, dass er in seinen letzten Lebensjahren täglich bis zu eine Flasche Wein trank. Außerdem aß er das Fleisch exotischer Vögel, darunter Schwan, Kranich und Reiher.

VOM-BODEN-ESSER Um zu beweisen, dass ein neues Staubsaugermodell Bakterien und Keime abtötet, aß Produktmanager Ravi Dalchand in einer geschlossenen U-Bahn-Station in Toronto, die nur noch für Dreharbeiten genutzt wird, Pasta vom Boden, den er vorher mit einem seiner Staubsauger gereinigt hatte. Nachher wischte er sogar noch die Sauce mit Brot auf!

LANGLEBIG

Der amerikanische Chemiker Robert Chesebrough, Erfinder der Vaseline®, führte seine Langlebigkeit (er wurde 96 Jahre alt) darauf zurück, dass er bis zu seinem Tod 1933 täglich einen Löffel seiner Erfindung verspeiste.

NEON-EIS Nahrungsmittelerfinder Charlie Harry Francis aus dem englischen Bristol hat eine Eiscreme entwickelt, die neongrün zu leuchten beginnt, wenn man an ihr leckt. Als Farbstoff verwendet er ein Quallenprotein, das im Dunkeln leuchtet. Der Spaß ist allerdings teuer – eine Kugel kostet über € 200!

ERLEBNISRESTAURANT Im Restaurant Royal Dragon in Bangkok gibt es 1.000 Angestellte, darunter 540 Kellner auf Rollschuhen, die die über 1.000 verschiedenen Gerichte verteilen, die man dort bestellen kann. Es hat Platz für bis zu 5.000 Gäste, die durch Kampfsportdarbietungen und Kellner, die an Seilrutschen durch die Luft schweben, unterhalten werden.

KAFFEESUCHT Der französische Dramatiker und Philosoph Voltaire (1694–1778) trank 50 Tassen Kaffee täglich!

KNOBLAUCHCOLA In der japanischen „Knoblauchhochburg" Aomori werden Knoblauchbier, Knoblaucheiscreme und die Knoblauch-Cola Jats Takkola hergestellt.

TEURER COCKTAIL Zu Ehren des britischen Premierminister Winston Churchill erfand die Bar Club 23 in Melbourne den Winston, einen Cocktail mit 156 Jahre altem Brandy, dessen Zubereitung 16 Stunden dauert und der unfassbare 12.500 Australische Dollar – etwa € 8.320 – kostet!

SCHARFER BURGER Der XXX Hot Chili Burger, den man in Nick Gambardellas Imbiss im englischen Hove kaufen kann, misst neun Millionen Einheiten auf der Scoville-Schärfeskala – das ist mehr als das 2.000-Fache von Tabasco-Sauce! Mindestens sieben Personen sind wegen des Burgers schon im Krankenhaus gelandet, und nur 59 ist es gelungen, ihn aufzuessen. Wer unter 18 Jahre alt ist, darf ihn nicht essen, und alle, die ihn bestellen, müssen eine Einverständniserklärung unterzeichnen, die das Restaurant von der Haftung befreit.

Superwürstchen

Der kasachische Pferdemetzger Timur Omarova hat diese 213 m lange, 1.256 kg schwere Wurst hergestellt, für die er Organe und Schenkelfleisch von 38 Pferden verarbeitete! Zubereitet wurde die Megawurst im chinesischen Yining.

JESUSPFANNKUCHEN Im Cowgirl Café im kalifornischen Norco wurde an einem Karfreitag ein Pfannkuchen zubereitet, der zufällig so aussah wie ein Jesus-Porträt! Restaurantleiterin Karen Hendrickson war davon so beeindruckt, dass sie den Pfannkuchen einfror, um ihn für die Nachwelt zu erhalten.

SUPERKUNDE Der verstorbene koreanische Diktator Kim Jong-il gab angeblich an die € 570.000 im Jahr für Hennessy-Brandy aus und war damit der größte Einzelkunde der Brennerei.

KRASSER KOHL Peter Glazebrook aus dem englischen Nottinghamshire hat einen Blumenkohl gezüchtet, der 1,80 m breit war und unfassbare 27 kg wog – das ist das 30-Fache eines Durchschnittsblumenkohls!

CHAMÄLEON-EIS Physiker Manuel Linares aus Barcelona hat die Eissorte Xamaleon entwickelt, deren Farbe langsam von Blau in Rosa übergeht, während sie schmilzt! Das Rezept hält er geheim, immerhin verriet er aber, dass er unter anderem Erdbeeren, Kokosnuss, Mandeln, Banane, Pistazien, Vanille und Karamell verarbeitet.

➜ **WER IN KOREA EIN SUNDAE BESTELLT, DEM WIRD KEIN EIS, SONDERN EIN GERICHT AUS KUH- ODER SCHWEINEEINGEWEIDEN SERVIERT!**

KACKKAFFEE Auf den Kaffeeplantagen Indonesiens streunen sogenannte Fleckenmusangs herum, eine Schleichkatzenart, die nur die reifsten Bohnen frisst. Aus ihrem Kot wird ein Kaffee mit einzigartigem Geschmack hergestellt, der pro Tasse € 65 kostet!

LEBKUCHENDORF Küchenchef Jon Lovitch aus New York arbeitete ein Jahr lang an einem 28 m² großen Lebkuchendorf, in dem 135 Lebkuchenhäuser und 22 weitere Lebkuchengebäude samt Rathaus, Bahnstation, Konditorei und Feuerwehr stehen. Außerdem gibt es 65 Bonbonbäume, fünf Lebkuchenzugwaggons und vier Lebkuchenstraßenbahnen. Bei der Zubereitung verbrauchte er 227 kg Lebkuchenteig, 182 kg M&Ms und 1.017 kg Zuckerguss.

KNUSPERSCHLOSS Eine 0,37 m² große Replik von Carlisle Castle, das im englischen Cumbria steht, wurde aus 5.000 Keksen hergestellt!

PILZFIEBER Der Falten-Tintling ist zwar essbar, verursacht aber Erbrechen und Fieber, wenn man in den drei Tagen vor dem Verzehr Alkohol getrunken hat.

KÄSE-FÜSSE

Modestudentin Lisa Dillon von der Bath Spa University in England hat diese „appetitlichen" Käseschuhe entworfen!

Der Absatz der „Jimmy Cheese", wie sie die High Heels taufte, besteht aus massivem Cheddar. Für die vordere Plateausohle verwendete sie ein altes Käsebrot, und die Verzierungen fertigte sie aus geschmolzenem Käse an.

FLIEGENFRESSER Der Deutsche Daniel Dudzsisz verirrte sich 2014 fast drei Wochen lang bei einer Wanderung im australischen Outback. Der 26-Jährige überlebte aber, indem er sich von Fliegen und anderen proteinhaltigen Insekten ernährte.

BLUTEIS In dem Washingtoner Restaurant The Pig kann man ein Schokoeis mit Sauce bestellen, das aus echtem Schweineblut zubereitet wird. Das „Sundae Bloody Sundae" enthält statt Eigelb Schweineblut, das einen leicht mineralischen Geschmack hinterlässt.

HAARE IM ESSEN Im England des 19. Jahrhunderts verabreichte man Patienten mit Husten Sandwiches mit Eselshaarbelag!

HUNDEHAARDIÄT Die Hundeliebhaberin Wang Jing aus der chinesischen Provinz Heilongjiang isst täglich einen Snack aus Hundehaarknäueln! In den vergangenen zwei Jahren hat sie schon über 1.000 Knäuel verschlungen und findet, dass sie besonders gut – nämlich „süß wie Schokolade" – schmecken, wenn sie ihren Pudel Kuku gerade erst gebadet hat. Angeblich ist Wang durch ihre seltsame Vorliebe gesünder geworden. Sie gab ihren stressigen Job als Grafikdesignerin auf und entwirft heute Bekleidung für Hunde.

Frittierte Blätter

Das Ahornblatt ist nicht nur das Symbol Kanadas, sondern in frittierter Form auch eine beliebte Delikatesse in Japan. Wenn die Blätter im Herbst rot werden und abfallen, werden sie eingesammelt, über ein Jahr lang in Salzfässern konserviert und danach in süßer Tempurapanade zubereitet.

SELFIE-TOAST Die Firma Vermont Novelty Toaster hat den „Toaster Selfie" entwickelt, der ein Porträt des Kunden auf die Brotscheiben röstet! Dafür muss man ein Selfie auf der Unternehmenswebseite Burnt Impressions hochladen, woraufhin dieses auf eine Metallplatte übertragen wird, die schließlich in den Toaster integriert wird.

VERBOTENE FRUCHT Die auf Jamaika beliebte Akeefrucht ist in den USA als Rohkost verboten, weil sie zu mitunter tödlichem Erbrechen führen kann, wenn man sie isst, ehe sie reif ist!

KAFFEEWEIN Die Getränkefirma Fun Friends Wine aus Florida hat ein neues Getränk entwickelt, das die Vorzüge von Wein und Kaffee in sich vereint. Als Sorten werden unter anderem Cabernet Coffee Espresso und Chardonnay Coffee Cappuccino angeboten.

KÄFERHAPPEN Viele südamerikanische Stämme braten und essen die zehn Zentimeter langen Larven der Käferart *Rhynchophorus ferrugineus*, da sie so nährstoffreich sind.

BIERGENIE Der dänische Physiker und Nobelpreisträger Niels Bohr (1885–1962) lebte auf dem Grundstück der Kopenhagener Brauerei Carlsberg, die ihn lebenslang kostenlos mit Bier versorgte.

MELONENLOOK Damit es seinem fünfjährigen Sohn im Sommer nicht zu heiß wurde, bastelte Ruifeng Fan aus Taiwan ihm Shorts aus einer Wassermelone, die von Hosenträgern gehalten werden. Der Kleine liebte seine Melonenhose so sehr, dass Ruifeng ihm inzwischen auch einen Melonenhut und Melonenboxhandschuhe angefertigt hat!

ALTE WECKE Andrew und Dot Munson bewahren in ihrem Haus im englischen Essex eine über 200 Jahre alte Heißwecke auf! Sie bekamen sie vor 30 Jahren von einem Nachbarn geschenkt, der ihnen außerdem eine Urkunde überreichte, die bestätigt, dass die Wecke 1807 gebacken wurde. Heißwecken sind ein traditioneller Osterleckerbissen, werden aber oft aufbewahrt, weil sie Glück bringen sollen.

Alles Schoki!

SCHOKO-KANNE

Wissenschaftler aus dem englischen York haben diese Schokoladenkanne entwickelt, die zwei Minuten lang kochend heißes Wasser speichern konnte, ehe sie schmolz! Sie bestand aus dunkler Schokolade, da diese einen besonders hohen Schmelzpunkt hat und sich nur langsam von innen nach außen auflöste, als man Tee in der Kanne zubereitete. Der Tee hatte entsprechend ein leichtes Schokoaroma.

MEGACHILI In Minto, North Dakota, bereiteten Freiwillige einen gewaltigen Topf Chili con Carne aus 408 kg Tomatenwürfeln, 318 kg Hack, 227 kg Bohnen, 113 kg Zwiebeln und Paprika sowie 32 kg Gewürzen zu. Der Topf für die 1.098-Kilo-Portion musste extra angefertigt werden – und wog selbst 671 kg!

OBSTDRUCKER Ein Designstudio aus Cambridge hat einen 3D-Drucker erfunden, der essbares Obst erzeugen kann! Dabei bedient man sich der sogenannten „Spherification", eines Prozesses aus der Molekulargastronomie, bei der Flüssigkeiten und Aromen zu Kugeln gepresst werden.

INSEKTENPASTA

In dem italienisch angehauchten Café Absente im japanischen Kinshicho wird dieses Nudelgericht mit knusprigen Heuschrecken serviert!

Trotz der etwas gewöhnungsbedürftigen Optik enthalten Heuschrecken viel Eiweiß, Kalzium und Vitamin A und waren in Japan während des Zweiten Weltkriegs ein verbreitetes Nahrungsmittel.

EINFACH UNFASSBAR!

GRUSEL-SELFIES

Die dreifache Mutter Nikki Shelley verwandelt sich mithilfe von Körperfarbe in gruselige Monster, Zombies und Bestien, die mit den schlimmsten Albträumen mithalten können! Ihre gruseligen Fotos sind so beliebt, dass sie sich schnell zum Facebook-Hype mauserten. Unter Shelleys zahlreichen Fans befindet sich sogar der berühmte Special Effects-Künstler Neill Gorton, der unter anderem für das Make-up in der Kultserie Doctor Who verantwortlich war.

Die 34-jährige Krankenpflegerin, die sich ihr gruseliges Handwerk ganz alleine beibrachte, lebt im englischen Warwickshire. Ihr Talent entdeckte sie, als sie ihren Kindern ein Halloween-Make-up verpasste. Wenig später aber erklärte sie sich selbst zu ihrer Lieblings-Leinwand.

„Ich hätte nie gedacht, dass die Ergebnisse so viel Aufsehen erregen würden", sagt sie. „Wenn ich anfange zu malen, weiß ich selbst nicht, was am Ende dabei herauskommt. Ich gucke einfach, was passiert."

Ripley's— **Einfach unglaublich!**®
www.ripleys.com
EINFACH UNFASSBAR!

Auf der nächsten Seite erzählt Shelley mehr über ihre krassen Verwandlungen. →

Wie haben Sie Ihr großes Talent entdeckt?
Wie die meisten Mamis habe ich mit ganz normaler Bühnenschminke angefangen, den Kindern zu Halloween das Gesicht zu bemalen. Als ich dann auf dem Geburtstag meines Neffen die Kinder schminkte, fragten mich Eltern, ob man mich auch buchen könne. Also übte ich immer häufiger an meinen eigenen Kindern. Doch denen wurde schnell langweilig, und da musste eben ich selbst als Modell herhalten!

Wie kommen Sie auf Ihre Ideen? Ich liebe Horrorfilme. Deswegen lasse ich mich stark von Filmfiguren inspirieren. Und auch von Masken, die ich im Internet gefunden habe. Oft kombiniere ich verschiedene Vorlagen und erschaffe so etwas ganz eigenes. Und bei jedem neuen Werk versuche ich, noch ein bisschen mutiger und ungewöhnlicher zu werden..

Wie gehen Sie beim Malen vor? Ich fange damit an, dass ich die Umrisse der wichtigsten Elemente wie Augen und Mund zeichne. Wenn ich damit zufrieden bin, trage ich die Grundierung auf, verwische die Übergänge und mache mich dann an die Detailarbeit und die Schattierungen.

Wie lange arbeiten Sie an einem Motiv?
Das nimmt eine Menge Zeit in Anspruch – je nach Menge der Details bis zu eineinhalb Stunden.

FINGERNAGELKUNST

Der New Yorker Mick Drake schickte uns diesen Briefbeschwerer, der all die Fingernagelschnipsel enthält, die Drake im Laufe eines Jahres zusammenbekam – insgesamt fast 500! Eigentlich hatte er schon 2001 angefangen, die Hornstückchen zu sammeln, aber seine Frau fand seinen Spleen so ekelhaft, dass sie einen Großteil davon wegwarf.

Als 1887 der 50 m hohe SAT Telefontornet in Stockholm eröffnet wurde, versorgte er Häuser und Wohnungen in der ganzen Stadt über 4.000 einzelne, insgesamt 5.000 km lange Leitungen mit Telefonanschlüssen. Der Himmel über der Stadt wurde dadurch so dunkel, dass sich die Anwohner schließlich beklagten!

Damals gab es in Stockholm 5.500 Telefone – mehr als in jeder anderen Stadt der Welt. Der Turm wurde 1953 bei einem Großbrand zerstört.

VERKABELT

LAUFEN MIT AUSSICHT

Da freie Flächen im chinesischen Taizhou Seltenheitswert haben, errichtete die Grundschule Tian Tai No. 2 ihren Sportplatz einfach auf dem Dach! Die 200 m lange Laufbahn passt perfekt auf das vierstöckige Gebäude – es hat nämlich einen ovalen Grundriss!

NOMEN EST OMEN Im Griffith Park in Los Angeles wurde 2004 in Gedenken an das Beatles-Mitglied George Harrison eine Kiefer gepflanzt, die 2014 einer Käfer-Plage zum Opfer fiel – und Käfer heißt auf Englisch „beetle"!

TELEFONPANNE In Tennessee konnte ein Mann, der wegen Drogenhandels verdächtig wurde, festgenommen worden, nachdem er versehentlich einen Hosentaschenanruf an die Polizei getätigt hatte, während er sich darüber unterhielt, das Haus eines Drogendealers aufzusuchen. Der Anruf konnte in ein mexikanisches Restaurant in der Ortschaft Mount Pleasant zurückverfolgt werden – und bei einer Durchsuchung des Autos des Verdächtigen wurden tatsächlich Drogen beschlagnahmt.

IN DER KLEMME Die 16-jährige Ella Birchenough musste von der Feuerwehr befreit werden, nachdem sie bei dem Versuch, ihr Handy aus einem Gully zu retten, von der Hüfte aufwärts in dessen Öffnung steckengeblieben war.

FEHLALARM Eine Hundebesitzerin aus dem schottischen Stirlingshire löste eine massive Suchaktion der Polizei aus, weil ihr Haustier Yelp hieß! Ein Spaziergänger hatte ihre Rufe nach dem Hund als „Help!", also „Hilfe!", fehlinterpretiert und die Behörden informiert, woraufhin sich 20 Polizisten samt Hunden und drei Bergretter stundenlang auf die Suche nach dem Urheber der Rufe machten!

ENDLICH TOT Der Schwede Johan Johansson wurde 2013 für tot erklärt – über ein Jahrhundert nach seinem vermutlichen Tod. Seine Familie hatte, 102 Jahre nachdem sie das letzte Mal von ihm gehört hatte, bei der Steuerbehörde darum gebeten, ihn doch endlich als verstorben anzuerkennen.

MECKERLIESE Tonya Ann Fowler aus Georgia wurde festgenommen, weil sie die Arbeitszeit der Polizei verschwendet hatte, indem sie diese anrief, um sich über die Qualität der Polizeifotos zu beschweren, die man bei ihrer letzten Festnahme von ihr gemacht hatte.

BEIN IM ANFLUG Ein Flug von Tunesien nach Edinburgh musste umgeleitet werden, nachdem eine Passagierin ihre Beinprothese nach der Besatzung geworfen und Zigaretten sowie einen Fallschirm gefordert hatte, mit dem sie aus dem Flugzeug springen konnte.

FLASCHENGRAB Anto Wickham, ein 48-jähriger Ex-Soldat, kaufte für über € 4.000 einen maßangefertigten Sarg in Form einer Jack Daniel's-Flasche, in der er eines Tages beerdigt werden will.

FATALES NICKERCHEN Einbrecher Dion Davis konnte festgenommen werden, nachdem er von einer Putzfrau dabei erwischt wurde, wie er gerade friedlich neben einer Tasche voll gestohlenem Schmuck schlummerte – und zwar in einem Bett in dem Haus in Florida, in das er gerade eingestiegen war!

SCHLECHTE WERBUNG Vor dem Fredagsbirken 2014, einem großen Rad-rennen im norwegischen Rena, verteilte ein Flüssigwaschmittelhersteller kostenlose Probepackungen an die Teilnehmer, mit denen diese nach dem Rennen ihre Trikots waschen sollten – doch während des Wettbewerbs hielten sechs Fahrer das Waschmittel für einen Energydrink, tranken die Packungen aus und mussten ins Krankenhaus eingeliefert werden.

ZU SIEGESSICHER Der französische Hindernis-läufer Mahiedine Mekhissi Benabbad musste nach der Europameisterschaft 2014 in Zürich seine Goldmedaille für das 3.000-m-Rennen wieder abgeben, weil er sich 100 m vor der Ziellinie das Trikot vom Körper gerissen hatte, wodurch er gegen die Regel verstieß, dass die Wettkampfnummer aller Athleten stets zu sehen sein muss.

GEGEN ALLE WIDERSTÄNDE Claudio Vieira de Oliveira aus dem brasilianischen Monte Santo leidet an *Arthrogryposis multiplex congenita*, einer angeborenen Gelenkversteifung, durch die sein Hals nach hinten durchgebogen ist und sein Kopf mit dem Mund nach oben auf dem Rücken zu sitzen scheint! Auch seine Beine, Arme und Hände kann er kaum benutzen – dennoch machte er aber einen Abschluss in Buchhaltung und kann so gut wie ohne Hilfe leben. Da er aufgrund seines verbogenen Körpers keinen Rollstuhl benutzen kann, musste er stets herumgetragen werden, bis er acht Jahre alt war und sich beibrachte, auf Knien zu laufen. Bei seiner Arbeit bedient er Handy und Maus mit den Lippen und tippt mit einem Stift im Mund auf der Computertastatur. Bei seiner Geburt vor knapp 40 Jahren hatten die Ärzte seiner Mutter geraten, ihn nicht zu füttern, da er sowieso nicht überleben würde.

GERECHTE STRAFE Als im 17. Jahrhundert ein Pferdedieb zum Tod durch die Scottish Maiden, eine Vorform der Guillotine, verurteilt wurde, ließ man das gestohlene Pferd an dem Seil ziehen, mit dem die Klinge ausgelöst wurde.

FEUERWERKSVERSEHEN Der Rentner Hung Feng löste in einer Feuerwerkskörperfabrik im chinesischen Wuhan versehentlich ein Feuerwerk der Extraklasse aus, als er in dem Gebäude ein paar Würstchen grillte! Die Explosion der Hunderttausenden von Raketen zerstörte zwar die Fabrik, war aber ein echter Augenschmaus.

KURZTOD Einige Stunden nachdem der 78-jährige Walter Williams aus Mississippi für tot erklärt worden war, erwachte er in seinem Leichensack und trat so wild um sich, dass die Angestellten des Bestattungsinstituts, in dem er für seine Beerdigung vorbereitet wurde, fast einen Herzinfarkt bekamen. Vermutlich hatte sein Schrittmacher den Dienst versagt und dann plötzlich doch wieder funktioniert.

ZUM HEULEN! Der Papierhersteller Magnus Ferreus hat das Onion Note auf den Markt gebracht, ein Notizbuch, das Schreibende zum Weinen bringt, weil das Papier mit den beißenden Inhaltsstoffen von Zwiebeln behandelt wurde. Diese werden durch die Wärme, die der Stift auf dem Papier erzeugt, freigesetzt.

GEMÜSE-GASSI

Bei dieser Kunstperformance im Rahmen eines Musikfestivals in Peking führten Dutzende von Teenagern Kohlköpfe als Haustiere spazieren. Ins Leben gerufen wurde die Aktion von Künstler Han Bing, der schon seit 14 Jahren auf der ganzen Welt mit Kohlköpfen spazieren geht, womit er auf die materialistische Grundhaltung der westlichen Welt aufmerksam machen will.

ZOMBIEHOCHZEIT Abby Riggs und Thomas Ehmer feierten in Indiana eine Hochzeit mit Zombiethema samt blutüberströmter Braut und Priester mit graugeschminkter Haut.

KLOKUNST Im Tokioter Wissenschaftsmuseum Miraikan wurde eine dreimonatige Ausstellung zum Thema Toiletten veranstaltet, bei der es unter anderem einen Chor aus singenden Klobrillen und Beiträge über die Entstehung von Fäkalien zu sehen gab. Die Besucher konnten sich außerdem ein fünf Meter langes Abflussrohr „hinunterspülen".

VERRÄTERISCHES FACEBOOK Ein Einbrecher, der in ein Haus in St. Paul, Minnesota, eingestiegen war, konnte identifiziert werden, weil er auf dem dortigen PC sein Facebook-Profil aufgerufen, sich danach aber nicht wieder ausgeloggt hatte.

Häppchenkarten

Unglaublich, aber wahr: Diese Visitenkarte besteht tatsächlich aus Fleisch! Sie ist das Machwerk der Firma MeatCards aus Philadelphia und besteht aus einer 5 x 10 cm großen Trockenfleischscheibe, in die die Angaben des Kunden mit Laser geätzt wurden. Die Karten sind ein ganzes Jahr lang essbar.

HAUTDIEB Ein Mann wurde für den Diebstahl von menschlichen Hauttransplantaten im Wert von über € 300.000 verurteilt, die er zwischen November 2011 und Juli 2013 im Mercy Philadelphia Hospital in Pennsylvania gestohlen haben soll.

GERICHTS-AUSRASTER Anwalt Jewgeni Tankow aus dem kasachischen Karaganda war so wütend über den Verlauf, den ein Erbstreitprozess für seinen Klienten nahm, dass er vor Gericht plötzlich eine Fliegenklatsche zückte und wild auf den Richter eindrosch! Dieser wehrte sich aber und rang seinen Angreifer nieder, dem daraufhin die Lizenz entzogen wurde. Später wurde Tankow zu einer zehnjährigen Gefängnisstrafe wegen tätlichen Angriffs verurteilt.

Teddy-

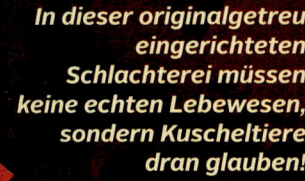

Ripley's Einfach unglaublich!®
www.ripleys.com
EINFACH UNFASSBAR!

SCHLÄCHTER

In dieser originalgetreu eingerichteten Schlachterei müssen keine echten Lebewesen, sondern Kuscheltiere dran glauben!

Der Vegetarier Miroslav Menschenkind aus Hamburg protestiert mit seiner Kunstaktion gegen die Schlachtung von Tieren. Menschenkind hängte nicht nur seine geköpften Plüschopfer an Fleischerhaken auf, sondern jagte ihre „Überreste" auch durch den Fleischwolf und stellte Würstchen aus den Füllungen her. Er verarbeitete sogar den Stoffhund, der ihn durch seine Kindheit begleitet hatte!

Kuscheltier-Schlachterei seit 1886

GÄNSEBRAUCH Beim sogenannten Gänsereiten, das im 17. bis 19. Jahrhundert in Europa und Nordamerika Volkssport war, rissen Reiter einer lebenden, eingeölten Gans den Kopf vom Körper. In Belgien, Deutschland und den Niederlanden existiert der Brauch noch heute, allerdings mit toten Gänsen.

BIER GEGEN RATTEN Der Geschäftsmann Gareth Morgan löste eine Rattenplage im neuseeländischen Wellington mit der genialen Idee, den Studenten der dortigen Victoria University ein Freibier für jede gefangene Ratte auszugeben!

HOLLYWOODHELD Der Partner an der Seite von Danielle Davies aus New Jersey ist eine originalgroße Pappfigur von Hollywoodstar Bradley Cooper! Sie nimmt „ihren" Bradley mit zum Einkaufen, natürlich auch ins Bett und kocht und isst mit ihm – obwohl sie glücklich verheiratet ist und Kinder hat! Auf ihrer Website „My Life With Bradley Cooper" dokumentiert sie ihren Alltag mit der Pappfigur. Tatsächlich kennt sie Cooper sogar: Sie traten einst in einem Theaterstück an der Villanova University gemeinsam auf.

KROKODILBRAUT Joel Vasquez Rojas, Bürgermeister von San Pedro Huamelula in Mexiko, „heiratete" ein kleines Krokodil. Der Überlieferung nach ist das Krokodil eine Prinzessin, und die örtlichen Fischer sollen durch das Ritual reiche Beute nach Hause bringen. Der „Braut", die ganz in Weiß zur Hochzeit erschien, wurden vor der Zeremonie die Kiefer zusammengebunden, und die Gäste durften sogar mit ihr tanzen!

SCHWEINEKÜSSE Der Chinese Hong Yaoming, Lehrer an der Grundschule Xianning Experimental, musste ein 20 kg schweres Schwein küssen – ein Versprechen, das er seinen Schülern gegeben hatte, damit sie aufhörten, ihren Müll einfach auf den Boden zu werfen.

WIE IM MÄRCHEN 2014 kletterten zwei Männer auf eine Mauer im Freizeitpark Enchanted Forest in Oregon, um für ein Foto zu posieren, stießen dabei aber versehentlich einen Beton-Humpty Dumpty von seinem Posten – die aus *Alice hinter den Spiegeln* bekannte Figur, die im Märchen von einer Mauer stürzt! Das Kunstwerk von Roger Tofte, das seit der Parköffnung 1971 auf der Mauer gethront hatte, zerbrach dabei in seine Einzelteile.

DER KÄSE SATANS Die polnische Exorzistin Elzbieta Gas warnte die Kunden eines Supermarkts in ihrer Gegend davor, eine abgepackte Ziegenkäsesorte zu kaufen, da diese 6,66 Zlotys kostete – die Zahl des Teufels.

Flugauto

Wie dieser SUV mehrere Meter über dem Boden in einer Baumkrone im chinesischen Wenzhou landen konnte, ist bis heute ungeklärt.

BREITBAHN Im Juni 2014 musste eine vielbefahrene Autobahn im englischen North Yorkshire über vier Stunden lang gesperrt werden, nachdem ein LKW seine Ladung – Kartoffelbrei! – verloren hatte. Zahlreiche Autos waren auf der matschigen Pampe ins Schliddern geraten. Schließlich wurde der Brei mit einem Traktor „gepflügt", woraufhin er sich leichter mit Chemikalien und Hochdruckreinigern entfernen ließ.

RADVERBOT Die 65-jährige Dianne Barker aus Arizona darf bei öffentlichen Veranstaltungen der Regierungsorganisation Maricopa Association of Governments keine Räder mehr schlagen! Die ehemalige Cheerleaderin sagt, dass sie durch ihr Hobby ihrer Leidenschaft und Freude Ausdruck verleiht – ihre Gegner aber halten sie für eine Gefährdung der öffentlichen Sicherheit.

SPANNENDER SCHULWEG Als Grundschüler aus dem vietnamesischen Sam Lang nach einer Überflutung 2014 nicht mehr die Hängebrücke benutzen konnten, die zu ihrer Schule führte, durften sie den Fluss zeitweise in riesigen Plastiktüten überqueren. Erwachsene Begleitpersonen wickelten die Kinder sorgfältig ein, damit die Uniformen trocken blieben, und zogen sie dann zum anderen Flussufer.

GLÜCKSKLO Die Baseballmannschaft der Privatschule Kalamazoo Christian in Michigan schleppt zu jedem Spiel ein Dixi-Klo als Glücksbringer an! Das Klo soll symbolisieren, wie die Mannschaft ihre vergangenen Niederlagen herunterspült, um Platz für zukünftige Siege zu schaffen.

GLÜCKSBISS Der norwegische Fußballfan Thomas Syverson gewann fast € 800, nachdem er € 4,50 darauf gesetzt hatte, dass der uruguayische Nationalspieler Luis Suarez während der Fußball-WM 2014 einen Gegner beißen würde!

TIERBOMBER Während des Zweiten Weltkriegs testete das US-Militär Bulldoggfledermäuse als Träger von Brandbomben.

RHEUMABEHANDLUNG

Dieser Mann aus dem australischen Eden stellte sich in einen toten Wal, weil er hoffte, so sein Rheuma kurieren zu können. Anfang des 20. Jahrhunderts existierte der Volksglaube, die während des Fäulnisprozesses freigesetzte Wärme und die entstehenden Gase besäßen Heilkräfte. Als empfohlene „Behandlungszeit" galten 30 Stunden, die man in dem stinkenden Tier zubringen musste!

elfenohren

GELIEBTE PFLANZE Ronna Scoratow aus Pittsburgh vererbte einer Freundin € 4.400, damit sich diese um den 2,10 m hohen Philodendron Phil kümmerte, der Scoratow 40 Jahre lang begleitet hatte.

MUMIENMUMPITZ 2013 entdeckte man auf einem Dachboden im niedersächsischen Diepholz einen Gegenstand, der von Sachverständigen erst für eine 2.000 Jahre alte Mumie gehalten wurde, sich dann aber als wertloses Plastikmodell entpuppte! Die „Mumie von Diepholz" war mit einer Chemikalie behandelt worden, die die Knochen verblüffend echt wirken ließ.

➡ IN BRADENTON, FLORIDA, KONNTE EIN RÄUBER FESTGENOMMEN WERDEN, ALS ER NACH EINEM GESCHEITERTEN RAUBÜBERFALL AUF EIN MOTEL AN DEN TATORT ZURÜCKKEHRTE, UM DIE WAFFE ZURÜCKZUKAUFEN, DIE ER BEI SEINER FLUCHT HATTE FALLENLASSEN.

LAHME AUSREDE Ein 67-jähriger Kanadier, der mit 180 km/h bei Black Diamond, Alberta, von der Polizei angehalten wurde, redete sich damit heraus, dass er sein frisch gewaschenes Auto habe trocknen wollen. Trotzdem musste er € 700 Strafe zahlen und 45 Tage lang seinen Führerschein abgeben.

TODESDUFT Raychelle Burks, Chemikerin am Doane College in Nebraska, hat ein Parfüm entwickelt, mit dessen Hilfe man eine Zombie-Apokalypse überleben könnte. Das Eau de Death besteht unter anderem aus verschiedenen Chemikalien, die für den Verwesungsgeruch von Leichnamen verantwortlich sind, und soll den Geruch des Lebens überdecken, sodass man von Zombies für einen der ihren gehalten wird.

FLIEGENTÖTERIN Die 80-jährige Ruan Tang aus dem chinesischen Hangzhou hat sich dem Töten von Fliegen verschrieben und killt täglich an die 1.000 Insekten. Schon seit 15 Jahren durchstreift sie, bewaffnet mit einer Fliegenklatsche, acht Stunden täglich die Stadt auf der Suche nach Opfern.

EIGENTOR Während eines Eishockeyspiels entschied Mike Smith, Torhüter der Phoenix Coyotes, das Spiel mit einem Eigentor für die gegnerische Mannschaft Buffalo Sabres – und das nur, weil sich der Puck im Flug unbemerkt in seiner Hose verfangen hatte. Während die verwirrten Spieler das Feld nach dem Spielgerät absuchten, fuhr Smith samt Puck in sein Tor zurück!

VORHER

Das 24-jährige kanadische Model Melynda Moon glaubt, in ihrem früheren Leben eine Elfe gewesen zu sein - und ließ sich chirurgisch spitze Ohren anfertigen.

Dabei wurde die Haut von ihrem Ohrknorpel abgezogen, aufgeschnitten und so fixiert, dass sie spitz wieder zusammenwuchs.

VERRÜCKTER NAME Nachdem ein 22-jähriger Neuseeländer aus Dunedin beim Pokern eine Wette verlor, musste er seinen Namen offiziell in Full Metal Havok More Sexy N Intelligent Than Spock And All The Superheroes Combined With Frostnova ändern! Den Namen hatten sich seine Mitspieler ausdenken dürfen.

FRISCHLUFT Als Protest gegen die Luftverschmutzung in seiner Heimat China verkaufte Künstler Liang Kegang in Peking ein Glas voll französischer Landluft für € 755.

MÖCHTEGERN-BARBIE Blondie Bennett aus Kalifornien hat schon über € 35.000 in Schönheits-OPs investiert, die sie ihrem großen Vorbild Barbie ähnlicher machen sollten.

TOTAL VERSCHLIMMBESSERT

2012 wagte sich die 80-jährige Künstlerin Cecilia Giménez an die Restauration des Freskos *Ecce Homo* aus dem 19. Jahrhundert, eines Jesusporträts, das ursprünglich von Elías García Martínez an die Wand einer Kirche im spanischen Borja gemalt worden war – und verschandelte das Kunstwerk dabei so sehr, dass das Ergebnis (rechts) zum Kult wurde! Ein Kritiker schrieb, es würde „an eine Kreidezeichnung von einem stark behaarten Affen in schlechtsitzender Tunika" erinnern. Ironie des Schicksals: So viele Besucher wollten das Schandwerk sehen, dass die Kirche inzwischen Eintritt verlangen kann!

WELTRAUMKEKS Eine Gruppe sizilianischer Amateurwissenschaftler hat ein Tonmodell eines *cannolo* ins Weltall geschickt – eine lokale Teigspezialität mit Sahnefüllung. Das „Raumschiff" bauten sie aus einer Eiscremepackung, die sie an einen riesigen Heliumballon hängten, der auf 29.768 m Höhe in die Luft stieg. Zwei Kameras an Bord des *Cannolo Transporter* zeichneten die süße Reise bis zum Platzen des Ballons auf.

UNENTDECKT In Pontiac, Michigan, lag der Leichnam einer Frau sechs Jahre lang unentdeckt in der Garage ihres Hauses, bis ein Handwerker, der ein Loch im Hausdach reparieren sollte, schließlich auf den im Auto sitzenden mumifizierten Leichnam stieß. Die Rechnungen der Verstorbenen waren stets per Bankeinzug bezahlt worden, und ein freundlicher Nachbar hatte sogar regelmäßig ihren Rasen gemäht!

DIGITALDEPP Anthony Lescowitch Jr. aus Pennsylvania war zwei Monate lang auf der Flucht vor der Polizei – und wurde schließlich gefasst, weil er sein eigenes Fahndungsfoto auf seinem Facebook-Account postete! Ein Polizist entdeckte das Bild, gab sich mit falschem Account als Frau aus, chattete mit Lescowitch und verabredete sich zu einem Date, bei dem dieser festgenommen wurde.

Pizzanerd

Scott Wiener aus New York sammelte in den letzten 15 Jahren über 750 verschiedene Pizzakartons aus 45 Ländern, darunter auch einen, den man in ein Puzzle umwandeln kann, und einen, aus dem sich ein Modellflugzeug bauen lässt. Wiener liebt Pizza, isst aber nur 15 Stücke die Woche – schließlich muss er neben seiner Kartonsammlung ja selbst noch Platz haben!

EISENSCHUHE

Seit über sieben Jahren läuft der 53-jährige Zhang Fuxing aus dem chinesischen Tangshan 15 m pro Tag in jeweils über 200 kg schweren Eisenschuhen herum! Er glaubt, dass es kein besseres Heilmittel gegen seine Rückenbeschwerden gibt.

STICH-EXPERIMENT Michael Smith, Wissenschaftler an der Cornell University in New York, ließ sich über einen Zeitraum von fünf Wochen hinweg regelmäßig von Bienen stechen, um herauszufinden, in welcher Körperregion dabei die größten Schmerzen verursacht wurden. Das Ergebnis: Ganz oben liegt die Nase, gefolgt von der Oberlippe. Nicht mitgetestet wurden die Augen – das war selbst Smith zu gefährlich.

DAUERBRAUT Ihre Hochzeit mit Zhu Zhengliang im Jahr 2004 machte Xiang Junfeng aus der chinesischen Provinz Shandong so glücklich, dass sie seitdem – selbst bei der Feldarbeit – nichts anderes mehr als ihr Brautkleid getragen hat, das sie sich in weiser Voraussicht allerdings auch gleich dreifach anfertigen ließ.

GROSSZÜGIGER BRÄUTIGAM Um seiner zukünftigen Braut ein ganz besonderes Geschenk zu bereiten, heuerte der Chinese Meng Huang 18 Luxuslimousinen an, die Bambuskörbe zum Haus seiner Liebsten in Zhejiang lieferten, in die er insgesamt mehr als 1,3 Millionen Dollar gefüllt hatte.

PARTNERLOOK PUR Das Ehepaar Mel und Joey Schwanke aus Nebraska trägt seit über 35 Jahren jeden Tag Partnerlook! Ihre Kollektion besteht aus fast 150 maßangefertigten Outfits.

ZU HART GEFEIERT Als Gary Lewin, Physiotherapeut der englischen Nationalmannschaft, bei der Weltmeisterschaft 2014 das britische Tor gegen Italien feierte, sprang er so ungeschickt in die Höhe, dass er sich das Fußgelenk brach und für die OP zurück nach Großbritannien fliegen musste, sodass er den Rest der WM verpasste!

LANGES LETZTES WORT Frederica Evelyn Stilwell Cook, die am 9.1.1925 in London starb, hinterließ ein 1.066 Seiten langes Testament, das in vier ledergebundenen Folianten untergebracht war.

SECURITY-PANNE Bei den Commonwealth Games 2014 in Glasgow wurde dem Radsportchampion Sir Chris Hoy von der Security der Zugang zu dem nach ihm benannten Sir Chris Hoy Velodrome verweigert! Erst als Hoy seinen Ausweis vorlegte, ließ man ihn ein.

TIEFTAUCHBECKEN Im Hotel Terme Millepini im italienischen Montegrotto Terme gibt es ein 40 m tiefes Schwimmbecken. Das „Deep Joy" ist vor allem bei Tauchern beliebt.

TODESTELEGRAMM Der britische Soldat Gordon Heaton kam im Zweiten Weltkrieg ums Leben, seine Familie wurde aber erst 67 Jahre später über seinen Tod informiert, da das Benachrichtigungstelegramm sowie sein Letzter Wille von einem Botenjungen im Bus vergessen wurde. Erst im November 2011 fand man die Unterlagen im Fundbüro des Busunternehmens in Birmingham.

Amateurbergsteiger Zheng Feng und seine tapfere Braut verewigten ihren Hochzeitstag mit einem ganz besonderen Fotoshooting – sie erklommen nämlich eine 20 m hohe Felswand im chinesischen Jinhua!

STREITHÄHNE Die Baseballmannschaft Boston Red Sox verschliss bei einem Spiel gegen die Tampa Bay Rays am 30.5.2014 drei verschiedene Trainer – John Farrell, Torey Lovullo und Brian Batterfield wurden nämlich nacheinander alle wegen Streitigkeiten mit dem Schiedsrichter vom Spielfeld verbannt. Am Ende führte Greg Colbrunn die Mannschaft zum 3:2-Sieg.

TOTENESSERIN Als eine 26-Jährige aus Tennessee überraschend ihren Mann verlor, tröstete sie sich damit, seine Asche zu essen! Anfangs trug sie nur stets die Urne mit seinen sterblichen Überresten bei sich, irgendwann begann sie aber, jeden Tag ein bisschen von der Asche zu naschen, die ihrer Aussage nach schmeckt wie „faule Eier, Sand und Schmirgelpapier".

ORAKELBUCH Bill Hillman, Co-Autor von *Fiesta: How to Survive the Bulls of Pamplona* (Deutsch: „Fiesta: Wie man die Stiere von Pamplona überlebt"), wurde nach Veröffentlichung seines Buchs beim Stierlauf 2014 in Pamplona schwer von einem Stier verletzt. Hillman war gestolpert, woraufhin ihm ein 600-kg-Stier ein Horn ins Bein rammte und dabei nur knapp die lebenswichtige Oberschenkelarterie verfehlte.

Schrapnell-Knie

Ronald Brown, britischer Veteran des Zweiten Weltkriegs, lebte 68 Jahre lang mit 170 g Schrapnell im linken Knie! Erst nach seinem Tod im Jahr 2012 – Brown wurde 92 Jahre alt – entdeckte seine Familie die Metallstückchen in seiner Asche. Er war 1944 in Frankreich in eine Sprengfalle getreten.

KUGEL AUF ABWEGEN Auf der norwegischen Insel Vesterøy schoss ein Jäger auf einen Elch, traf dabei aber versehentlich einen älteren Herrn, der in einer Holzhütte auf dem Klo saß, in den Bauch! Zum Glück wurde das Opfer nur leicht verletzt.

GIFTIGE INTRIGE Während des Zweiten Weltkriegs versuchte der britische Geheimdienst, Adolf Hitler mit weiblichen Hormonen zu „vergiften", was unter anderem bedeutet hätte, dass ihm die Barthaare ausfielen!

MENSCHLICHER SANDSACK Der 48-jährige Chinese Xie Shuiping verdient pro Monat an die € 3.000, indem er sich von Fremden schlagen lässt! Er bietet seine „Dienste", die darin bestehen, dass er sich dreimal fest in den Bauch boxen lässt, in Bars und Restaurants in Wuhan City an. Gelingt es jemandem, ihn so fest zu schlagen, dass er zusammenzuckt, darf der „Täter" auf Xies Rechnung trinken.

EWIGE BRAUTJUNGFER Die New Yorkerin Jen Glantz ist Berufsbrautjungfer! Nachdem sie auf vier Hochzeiten von Freundinnen neben dem Altar stehen musste, bot sie ihre Dienste kurzerhand via Craigslist Bräuten auf der ganzen Welt an. Zu Glantz' Service gehört auch eine Hochzeitsrede. Außerdem animiert sie die die übrigen Gäste zum Tanzen und hält der Braut das Kleid, wenn diese auf die Toilette muss.

SCHLAMMHOCHZEIT Jared Baylor und Taylor Ratcliff heirateten 2014 auf dem Toronto Days-Schlammrennen in einer riesigen Schlammgrube, in der Baylor mit seinem Pick-up zu seiner Holden fuhr. Beide sind Fans der Motorsportart Mud-Bogging, bei der man rasant durch tiefen Schlamm fahren muss.

ZU TODE GEKÜSST

Dieser Grabstein auf dem New Yorker Woodlawn Cemetery erzählt die tragische Geschichte des Todes von George Spencer Millet, der 1909 an seinem 15. Geburtstag starb. Der Text lautet: „Verlor sein Leben, indem er sich mit einem Tintenlöscher erdolchte, als er im Office Metropolitan Life Building sechs jungen Frauen auswich, die ihm Geburtstagsküsse geben wollten." Millet war bei den Kussversuchen nach vorne gestürzt und hatte sich den Stift direkt ins Herz gerammt.

SKURRILE TODESFÄLLE

Hans Steininger aus dem österreichischen Braunau starb 1957, als er über seinen 1,40 m langen Backenbart stolperte!

Sir Arthur Aston, ein Anführer der Royalisten im Englischen Bürgerkrieg, wurde 1649 während des Massakers von Drogheda von Oliver Cromwells Soldaten mit seinem eigenen Holzbein erschlagen!

Sargträger Henry Taylor stolperte in London im Jahr 1872 über eine Stein und wurde von dem Sarg, den er gerade getragen hatte, erschlagen!

Als die tschechische Hausfrau Vera Czermak 1978 von der Untreue ihres Mannes erfuhr, sprang sie aus dem Fenster ihrer Prager Wohnung im dritten Stock – genau in dem Augenblick, als ihr Mann unten vorbeilief!

Wesley Parsons aus Indiana lachte sich 1893 zu Tode! Der Bauer war nach einem Witz in einstündiges unkontrolliertes Gelächter ausgebrochen, das in starken Schluckauf überging, und starb zwei Stunden später an Erschöpfung.

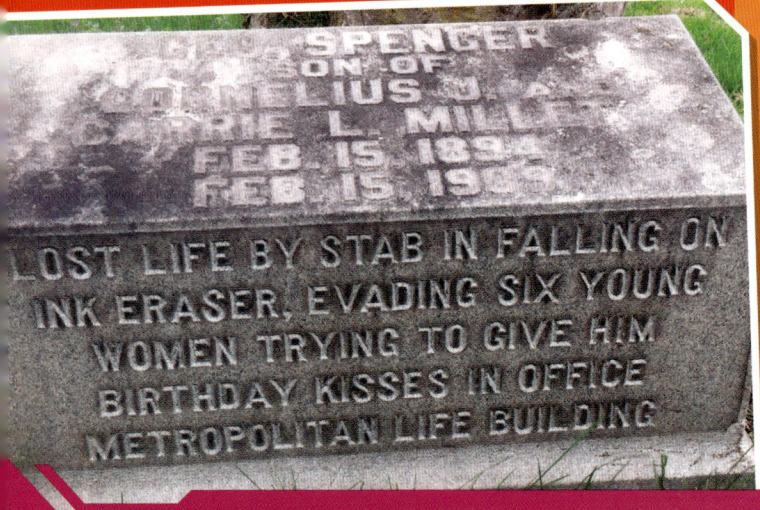

SPENCER SON OF CORNELIUS J. AND CARRIE L. MILLET FEB. 15 1894 FEB. 15 1909

LOST LIFE BY STAB IN FALLING ON INK ERASER, EVADING SIX YOUNG WOMEN TRYING TO GIVE HIM BIRTHDAY KISSES IN OFFICE METROPOLITAN LIFE BUILDING

TATTOO-PAAR

Victor und Gabriela Peralta aus Buenos Aires sind das wohl am stärksten tätowierte Ehepaar der Welt: Victor ließ sich 90 %, Gabriela 65 % ihrer Haut verzieren.

Victor bekam sein erstes Tattoo mit 13 Jahren. Zusätzlich tragen die beiden noch viel weiterer Körperschmuck, darunter 50 Piercings, fünf Zahnimplantate und vier Tunnels in den Ohren!

Normale Klopapierrolle

Riesenrolle

Diese gigantische Klopapierrolle der Firma Charmin hatte einen Durchmesser von drei Metern und bestand aus 92.903 m² Papier – das reicht für 95.000 Standardklopapierrollen!

PAPP-PAPA Nach dem Tod ihres Vaters im Jahr 2012 reiste Jinna Yang aus Virginia mit einer originalgroßen Pappfigur von ihm durch die Welt, um alle Orte zu besuchen, die er immer schon hatte sehen wollen, darunter die Blaue Lagune in Island, der Louvre und der Schiefe Turm von Pisa.

SUPERFAN Der bulgarische Bauunternehmer Zdravkov Levidzov ist ein so großer Manchester United-Fan, dass er seinen Namen offiziell in „Manchester United" änderte und sich das gelbrote Abzeichen der Fußballmannschaft mitten auf die Stirn tätowieren ließ.

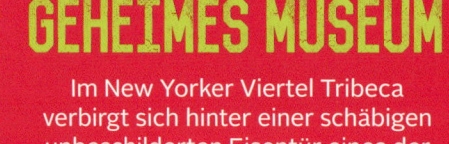

BÄLLE STATT BULLEN Beim traditionellen Bullenrennen im spanischen Mataelpino wurden die Teilnehmer von Stieren einen Berg hinuntergejagt – nach Protesten von Tierschützern ersetzte man die Vierbeiner aber durch riesige, 125 kg schwere Styroporkugeln.

STERBEVERBOT 2012 verbot Bürgermeister Giulio Cesare Fava den 4.000 Einwohnern des italienischen Städtchens Falciano de Massico bei Neapel zu sterben, bis er nach einem Streit mit der Nachbarortschaft über eine Erweiterung des bereits vorhandenen Friedhofs einen neuen angelegt hatte.

AFFE UND ZEBRA Als ein Betrunkener im englischen Coventry eine Frau belästigte, wurde er von den Polizistinnen Terri Cave und Tracy Griffin festgenommen, die nicht im Dienst waren, sondern auf dem Weg zu einer Kostümparty – und zwar verkleidet als Affe und Zebra.

SCHRÄGER VOLKSSPORT Die australische Sportart Goanna Pulling verdankt ihren Namen der Tatsache, dass die Teilnehmer versuchen, die Körperhaltung von Goannas, einer Waranart, nachzuahmen. Dazu begeben sich die beiden Gegner auf alle Viere, lassen den Bauch durchhängen und recken die Köpfe in die Höhe, die mit Gurten miteinander verbunden sind. Dann versuchen sie sich an den Gurten gegenseitig über eine Linie zu zerren. So schräg der Sport auch klingen mag – seit 1985 wird in Wooli sogar eine Landesmeisterschaft abgehalten!

GEHEIMES MUSEUM

Im New Yorker Viertel Tribeca verbirgt sich hinter einer schäbigen unbeschilderten Eisentür eines der schrägsten und geheimsten Museen der Welt. Es besteht nur aus einem einzigen kleinen Raum, bei dem es sich um den Schacht eines stillgelegten Aufzugs handelt, und ist vollgestopft mit skurrilen Ausstellungsgegenständen. Es wurde von Alex Kalman und den Brüdern Benny und Josh Safdie gegründet und enthält unter anderem ein Faksimile des Schuhs, der 2008 nach George W. Bush geworfen wurde, verschiedene in Kopiergeräten vergessene Unterlagen und eine Sammlung von Kotzepfützen aus Plastik. Geöffnet ist es nur am Wochenende, aber durch kleine Fenster kann man die Exponate rund um die Uhr bestaunen.

FÜNF WEITERE VERRÜCKTE AUSSTELLUNGSTÜCKE

- *Kartoffelchips aus aller Welt*
- *Selbstgebastelte Waffen*
- *Nahrungsmitteletiketten mit Rechtschreibfehlern*
- *Kugelsichere Disney-Rucksäcke*
- *Gegenstände, die Knackis für Knackis hergestellt haben*

TODESKAMPF

Nach einem fünfstündigen Kampf verschlang diese drei Meter lange Wasserpython vor den Augen zahlreicher fassungsloser Beobachter am Lake Moondarra in Australien ein ganzes Krokodil!

Nachdem sie das ein Meter lange Reptil langsam erstickt hatte, zerrte sie es ans Ufer, wo sie es – Kopf voran – innerhalb von 15 Minuten genüsslich auffutterte. Danach machte die überfressene Schlange erst mal ein Verdauungsschläfchen, bei dem sich das Krokodil noch deutlich unter ihrer Haut abzeichnete!

TRINKSPIEL Die von Scott Griffith gegründete Drunk Shakespeare Society führt Stücke von Shakespeare in verschiedenen New Yorker Bars auf, wobei stets eines der Ensemblemitglieder betrunken ist!

BRUTALO-SPORT „Gouging" war im Nordamerika des 18. Jahrhunderts ein verbreiteter Volkssport, bei dem man versuchte, seinem Gegner die Augen mit den Fingernägeln auszustechen!

WANKELMÜTIGE MANNSCHAFT Die mexikanische Fußball-Nationalmannschaft hatte 2013 innerhalb von nur 41 Tagen vier verschiedene Trainer, da die ersten drei wegen der schlechten Spielergebnisse bei der Qualifikation für die Weltmeisterschaft gefeuert wurden: José Manuel de la Torre musste Anfang September gehen, Luis Fernando Tena folgte ihm nach nur einem Spiel – der 0:2-Niederlage gegen die USA. Tenas Nachfolger Victor Manuel Vucetich hielt sich immerhin bis Mitte Oktober, als er nach der Niederlage gegen Costa Rica durch Miguel Herrera ersetzt wurde.

BADEZIMMER-SCHÖNHEIT

Der 19-jährige Kiyuu Oikawa aus Japan hat seinen Duschkopf in diese wasserspuckende „Schönheit" verwandelt. Sie besteht aus einer Maske mit Perücke, die er auf den Duschkopf geklebt hat. Als Körper dient mit Ballons ausgestopfte Frauenkleidung, als Arme eine Konstruktion aus Paketband und Draht.

STEUERSÜNDER Einen Monat nachdem Alastair King von Großbritannien nach Neuseeland umsiedelte, forderte das Finanzamt seines ehemaligen Wohnbezirks South Somerset District Council Geld von ihm – und zwar ganze zwei Cent!

Hausdachweide

Diese Kuh, die sich auf das steile Dach eines Bauernhauses in Bern verirrt hatte, sorgte für mehr als nur einen verwirrten Passanten. Das neugierige Tier war auf der Suche nach neuem Weidegrund gewesen, und kehrte nach dem Ausflug auf das Dach unverletzt – aber enttäuscht – auf sicheren Boden zurück. Dieter Müller, der Eigentümer der Kuh, hatte nach ihrem Ausflug allerdings einiges in neue Dachziegel zu investieren.

SCHOKOBADEZIMMER In Zusammenarbeit mit bathrooms.com gestalteten die britischen Chocolatiers von Choccywoccydoodah ein Schokoladenzimmer im Wert von über € 115.000, in dem 9,4 Millionen Kalorien steckten – genug, um einen Menschen zwölf Jahre lang satt zu machen. Es bestand vollständig aus edler belgischer Schokolade, und alleine das Bidet war über € 10.000 wert! Die Badewanne brachte es sogar auf über € 73.000. Bei Raumtemperatur war es sechs Monate lang haltbar, ehe die Schokolade schlecht wurde.

FLUGKLO Die Raketen-Fans vom Club Michiana Rocketry schossen auf einem Feld in Michigan mithilfe einer drei Meter hohen Aluminiumrakete eine portable Toilette in die Luft! Das Flugklo erreicht eine Höhe von 600 m, dann segelte es an einem Fallschirm sicher wieder auf die Erde zurück.

DUFTPUPSE Der französische Erfinder Christian Poincheval hat eine Reihe von Tabletten entwickelt, die Pupse nach Rosen, Veilchen, Schokolade & Co. riechen lassen! Die Kapseln werden aus natürlichen Stoffen wie Fenchel, Tang, Holzkohle und Blaubeeren hergestellt und unterstützen nebenbei auch noch die Verdauung und reduzieren Blähungen.

KRASSER KASTEN In den 1950er-Jahren wurde das Gilbert Atomic Energy Lab, ein Naturwissenschaftsbaukasten für Kinder, verkauft, in dem echtes radioaktives Uran und Polonium sowie ein Geigerzähler enthalten waren!

DIREKTORENSKELETT Die Schüler der Puchenii Mosneni-Grundschule in Rumänien lernen im Biologieunterricht die Anatomie des menschlichen Körpers anhand des Skeletts eines ehemaligen Direktors der Schule kennen! Alexandru Grigore Popescu hatte bis zu seinem Tod in den 1960er-Jahren ein halbes Jahrhundert lang an der Schule gearbeitet, der er auch posthum noch zu Diensten ist.

NIESERFREIE ZONE Seit 2007 hat Peter Fletcher aus dem englischen Birmingham akribisch über jeden seiner Nieser – insgesamt über 4.000 – Buch geführt. Dazu schreibt er stets Datum, Uhrzeit, Ort und seine aktuelle Beschäftigung auf. Dabei ist ihm aufgefallen, dass er noch nie auf dem Klo niesen musste!

PRÄHISTORISCHES MONSTER In Argentinien wurden 77 Millionen Jahre alte Knochen geborgen, die dem wohl größten Landlebewesen aller Zeiten gehörten. Der Dinosaurier Dreadnoughtus schrani wog kolossale 65 t und war damit siebenmal schwerer als ein ausgewachsener Tyrannosaurus rex! Er war 26 m lang, aber Pflanzenfresser und musste fast ununterbrochen Nahrung aufnehmen, um sein Körpergewicht zu halten.

UNGLÜCKSTREFFER US-Kapitän John Kendrick kam 1794 vor Hawaii an Bord seines Schiffs, der *Lady Washington*, ums Leben, als ein britisches Boot ihm zu Ehren einen Kanonensalut abfeuern wollte, dabei aber versehentlich eine echte Kugel verwendete.

TROLLSUCHE Lars Christian Kofoed Rømer, Anthropologiestudent an der Kopenhagener Uni, wurden 2014 Forschungsgelder in Höhe von € 336.000 bewilligt, um (unter anderem) auf der dänischen Insel Bornholm nach Existenzbeweisen für im Erdreich lebende Trolle zu suchen!

FEUER UND EIS Landon Woods und Tara Coultish aus dem kanadischen Alberta heirateten im Juni 2014 auf dem 1.280 m hohen Mýrdalsjökullgletscher in Island, der sich auf einem aktiven Vulkan befindet! Die Braut kam in Brautkleid und Schneestiefeln.

SCHNECKEN-TEPPICH

Unbehandelte Schneckenkacke.

Schneckenkacke in Fadenform.

Gewebte Schneckenkacke.

Schnecke frisst farbiges Papier.

Besteht aus Schnecken-kacke!

Bodenfliesen aus Schneckenkacke.

Unglaublich, aber wahr: Diese leuchtend bunten Bodenfliesen bestehen aus Schneckenkacke!

Als die niederländische Künstlerin Lieske Schreuder herausfand, dass Schnecken bunte Kacke hinterlassen, wenn sie farbiges Papier gefressen haben, weil ihr Körper die Farbpigmente nicht absorbieren kann, errichtete sie ein kleines Labor, in dem sie die Exkremente von 1.000 Schnecken sammelte. Mithilfe einer Maschine fertigte sie aus den bunten Fäkalien fünf Millimeter dicke Fäden an, die sie zu Bodenfliesen weiterverarbeitete – natürlich nur im Schneckentempo, denn neun der Tiere brauchen ganze fünf Tage, um genug Kacke für einen Meter Faden zu hinterlassen!

243

WHO-KLO

Diese Replik von TARDIS, der Zeitmaschine aus der Kultserie *Doctor Who*, steht den Gästen des Warmley Waiting Room Cafés bei Bristol in England als Toilette zur Verfügung. Justin und Claire Hoggans ersteigerten die Replik für umgerechnet € 2.600 auf eBay und bauten sie dann für fast dieselbe Summe in ein funktionierendes Klo um! Wenn man das „Who Loo" betritt oder wieder verlässt, werden über einen Bewegungsmelder sogar die Licht- und Soundeffekte ausgelöst, die man aus der Serie kennt!

RINGRÜCKGABE Als Brenda Caunter 1972 bei der Kohlernte auf einem schlammigen Feld im englischen Cornwall ihren Ehering verlor und trotz intensiver Suche nicht mehr finden konnte, rechnete sie nicht damit, ihn jemals wiederzusehen – bis er 41 Jahre später von einem Schatzsucher mit dem Metalldetektor aufgespürt wurde!

GLÜCKSPAAR Calvin und Zatera Spencer aus Virginia gewannen im März 2014 dreimal hintereinander in der staatlichen Lotterie – darunter zwei Eine-Million-Dollar-Preise!

FLASH MOB Um seine Flamme Gabriella DeNike zu überreden, mit ihm zum Abschlussball zu gehen, organisierte Tim Bonnano, Schüler an der Aptos High School in Kalifornien, einen Flashmob aus Hunderten von Mitschülern, die verschiedene Schilder hochhielten, während Tim seiner Angebeteten ein Lied auf der Gitarre vorspielte.

EURE UPLOADS

MEGA-HAAR

Tom Wilson aus Minnesota schickte uns dieses Foto von seinem unglaubliche 22,5 cm langen grauen Brusthaar.

TREPPENRUTSCHE Trisha Cleveland aus Minneapolis hat ein Spielgerät für Kinder erfunden, mit dem sich mit wenigen Handgriffen eine einfache Haustreppe in eine Rutsche verwandeln lässt! Der SlideRider besteht aus zusammenfaltbaren Matten mit Sicherheitsgeländer.

IDIOTENSCHILD Nachdem Shena Hardin aus Cleveland mit dem Auto auf den Bürgersteig auswich, weil sie nicht auf die Abfahrt eines Schulbusses warten wollte, der die Straße blockierte, wurde sie gerichtlich dazu verurteilt, zwei Tage lang an einer Kreuzung zu stehen und dabei ein Schild mit der Aufschrift „Nur ein Idiot fährt auf den Gehweg, um einem Schulbus auszuweichen" in die Höhe zu halten.

MEISTERFLÜCHTER Der Kanadier Wayne Carson ist seit den 1960er-Jahren 13-mal aus verschiedenen nordamerikanischen Gefängnissen ausgebrochen.

GUTES TIMING Nicollette Brynn Anders kam am 12. November 2013 um 14:15 Uhr zur Welt – nach US-Schreibweise also am 11-12-13 um 14:15!

IDENTITÄTSKRISE Xu Fei, Lehrerin an einer Grundschule im chinesischen Wuhan, musste feststellen, dass 20 der 22 Kinder in ihrer neuen Klasse Zwillinge waren! Neun der zehn Paare waren eineiig, und da alle Schuluniformen tragen mussten, hatte Xu ihre liebe Not, sie auseinanderzuhalten. Inzwischen hat sie aber gelernt, sich an kleinen Unterschieden wie Leberflecken zu orientieren.

LUPENREINER LADENHÜTER Der lupenreine 59,6-karätige Diamant Pink Star – mit 2,69 x 2,06 cm der größte geschliffene Diamant der Welt – wurde 2013 in Genf für über 72 Millionen Euro ersteigert – der Bieter hat aber bis heute nicht bezahlt und den Diamanten entsprechend auch nie erhalten.

GLÜCKSGEBURT Sharon Turner aus dem englischen Berkshire hat Vierlinge zur Welt gebracht, die aus je einem identischen männlichen und weiblichen Zwillingspärchen bestehen – die Chancen für so einen Zufall stehen bei 70 Millionen zu eins!

ZWILLINGSGEBÄRMASCHINE Karen Rodger aus dem schottischen Renfrewshire hat drei Zwillingspärchen zur Welt gebracht! Als 2013 ihre Töchter Isla und Rowan geboren wurden, gab es bereits die Brüder Lewis und Kyle (damals 14) und Finn und Jude (damals zwölf).

SPÄTE SCHEIDUNG Ein italienisches Paar, das 77 Jahre lang verheiratet gewesen war, reichte 2012 die Scheidung ein, nachdem der 99-jährige Ehemann erfahren hatte, dass ihn seine 96-jährige Frau in den 1940er-Jahren betrogen hatte.

SCHIFF IN TRAUER Nur Stunden vor der Beerdigung von Stan Bennett im Juli 2012 versank auf mysteriöse Weise sein Boot, das im neufundländischen St. John's Harbour geankert hatte! Bis heute konnte nicht erklärt werden, wieso das Schiff, das schon heftige Stürme und wilden Seegang überlebt hatte, plötzlich unterging.

DOPPELT TRAGISCH Der rumänische Bauer Emanuel Davidescu und seine Schwester Maria Patrascu kamen am 7.6.2012 im Abstand von nur sechs Stunden durch Autounfälle ums Leben – und zwar an genau derselben Stelle auf einer Autobahn nahe ihres Heimatorts Caras Severin!

TÄTOWIERTER SANTA

Vitor Martins aus dem brasilianischen São Caetano do Sul, der seit über 15 Jahren als Weihnachtsmann auftritt, hat sich 94 Prozent seiner Haut tätowieren lassen! Viele der Motive sind von Weihnachten inspiriert, darunter Martins selbst als Weihnachtsmann, ein Rentier, ein Weihnachtswichtel und ein Weihnachtsbaum!

INDEX

Ripley's Einfach unglaublich!®
www.ripleys.com
INDEX

BILDNACHWEIS

Cover © Markus Gann - Shutterstock.com, © DLA - Shutterstock.com; Inhalt 21 Brett Kern; 134 Maor Zabar Hats moarzabarhats.etsy.com; 137 Angela Rossi; 152 Hubcap Creatures; 184 NaTalica www.natalica.com; 192 http://www.wahahafactory.com/; 228 Nikki Shelley - The Painting Lady

11 (or) Courtesy of Ugly Models; 13 Angus James Tackle Tactics; 14–15 www.burghleyimages.com; 16 (o) Eric J. Eakin, (u) Adam Pacitti, (r) William Rice; 17 Caters News Agency; 18 Bournemouth News/Rex; 19 (o) AP/Press Association Images, (u) Circus World; 20 (o) Hari Punjabi/Barcroft India, (u) Paul, Andrew & Sophia Hung; 21 Brett Kern; 22–23 Collection of the John and Mable Ringling Museum of Art Tibbals Digital Collection; 24 Kirstin Mercer; 24–25 (o) News_are.com; 25 (m) Patrick Page-Sutter; 26 (o) Solent News/Rex; 26–27 (o/r) Mikeal/Rex; 27 (u) © Europics; 28 (o) Geo_ Robinson Photography, (u) Stefan Siverud/Wenn.com; 29 Angus James Tackle Tactics; 31 Irene Becker/Contributor/Getty Images; 32 (u) Sameer Ashraf/Barcroft India; 33 Reuters; 34 (o) Bruce Black, (u) Villa Escudero Plantations & Resort, Inc.; 35 Michael Nichols, National Geographic Creative; 36 (o) © Andy Marshall/Alamy, (u/l, u/m) SWNS.com, (u/mr, u) Rex; 37 (o) Rex, (m) AP, (u) Michael McGurk/Rex, (r, o/r) © Eddie Linssen/Alamy; 38 AFP/Getty Images; 39 (o) Reuters, (u) ChinaFotoPress via Getty Images; 40 (o) Reuters/Damir Sagolj; 40–41 (u) Sergey Krasnoshchekov; 41 (o) Imagine China/Rex; 42 (o) Arkaprva Ghosh/Barcroft Media; 43 Getty Images; 44 (o) Rex/HAP/Quirky China News, (u) David McQuinn/Janet Potter; 45 Caters News Agency; 46 Public Domain; 47 (o) EPA, (u) Getty Images; 48 (m) Alfredo Barsuglia/Hotspot Media, (u) EPA; 49 (o, m) Craig Robertson/ Rex Features, (u) © Eric Murphy/Alamy; 50 (o) AFP/Getty Images, (u) Cedric Favero/Solent News/Rex; 51 Caters News Agency; 52 (o) Reuters, (u) PA Wire/Press Association Images; 53 Supplied by Wenn.com; 54 Janae Copelin/Barcroft USA; 55 (o) Imagine China/Rex, (u) Photograph by Barcroft India; 56 (o) Photograph by Luca Zanetti/Laif, Camera Press London, (u) © Chaiwat Subprasom/Reuters; 57 © Miguel Vidal/Reuters; 58 (o) "Wieliczka" Salt Mine archives/Rafal Stachurski, Wieliczka Salt Mine, (u) Irene Becker/Contributor/Getty Images; 59 Zafer Kizilkaya; 61 Sherry Lemcke Photography; 62–63 © Florian Schulz/visionsofthewild.com; 64 (o) Don Cooke/Cuddle Clones; 65 (o) Goodman, Brett A.; Johnson, Pieter T. J. (2011): E_ects of limbs malformations on the locomotory performance of Paci_ c chorus frogs (P. regilla) in laboratory trials. Figure_1.tif. PLOS ONE. 10.1371/journal.pone.0020193.g001., (u) Cats Protection/SWNS.com; 66 © 2004 MBARI; 67 (o) Gianfranco Gómez, (u) Exclusivepix media; 68 Caters News Agency; 68-69 (u) Caters News Agency; 69 (o) ChinaFotoPress /Stringer/Getty; 70 (o) Reuters/Oscar Martinez; 70–71 (u) I.M. Chait/Rex; 71 (o) Getty Images; 72 (u) AP/Press Association Images; 73 Well Animal Clinic/Bournemouth/Rex; 74 (o) John Birkett/Solent News/Rex, (u) Shivan Chanana/Barcroft India; 75 Stephen Hopkins/Rex; 76 (o) © Enrique Marcarian/Reuters, (u) © David A. Northcott/Corbis; 77 © Reuters Photographer/Reuters; 78 (u) Matt Rudge/SWNS.com; 78–79 (o) Getty Images; 79 (u) Caters News Agency; 80 (o) AndreeSiwadi/BNPS, (u) Ingo Arndt/Minden Pictures/FLPA; 81 National News & Pictures; 82 (o) Sherry Lemcke Photography, (u) The LIFE Picture Collection/Getty; 83 Emir Ozsahin/Rex; 84 (o) Photo courtesy of Monica Beckner and Roy Beckner, (u) Debra Mayrhofer/Lort Smith; 85 Caters News Agency; 86 (o) AP/Press Association Images, (u) Caters News Agency; 87 Robertus Pudyanto/Stringer/Getty; 88 (o) © Alex Mustard/naturepl.com, (u) Peter Roosenschoon & Dubai Desert Conservation Reserve; 89 Barry Bland/Rex; 91 Richie the Barber; 94 (o) Caters News Agency, (u) Sam Ireland; 95 (m) Supplied by Wenn.com, (ES) Rex/Braun Shavers; 96 AFP/Getty Images; 97 (ES) Library of Congress, (u/r) Snap Stills/Rex; 98 Caters News Agency; 99 Barcroft Media; 100–101 Caters News Agency; 102–103 © The Natural History Museum/Alamy; 104 Circus World; 105 (o) Getty Images, (u) Circus World; 106 (o) Matt Writtle/Barcroft Media, (u/l) AP/Press Association Images; 107 Macchina anatomica – Donna (Giuseppe Salerno, 1763-64) © Massimo Velo; 109 (o/l) Sipa Press/Rex, (o/r, m, u) AP/Press Association Images; 110 (o/r) Meredith Cahill, Cherryhill NJ, (u) National Archives of Australia: A1336, 4890; 111 AP/Press Association Images; 113 (m) Alinari Archives/Contributor, (l) TT News Agency/Press Association Images; 114–115 AP/Press Association Images; 118 (o) HAP/Quirky China News/Rex, (u) ©Europics; 119 Richie the Barber; 121 Angela Rossi; 122–123 Leon + Lilly Mackie/cardboardboxo_ ce.com; 124 (o/l) Alex Dodson/Solent News/Rex, (r) Getty Images; 125 Reuters; 126 (o/l) Kim Kowalski of Clever Kim's Curios, (u) © Medavia; 127 Reuters/Sergei Karpukhin; 128–131 Courtesy of Derin Bray American Art & Antiques; 132 (o) Ruaridh Connellan/Barcroft USA, (u) Rex/Imagine China; 133 Tom McShane/Solent News; 134 (o) Hoang Tran, (u) Maor Zabar Hats moarzabarhats.etsy.com; 135 Supplied by Wenn.com; 136 (o/l, m/r) Rex, (u) Ji Tan www.wildlifemalaysia.com www.pixelsdimension.com; 137 Angela Rossi; 138 (o) © Hulton-Deutsch Collection/Corbis, (u) Mary Evans/SZ Photo/Scherl, (l) © Bettmann/Corbis; 139 © Pictorial Press Ltd/Alamy; 140 Marutaro/Rex, (u/l) Imagine China/Rex; 141 (m) Vin Los; 142-143 AFP/Getty Images; 144 Supplied by Wenn.com; 145 (o) Wessex Water/Julian James Photography/Rex Features, (u) ChinaFotoPress via Getty Images; 146 (o) Caters News Agency, (u) Imagine China/Rex; 147 (ol) EPA/CHING BIN, (or) AP/Press Association Images; 148 (o) SAPOL, (u) AP/Press Association Images; 149 Supplied by Wenn.com; 150 (o) Wang jiayu - Imagine China, (u) David McHugh/Rex; 151 Science & Society Picture Library/Contributor/Getty Images; 152 (o) AP/Press Association Images, (u) Hubcap Creatures; 153 Austral Int./Rex; 154 (o) Laurent La Gamba/Solent News/Rex; 154-155 (u) Getty Images; 155 AFP/Getty Images; 156-157 © KIMMO BRANDT/epa/Corbis; 158-159 Andy Farrington/Red Bull Content Pool; 160 (o) Andy Farrington/Red Bull Content Pool, (m) Dean Treml/Red Bull Content Pool, (u) Brian Nevins/Red Bull Content Pool; 161 (o) Reuters/Jason Lee, (u) SWNS.com; 162 (o) Caters News Agency, (u) © Europics; 163 Hou wei zk – Imaginechina; 164 (o) Caters News Agency, (u) facebook.com/ITTFWorld/Remy Gros; 165 To Mane/Barcroft Media; 166 Cornell Capa/Contributor/Getty Images; 167 (o) © Bettmann/Corbis, (m) Underwood Archives/Contributor/Getty Images, (u) Collection of the John and Mable Ringling Museum of Art Tibbals Digital Collection; 168-169 (o) © KIMMO BRANDT/epa/Corbis, (u) © Darren Staples/Reuters; 169 Nathan Edwards/Newspix/Rex; 170 (u) Quirky China News/Rex; 171 Rex/Tom Dymond; 172 Barcroft India; 173 © Europics; 174–175 Action Press/Rex; 176–177 Mike King/Rex; 178 (o) Supplied by Wenn.com, (u) James Cheadle/Solent News/Rex; 179 Caters News Agency; 181 Jason Mecier; 182–183 Bordalo II; 184–185 NaTalica www.natalica.com; 186 Alessandro Diddi/HotSpot Media; 187 Wool_ Gallery, London; 188 (o) BODILY CANDLES BY ANNA STERNIK, PHOTO COURTESY OF THE PHOTOGRAPHER, ANNA STERNIK; (u) Tao/Rex; 189 www.margauxlange.com © Margaux Lange; 190–191 Bradley Hart bradley@bradleyhart.ca; 192 (o) Barcroft India, (u) http://www.wahahafactory.com/; 193 Supplied by Wenn.com; 194 (o) AP/Press Association Images, (ES) Joe Raedle/Sta_ /Getty Images; 195 AP/Press Association Images; 196 (o) Caters News Agency, (u) Véronique Vedrenne; 197 Caters News Agency; 198 Jason Mecier; 199 (o) Ted Lawson/Rex, (u) Reuters; 200 (o) Getty Images for Ascot Racecours, (m) Nancy Ho_ man Gallery, New Y/Rex; 201 (o) Xiao junwei sh- Imagine China, (l, r) Shdaily - Imagine China; 202 (o) Supplied by Wenn.com, (l, m/l, u) Art-EFX/Rex; 203 Svitlana Postelga/Rex; 204 (o) Jonty Hurwitz/Rex, (u) www.carolmilne.com/Rex; 205 Caters News Agency; 206 (o) Emanuel Pavao, (o) BNPS.co.uk; 207 Reuters; 208-209 Clive Cooper - www.sparks_ ydesign.com; 210 (o, l) © Cavendish Press, (r) Sutton Seeds/Bournemouth News/Rex; 211 YOSHIKAZU TSUNO/AFP/Getty Images; 212 (o) Landov/Press Association Images, (u) Morkes Chocolates; 213 Arkaprava Ghosh/Barcroft India; 214 (o) Clive Cooper - www.sparks_ ydesign.com, (u) Solum, Stian Lysberg/Scanpix Norway/Press Association Images; 215 Suntory Holdings Limited/Rex; 216 (o) Mayumi Ishikawa, (u) Jonathan Hordle/Rex; 217 AP/Press Association Images; 218 (o) Caters News Agency, (l) KeystoneUSA-Zuma/Rex; 219 Caters News Agency; 220 (o) Michael Lee and Fine Cheeses Ltd., (u) Pampshade/Yukiko Morita/ Rex; 221 (o) Reuters, (u) ChinaFotoPress via Getty Images; 222 (o) Reuters/Kim Kyung-Hoon, (u) © Europics; 223 SWNS.com; 224 (o) Exclusivepix media, (u) Supplied by Wenn.com; 225 Absente Semba; 227–229 Nikki Shelley - The Painting Lady; 230 (o) Mike Drake, (u/l) Nikki Shelley - The Painting Lady, (u/r) Tekniska museet, Stockholm; 231 Sun jinbiao - Imagine China; 232 (o) © Europics, (u) meatcards.com; 233 Supplied by Wenn.com; 234 (o) HAP/Quirky China News/Rex, (u) National Library of Australia; 235 Laurie Cadman Creative (http://www.lauriecadman.com); 236 (o) ABACA/Press Association Images, (r) AFP/Getty Images, (u) Caters News Agency; 237 Imagine China/Rex; 238 (o) Matt Austin/Rex, (u) Allison C. Meier; 239 SWNS.com; 240 (o) Haney Inc. - www.haneyprc.com, (u) Mmuseumm; 241 Marvin Muller/Barcroft India; 242 © Europics; 243 Lieske Schreuder; 244 Jon Kent/swns.com, (u) Thomas F. Wilson; 245 Reuters/Nacho Doce

Legende: o=oben; u=unten; m=Mitte; l=links; r=rechts; ES=Einzelseite.

Alle weiteren Bilder stammen von Ripley Entertainment, Inc.

Die Inhaber der Urheberrechte wurden auf jedem möglichen Wege zu kontaktieren versucht. Wir entschuldigen uns im Voraus für ungewollte Auslassungen und Fehler, die wir in kommenden Auflagen selbstverständlich korrigieren.

IMPRESSUM

World Copyright Reserved

©2015 Original-Ausgabe: RIPLEY'S BELIEVE IT OR NOT!® – EYE-POPPING ODDITIES by Ripley Entertainment, Inc.

©2016 Deutsche Übersetzung: Hoffmann und Campe Verlag GmbH, Hamburg

INTERNATIONALE AUSGABE

RIPLEY PUBLISHING:

EXECUTIVE VICE PRESIDENT Norm Deska

VICE PRESIDENT; ARCHIVES AND EXHIBITS Edward Meyer

PUBLISHER Anne Marshall

EDITORIAL DIRECTOR Rebecca Miles

SENIOR RESEARCHER & PICTURE MANAGER James Proud

PROJECT EDITOR Charlotte Howell

EDITORIAL ASSISTANT Dominic Lill

TEXT Geoff Tibballs

ADDITIONAL TEXT James Proud, Dominic Lill

EDITORS Judy Barratt, Peter Mavrikis, Sally McFall

FACTCHECKER Alex Bazlinton

INDEXER Johnna VanHoose Dinse

ART DIRECTOR Sam South

SENIOR DESIGNER Michelle Foster

DESIGN Dynamo Design

REPROGRAPHICS Juice Creative

COVER ARTWORK Chris Ransom

COVER CONSULTATION Emily Ellis, Mabel South

DEUTSCHE AUSGABE

PRINTED IN CHINA

REDAKTIONS- UND OBJEKTLEITUNG Langenbuch & Weiß, Hamburg

SATZ CLX Europe

ÜBERSETZUNG Sarah Heidelberger

LEKTORAT Kanut Kirches

KORREKTORAT Clemens Voigt

VERLAGSANSCHRIFT

Hoffmann und Campe Verlag GmbH

Harvestehuder Weg 42

20149 Hamburg

www.hoca.de

www.ripleys.com/books

ISBN 978-3-455-80016-6

HOFFMANN UND CAMPE

Ein Unternehmen der
GANSKE VERLAGSGRUPPE

HINWEIS:

Trotz sorgfältiger inhaltlicher Kontrolle übernehmen weder Ripley Publishing noch der Hoffmann und Campe Verlag Haftung für die Inhalte dieses Buches. Wir freuen uns jedoch über Hinweise von Lesern.

BESUCHT Ripley's ONLINE ODER DIREKT VOR ORT!

Rund um den Globus gibt es **31** unglaubliche Ripley's Believe It or Not!-Odditorien voller seltener und wunderbarer Artefakte aus dem Ripley's-Fundus – und auf unserer Website findet ihr exklusive Geschichten, Fotos und Gewinnspiele rund um *Ripley's Einfach unglaublich!* und noch vieles mehr. Vergesst nicht, uns auch auf Facebook, Twitter, Pinterest und Instagram zu besuchen, wo ihr ständig neue abgefahrene Ripley's-Bilder und -Stories findet!

31 ODDITORIEN

 ripleys.com

 /RipleysBelieveItorNot

 /ripleys

 /ripleysodditorium

 /RipleysBION

Atlantic City, NJ **USA**	Grand Prairie, TX **USA**	Myrtle Beach, SC **USA**	
Baltimore, MD **USA**	Guadalajara **MEXIKO**	New York City, NY **USA**	San Antonio, TX **USA**
Blackpool **GROSSBRITANNIEN**	Hollywood, CA **USA**	Newport, OR **USA**	San Francisco, CA **USA**
Branson, MO **USA**	Jackson Hole, WY **USA**	Niagara Falls **KANADA**	St. Augustine, FL **USA**
Cavendish **KANADA**	Insel Cheju **SÜDKOREA**	Ocean City, MD **USA**	Surfers Paradise **AUSTRALIEN**
Kopenhagen **DÄNEMARK**	Key West, FL **USA**	Orlando, FL **USA**	Veracruz **MEXIKO**
Gatlinburg, TN **USA**	London **GROSSBRITANNIEN**	Panama City Beach, FL **USA**	Williamsburg, VA **USA**
Genting Highlands **MALAYSIA**	Mexiko-Stadt **MEXIKO**	Pattaya **THAILAND**	Wisconsin Dells, WI **USA**

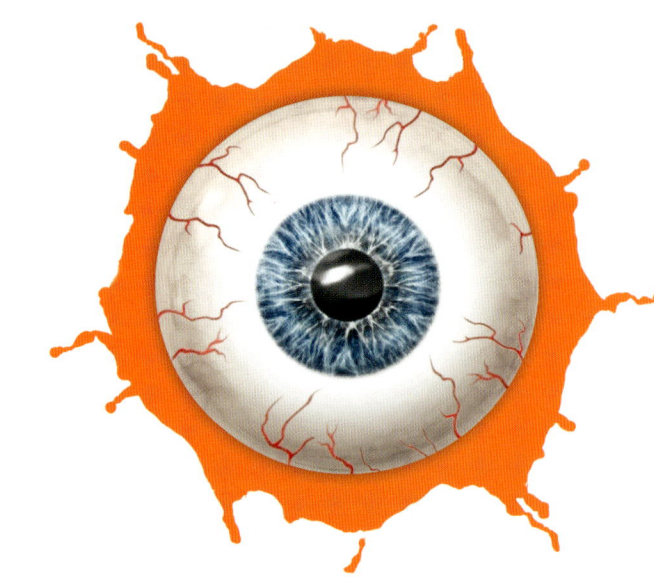